红心笃行

红色教育与中学生行规养成

孙贤欢 倪 洁 毛建钢 ◎编 著

安徽师范大学出版社
ANHUI NORMAL UNIVERSITY PRESS
·芜湖·

图书在版编目(CIP)数据

红心笃行:红色教育与中学生行规养成/孙贤欢,倪洁,毛建钢编著.—芜湖:安徽师范大学出版社,2022.11(2023.3重印)

ISBN 978-7-5676-5873-8

Ⅰ.①红… Ⅱ.①孙… ②倪… ③毛… Ⅲ.①革命传统教育—中学—教学参考资料 Ⅳ.①G631

中国版本图书馆CIP数据核字(2022)第214408号

红心笃行:红色教育与中学生行规养成　　　　　　　　　　孙贤欢　倪洁　毛建钢◎编著

责任编辑:吴顺安　　　　　　　　责任校对:丁　立
装帧设计:王晴晴　汤彬彬　　　　责任印制:桑国磊
出版发行:安徽师范大学出版社
　　　　　芜湖市北京东路1号安徽师范大学赭山校区
网　　址:http://www.ahnupress.com/
发 行 部:0553-3883578　5910327　5910310(传真)
印　　刷:苏州市古得堡数码印刷有限公司
版　　次:2022年11月第1版
印　　次:2023年3月第2次印刷
规　　格:700 mm×1000 mm　1/16
印　　张:16
字　　数:238千字
书　　号:ISBN 978-7-5676-5873-8
定　　价:58.00元

凡发现图书有质量问题,请与我社联系(联系电话:0553-5910315)

前　言

　　党的十八大以来，以习近平同志为核心的党中央高度重视社会主义精神文明建设特别是思想道德建设，对加强立德树人、以文化人等各项工作做出一系列重要指示，对表彰道德模范、开展学习宣传道德模范活动等提出明确要求，推动社会主义思想道德建设在新时代展现新气象、取得新成就。

　　学校必须以习近平新时代中国特色社会主义思想为指导，全面贯彻党的教育方针，落实立德树人根本任务，不断完善德育工作长效机制，全面提高德育工作水平。作为教师，不忘立德树人初心，牢记为党育人、为国育才使命，积极探索新时代教育教学方法，不断提升教书育人本领，为培养德智体美劳全面发展的社会主义建设者和接班人做出新的更大贡献。

　　而随着社会环境的改变，学校德育工作面临着诸多挑战和冲击。从社会层面上讲，我国正处于经济社会发展的转折期，物质文明和精神文明发展出现一定程度的不平衡，市场经济和现代商业化进程对青少年的世界观、人生观、价值观带来了巨大的冲击。从学校层面上讲，部分学校德育呈现出了碎片化、形式化的趋势。重智育而轻德育，重"育分"而轻"育人"，缺乏顶层设计、缺乏系统构架、缺乏多样载体、缺乏有效实施是当前部分学校德育工作突出的问题。从家庭层面上讲，在以"升好学"和"就好业"为价值导向的家庭教育中，家长过度重视学业成绩，淡化或忽略道德教育，导致了家庭德育的功利化、片面化。

青少年良好的行为习惯的培养是保证其健康发展、可持续发展和终身发展的基础，是在为未来奠基。德育教育是学校教育的核心，而作为德育教育中最基础的内容——学生日常行为规范养成教育，越来越受到重视。经教育调查显示，目前部分中学生"任性、自制力差、唯我独尊、自以为是"，这些不良行为习惯严重影响他们健康成长。不仅不利于他们正常的人际交往，同时还会成为以后走向社会的绊脚石，所以抓好行为规范养成教育，是落实素质教育精神的时代要求，是重中之重。

曙光中学作为一所有近百年历史的老校，从创立伊始就被烙上了深深的红色印记。在白色恐怖笼罩的大革命时期，李主一、刘晓等根据上级指示，于1927年创办私立曙光中学，在此建立了中共奉贤第一个支部，成立奉贤县委，后改建为浦东县委，领导川、南、奉地区党的地下斗争。1956年，学校复校。1995年，学校被命名为"奉贤县爱国主义教育基地"，以校史为依托，开始尝试提炼学校精神内核，创设学校文化环境，促进学生良好的道德品质、健康的个性心理、远大的志向抱负与完善的人格素养的形成。2011年，学校异地新建，成为占地156亩的现代化寄宿制高中。从2012年起，学校以市级课题《基于校史传统的学校特色创建的实践研究》为引领，奏响"红色精神培育"特色发展的号角。

2018年9月召开的全国教育大会提出坚持"六个下功夫"。其中"要在坚定理想信念上下功夫""要在厚植爱国主义情怀上下功夫""要在加强品德修养上下功夫""要在培养奋斗精神上下功夫"都与红色文化资源、德育教育息息相关，而这也充分预示了曙光中学所具有的红色文化资源对学校德育工作发展的重要性与必要性，其蕴含着中国特色社会主义核心价值观的根本要求，是天然的优质教育资源。

综上所述，为顺应党和国家的改革要求，以及对当前德育工作面临的挑战和存在的问题的分析，结合学校自身得天独厚的红色文化教育资源，2019年起学校以区重点课题《基于"红色精神培育"下的高中生行规内化的实践研究》为引领，将"红色教育"与"行为规范教育"互相融合，打造了"红心厚德　遵规笃行"行规教育特色品牌。学校通过红色教育，丰富行为规范养成教育的载体，积极培育现代中学生的爱国情怀与社会责任感，引导学生将社会主义核心价值观内化于心，外显于行，落实立德树人的根本任务。

目　录

第一章 红色教育视角下行规养成的相关概念

红色教育以及中学生行规养成教育的特点和内在价值，是把握红色教育促进中学生行规养成教育的重要前提和逻辑起点。只有先厘清相关概念、内涵，才能更好地掌握红色教育与中学生行规养成教育之间的内在逻辑关系，才能更好地利用好红色教育，以达到促进中学生行规养成的目的。

一、红色教育概述

（一）红色教育概念的界定

红色，是生命、热情、活力的象征，在政治上有着鲜明的象征意义。在社会主义国家，红色常用来象征革命，象征共产主义，例如我国的红旗、红军。那么，何为红色教育呢？红色教育在概念上有广义和狭义之分。广义上的红色教育是指社会或社会群体利用国内外一切红色实体资源、红色文化以及红色精神，对人们进行的以爱国主义为主的思想政治教育。狭义上的红色教育是指教育主体以自中国共产党诞生之后领导中国人民在新民主主义革命时期、社会主义革命和建设时期、改革开放和社会主义现代化建设新时期、中国特色社会主义新时代的过程中产生的先进人物、事迹、纪念物、标志物为载体，以其所承载的革命历史、先进事迹和革命精神为内涵，有目的、有计划、有组织地对受教育者进行理想信念教育、革命传统教育和爱国主义教育。

（二）红色教育的特点

红色文化资源是我们党和国家的宝贵财富，是优质教育资源。它内涵丰富，是集坚定的理想信念、高尚的道德情操、深厚的爱国主义于一体的社会主义核心价值体系的重要内容，是世界观、人生观和价值观教育的重要资源。以红色文化资源为载体开展的红色教育具有浓厚的爱国主义色彩，传承了革命优良传统，体现了革命历史精神，同时富有时代特色，内容丰富，这些既是红色教育得以迅速开展的重要依据，也是红色教育鲜明的特点。

1.爱国主义色彩浓厚

爱国主义，是我国思想政治教育自始至终所遵循的原则，也是我国思想政治教育的核心内容。红色教育是新世纪我国加强爱国主义教育的创新途径，是以爱国主义教育为主的思想政治教育。红色教育的主要内容是指中国人民在中国共产党领导下在不同时期所产生的先进人物和主要事迹，以及其包含的精神。而这些先进人物、事迹、精神正是进行爱国主义教育的具体内容。在外来势力入侵，在艰难困苦的战争年代，我们的革命先辈用鲜血铸就了伟大的爱国精神，具体体现在长征精神、延安精神等红色精神中，这些精神共同构筑成红色教育的重要内涵，成为推动抗日革命战争取得胜利的重要力量。在新中国成立初期，中国各项事业可以说是百废待兴，国家涌现出一大批爱国志士，他们发挥自己的才能，完成一项项壮举，为把我国建设成社会主义现代化国家提供了科技支持和精神动力。在改革开放时期和中国特色社会主义新时代，我们又有抗洪精神、企业家精神、航天精神、抗疫精神等。这些精神和事迹无不蕴含着红色教育的核心，无不彰显着红色教育的生命力。我们现在进行的红色教育，就是将这些事迹与精神系统化，将爱国主义内容更好地传输给学生。

2.传承历史精神

党的十九大报告指出中国特色社会主义文化的根基来自中华民族的优

秀传统文化，"广泛开展理想信念教育，深化中国特色社会主义和中国梦宣传教育，弘扬民族精神和时代精神，加强爱国主义、集体主义、社会主义教育，引导人们树立正确的历史观、民族观、国家观、文化观。"

红色教育本身也是历史教育。红色教育所讲述的知识或者传授的精神在某种程度上也体现着历史精神，是对爱国主义的传承。从横向上看，红色教育的物质资源：革命根据地、活动遗址、纪念馆等都是历史的记载者，直接传承着历史和崇高的革命精神。从纵向上看，红色教育的精神资源具体体现在井冈山精神、长征精神、延安精神、西柏坡精神等革命传统精神中，而这些精神都是一脉相承的，中国共产党之所以能够以星火燎原之势打败外来侵略者建立新中国，就是因为中国共产党秉承着不怕牺牲、保家卫国的革命传统精神。这些精神既是中国传统文化孕育的成果，同时也是社会主义现代化建设的精神之源，在社会主义现代化建设中的"载人航天精神"也正是由于传承了建设初期的"两弹一星"精神，我国的载人航天技术才能突飞猛进，完成多年载人航天的夙愿。改革开放以来，国家经历了一次次的重大考验，1998年的特大洪涝灾害、2003年的"非典"、2008年汶川地震、2020年新冠疫情，我们国家和人民之所以能一次次渡过难关，是因为我们传承了众志成城、万众一心的"抗洪""抗震""抗疫"精神。这些历史精神的传承，必将造就一个伟大的民族，一个强大的国家。

3.体现时代特色

红色教育不仅传承着历史精神，同时也具有鲜明的时代特色。在国家发展的不同时期，红色教育的内容和方式方法也在不断变化。21世纪是高速发展的新世纪，在内容上，红色教育不仅仅局限于以革命时期的资源为教育内容，还充实了新时代爱国主义的精神和事迹，例如"北京奥运精神"、在抗击洪水地震等重大自然灾害中形成的"抗洪""抗震"精神等。这些都是红色教育紧密结合时代特点，不断完善红色教育的内容。在方式方法上，红色教育在教育方法上结合当代学生的特点，学校开展了各式各样的社会实践活动，如重走红色之路、模拟人生项目、红色小课题研究等。随着科技的发展，网络已经逐步成为学生学习生活的重要信息源，建立学生红色教育网站，掀起了一场红色主旋律的网络文化热潮，这些都体现了红色教育的时代特色。

4.内容丰富生动

红色教育传承着历史精神、体现着时代特色，既具有特定的历史性还具有鲜明的现实感，是时代不断发展创新的重要力量，也是当代中学生宝贵的精神财富。红色教育的一大优势就在于它具有丰富的内容、多种多样的教学资源，如革命遗址、革命根据地、名人故居这些物质资源。还有丰富的精神资源，如井冈山精神、长征精神、航天精神等。红色教育另一大优势就是具有极强的感染力。革命先辈们的战斗足迹、优秀共产党员真实的事迹都极具感染力，再加上图片文字的说明，对受教育者形成了直接的冲击力，也大大增强了教育的感染力。

近几年，红色教育在全国得到了高度重视，一系列与红色有关的活动也层出不穷，如重走长征路、举办红歌会、观看红色经典影片展等。作为思想政治教育的主阵地，我校重视红色教育的影响力，积极探索红色教育在中学开展的必要性和有效性，以便更好地开展红色教育，提高思想政治教育的实效性。

（三）红色教育资源进校园的德育价值

进入中国特色社会主义新时代，引导青少年传承红色基因是学校德育目标之一，理应成为教育理论与实践关注的前沿问题。

1.传承民族红色基因的时代诉求

中共中央、国务院印发的《新时代公民道德建设实施纲要》提出，要发挥各类阵地道德教育作用，"要继承和发扬党领导人民创造的优良传统，传承红色基因，赓续精神谱系。"推动红色教育资源进课堂是学校德育工作的有效途径，对学生的价值观产生极为深刻的影响，对推进民族红色基因的传承具有重要意义。

其一，红色教育资源进校园有利于学生深刻理解民族红色基因的内涵。红色资源秉承中华优秀传统文化的基因，同时也融入了马克思主义的思想精髓。红色教育资源作为红色基因传承的载体，以鲜活的史实讲述着中国共产党人热爱祖国、依靠群众、无私奉献、艰苦奋斗的思想道德境界，这些都为学校德育实践提供了宝贵的课堂教学资源。其二，红色教育资源为理解民族红色基因提供现实支撑，有利于将红色基因融入青少年的思想，使学生深刻领会民族红色基因所蕴含的时代精神。通过开发相关校本课程，组织学生到红色革命遗址、革命纪念馆等参观学习，或者举办以红色资源为载体的社会实践系列活动，能够增强学生对红色教育资源的认同。其三，红色教育资源进校园有利于培养学生主动传承民族红色基因的责任感。许多红色资源分布在相对贫穷的地区，通过重温革命时代的恶劣环境和艰苦条件，有助于学生在内心深处感受到革命先辈的伟大与崇高。让学生了解革命先辈艰苦奋斗的事迹，激励学生勇担传承红色基因的时代使命。

2.健全立德树人落实机制的重要保障

2019年9月16日，习近平总书记在参观鄂豫皖苏区首府革命博物馆时指出："革命博物馆、纪念馆、党史馆、烈士陵园等是党和国家红色基因库。要讲好党的故事、革命的故事、根据地的故事、英雄和烈士的故事，加强革命传统教育、爱国主义教育、青少年思想道德教育，把红色基因传承好，确保红色江山永不变色。"学校是完成立德树人使命的重要场所，肩负着培养新时代社会主义建设者和接班人的重任。一方面，以丰富的内容为材料支撑学校立德树人实践。红色教育资源诠释出科学合理的道德规范、价值取向、行为指导，具有人物、实践、场景、物品等多样化的存在形态，有利于拓展学校德育资源的传统边界。另一方面，以进课堂的方式完善学校立德树人实践。课堂教学是学生接受教育的重要渠道，红色教育资源要发挥育人功能，进课堂是必经环节。通过开展红色教育资源进课堂的实践，有助于学校明确立什么样的德、树什么样的人，使学校立德树人的机制落到实处。

3.加强新时代公民道德建设的现实选择

党的十九大强调要加强社会主义精神文明建设，并对深入实施公民道德建设工程提出了明确要求，学校教育的各方面都要为培养新时代公民而努力，红色教育资源进校园无疑是其重要组成部分。红色教育资源作为革命道德和红色基因的重要载体，以培养新时代公民为目标，其开发和利用与培养新时代公民密切相关。红色教育资源对推进公民道德建设具有独特的优势。新时代推进公民道德建设，必须构建具有新时代特征的公民道德建设体系，红色教育资源易于为学生所接受，有益于促进公民道德建设的具体落实，理应在道德建设体系中占有重要位置。加强新时代公民道德建设，红色教育资源的选择和融入具有特殊的优越性，也是社会主义公民道德建设的重要指导思想和方针原则，更是新时代加强公民道德建设的现实选择。

红色教育资源中蕴含的道德规范和理想信念能够发挥强大的育人功能，引导中学生做"一个高尚的人，一个纯粹的人，一个有道德的人，一个脱离了低级趣味的人，一个有益于人民的人"。

二、中学生行规养成概述

（一）行规、中学生行规、养成教育的概念界定

行规，指行为规范，是个人在某种活动中应遵守的规则、准则的总称，包括行为规则、道德规范、法律规定及相应章程等。行为规范的核心是对某种价值观的认可与接受，作为新时代学生，必须以社会主义核心价值体系规范言行。从根本上讲，行为规范既是对中华优秀传统文化的遵循，也是社会主义核心价值体系的体现与延伸。

中学生行规，即中学生行为规范。集中体现了对中学生思想品德和日常行为的基本要求，对学生树立正确的理想信念，养成良好行为习惯，促进身心健康发展起着重要作用。

养成教育是指教育者有目的、有计划地对受教育者进行行为习惯教育、道德教育等，以促进学生形成良好行为习惯、健康心理、高尚道德品质、正确思想素质为目的的一种教育模式。养成教育包含道德理性启蒙和道德习惯培养，道德理性教育是精神基础，道德习惯教育是前者的生活外化。日常行为规范养成教育是教师以学生成人成才的需要、社会生活的需要为依据，对学生进行一系列准则和规范的教育，主要包括在校期间为人处事、学习态度、言行举止、礼貌待人等，目的是培养学生良好的行为习惯，自觉遵守校规校纪，成为自律性的新时代人才。行为规范是个体综合素质的集中体现，因此，要培养时代新人，落实立德树人的根本任务，就必须加强行为规范养成教育。

（二）中学生行为规范存在的问题

1.社会环境的影响

（1）社会风气。西方某些思想的渗入，与我国已有的、传统的良好行为习惯养成教育内容与方法发生了激烈的碰撞与冲突。正处在道德社会化关键期的中学生一定程度上受到了急功近利、拜金主义、享乐主义、利己主义等负能量的影响。他们由于受到当今中国正处在社会转型时期所具有的社会价值取向的多元化和社会思想的多源化所导致的社会转型时期特有的道德规范不定型的状况的影响，导致集体主义观念薄弱，无私奉献精神意识弱化和社会责任感意识淡薄。

（2）网络传媒。网络传媒可以帮助获取海量的信息资源，可以娱乐、休闲，但同时也会传播大量的垃圾信息，如暴力游戏、色情图片、恐怖信息和诈骗信息等。中学生的心智尚未发育成熟，他们的世界观、人生观和价值观也还没有形成，然而一些大众传媒常常将世俗化、娱乐化甚至庸俗化的东西视为时尚潮流，使得虚拟的网络世界淡化了学生的现实存在感，导致学生忽略现实中的人际关系。因而，不良的网络传媒势必会对中学生良好行为习惯的养成造成巨大的影响和危害。

2.家庭教育的脱节

家庭教育在中学生成长成才、人生选择的历程中至关重要，是一切教育的基础。有一部分家长认为把学生送进学校后，便把教育孩子的事情全权交给了学校。学校固然肩负着教育和引导学生的责任，也是学生素质和能力再提升的最重要平台，但是无法弥补家庭教育的缺失。现在的很多独生子女家庭，家长对孩子溺爱、娇生惯养、百依百顺，忽视了对孩子最基本的行为习惯养成教育和心理素质教育，对孩子的日常行为规范、道德品质、心理素质、人际交往等不闻不问。长此以往，导致有些孩子以自我为中心，自私自利，更有顶撞师长、忤逆父母之类的行为发生。如果家庭教育一味地关注学生的学习成绩，而忽略了学生的品德教育，这样势必会造成部分中学生德智体美劳不能均衡发展，容易出现行为偏差，甚至触犯法律法规。

3.学校行规养成教育目标笼统、内容单一、方法简单

学校行规养成教育目标笼统、过高、内容单一导致良好行为习惯养成教育方法简单。一部分教师对行规偏差生的教育方式比较粗糙，只是单纯的说教，而不是探究其深层次的原因，出现问题又或以简单粗暴的处理手段进行高压，而不是对学生进行心理上的疏导。学校行规养成教育内容没有依据中学生身心发展的阶段特点，既缺少良好行为习惯养成教育的具体目标和层次化的养成教育内容，又没有切实可行的学生良好行为习惯养成训练的方法和具有贴近学生日常生活的养成教育活动。班团队课也只是讲遵纪守法、讲学科成绩，甚至批评教育行为有偏差的学生。如果学校的良好行为习惯的养成教育手段单一，就容易使学生产生厌烦情绪，对良好行为习惯的养成教育目标产生距离感。

三、红色教育引导中学生行为转化

习近平总书记强调，要用好红色资源，传承好红色基因，把红色江山世世代代传下去。加强中学生的红色文化教育对"确保红色江山永不变色"、坚定"四个自信"、巩固党的执政基础和赓续红色血脉意义重大。

红色教育具有引导中学生行为转化的功能。学生的行为转化是一个内在与外在协调作用的调节过程。个体行为会受认识、情感、道德和信仰等多方面因素的影响。学生的行为转化不是一蹴而就的过程，要经过认知、情感、意志、行为四个方面的层层递进。红色教育行为调控功能的发挥需要经历四个阶段。第一个阶段是对红色文化的认知阶段。认知产生于个体对教育内容的关注，学生关注红色文化，获得了关于红色文化的信息，并根据已有的知识体系和经验对这些信息进行选择和简单理解，这就是对红色文化的认知，这个认知是表象的，既不深入，也不深刻。在这个过程中，学生会有意识或无意识地保留一些红色文化的相关记忆。这是学生对红色文化的初体验，为之后的情感认同、意志接受和行为转化做准备。第二个阶段是对红色文化的情感认同阶段。"情到理方至，情阻理难通。"以理服人的前提是要以情感人。情感产生于个体对教育内容认识的不断深化。学校在学生的学习生活过程中不断扩大红色文化的影响力，激发学生学习、认识、了解红色文化的积极性和主动性，加强学生对红色文化认识的深化，进而激发学生对红色文化的情感。第三个阶段是对红色文化的意志接受阶段。当学生在红色教育的引导下对红色文化有了一定认知并且随着认知的深化对红色文化产生情感认同后，学生会打破原有的价值体系，对原有的思想观念进行调节和重组，形成新的价值判断标准，并根据新的价值标准进行心理博弈，逐渐接受红色文化中符合新价值标准的部分，并将其内化为自身的意志。学生在这一阶段会将红色文化升华为自觉意志，这是红色教育发挥行为调控功能的必然结果。第四个阶段是对自身行为约束阶段。当学生经历了对红色文化的认知了解、情感认同、意志接受阶段后，将在红色文化的影响下形成坚定的理想信念，高昂的爱国热情，高尚的道德情操，这些品质引导学生将其外化为相应的实践行为，从而养成良好的行为习惯。

第二章　红色教育视角下行规养成的目标体系

立德树人是新时代教育的根本任务。红色教育资源丰富，能够引导青少年树立正确的世界观、人生观和价值观。为了全面推进立德树人教育，从最基本的行为规范入手促进中学生全面健康发展，学校应该加强行为规范目标体系构建工作，旨在以行规目标为引领，让中学生在接受红色教育的过程中，不断增强对中国特色社会主义的政治认同、思想认同、情感认同，从而成长为社会主义的合格建设者和可靠接班人。

一、指导思想

（一）中小学生守则（2015年修订）

2015年8月20日，教育部发布了《关于印发〈中小学生守则（2015年修订）〉的通知》，各地可依据修订后的《守则》，结合实际情况，制订中小学生日常行为规范。具体内容：（1）爱党爱国爱人民。了解党史国情，珍视国家荣誉，热爱祖国，热爱人民，热爱中国共产党。（2）好学多问肯钻研。上课专心听讲，积极发表见解，乐于科学探索，养成阅读习惯。（3）勤劳笃行乐奉献。自己事自己做，主动分担家务，参与劳动实践，热心志愿服务。（4）明礼守法讲美德。遵守国法校纪，自觉礼让排队，保持公共卫生，爱护公共财物。（5）孝亲尊师善待人。孝父母敬师长，爱集体助同学，虚心接受批评，学会合作共处。（6）诚实守信有担当。保持言行一致，不说谎不作弊，借东西及时还，做到知错就改。（7）自强自律健身心。坚持锻炼身体，乐观开朗向上，不吸烟不喝酒，文明绿色上网。（8）珍爱生命保安全。红灯停绿灯行，防溺水不玩火，会自护懂求救，坚决远离毒品。（9）勤俭节约护家园。不比吃喝穿戴，爱惜花草树木，节粮节水节电，低碳环保生活。

本次修订具有时代性和发展性，围绕社会主义核心价值观，同时关注新时期学生成长发展的新特点，内容涵盖了学生德智体美劳全面发展的基本要求，保留了 2004 年版《中小学生守则》中仍具时代价值，体现中华传统美德，应长期坚持的内容，如热爱祖国、热爱人民、热爱中国共产党、诚实守信、珍爱生命等。值得一提的是，修订版的《中小学生守则》采用了先总后分的表述方式，在每一条守则的后面补充了一些更具操作性、学生可以做到的具体行为规范内容，有利于社会主义核心价值观教育落细、落小、落实，实现学生知行合一。如在"勤劳笃行乐奉献"中提出主动分担家务，这一内容贴近学生生活情境，关照学生在家庭中的行为要求和表现，更具有实践性和适切性。又如，在"明礼守法讲美德"的要求中，既有国家和学校层面的"遵守国法校纪"，也有微观层面的"自觉礼让排队"等日常生活中的细节规范。此外，修订版《中小学生守则》还增加了新时期学生成长发展中学校、社会和家庭高度关注的内容，如养成阅读习惯、不比吃喝穿戴、文明绿色上网、低碳环保生活等。社会主义核心价值观和中华优秀传统文化是当代中小学校道德教育的核心内容，是当代中小学校行为规范教育的新基准，新版的《中小学生守则》在学生道德行为表现中融入了新的道德规范要求，并从个人与自我、个人与他人、个人与自然、个人与社会四个不同维度，提出了学生主要的行为习惯和道德规范要求。

（二）中小学德育工作指南

2017 年 8 月，教育部制定并发布了《中小学德育工作指南》，该《指南》是指导中小学德育工作的规范性文件，适用于所有普通中小学。各地要加强组织实施，将《指南》作为学校开展德育工作的基本遵循，纳入校长和教师培训的重要内容，并将其作为教育行政部门对中小学德育工作进行督导评价的重要依据，进一步提高中小学德育工作水平。

全面贯彻党的十九大和十九届历次全会精神，深入贯彻习近平总书记系列重要讲话精神和治国理政新理念新思想新战略，始终坚持育人为本、德育为先，大力培育和践行社会主义核心价值观，以培养学生良好思想品德和健全人格为根本，以促进学生形成良好行为习惯为重点，以落实《中小学生守则（2015年修订）》为抓手，坚持教育与生产劳动、社会实践相结合，坚持学校教育与家庭教育、社会教育相结合，不断完善中小学德育工作长效机制，全面提高中小学德育工作水平，为中国特色社会主义事业培养合格建设者和可靠接班人。

（三）新时代公民道德建设实施纲要

2019年10月27日，中共中央、国务院印发了《新时代公民道德建设实施纲要》，要求要以习近平新时代中国特色社会主义思想为指导，紧紧围绕进行伟大斗争、建设伟大工程、推进伟大事业、实现伟大梦想，着眼构筑中国精神、中国价值、中国力量，促进全体人民在理想信念、价值理念、道德观念上紧密团结在一起，在全民族牢固树立中国特色社会主义共同理想，在全社会大力弘扬社会主义核心价值观，积极倡导富强民主文明和谐、自由平等公正法治、爱国敬业诚信友善，全面推进社会公德、职业道德、家庭美德、个人品德建设，持续强化教育引导、实践养成、制度保障，不断提升公民道德素质，促进人的全面发展，培养和造就担当民族复兴大任的时代新人。

——坚持马克思主义道德观、社会主义道德观，倡导共产主义道德，以为人民服务为核心，以集体主义为原则，以爱祖国、爱人民、爱劳动、爱科学、爱社会主义为基本要求，始终保持公民道德建设的社会主义方向。

——坚持以社会主义核心价值观为引领，将国家、社会、个人层面的价值要求贯穿到道德建设各方面，以主流价值构建道德规范、强化道德认同、指引道德实践，引导人们明大德、守公德、严私德。

——坚持在继承传统中创新发展，自觉传承中华传统美德，继承我们党领导人民在长期实践中形成的优良传统和革命道德，适应新时代改革开放和社会主义市场经济发展要求，积极推动创造性转化、创新性发展，不断增强道德建设的时代性实效性。

——坚持提升道德认知与推动道德实践相结合，尊重人民群众的主体地位，激发人们形成善良的道德意愿、道德情感，培育正确的道德判断和道德责任，提高道德实践能力尤其是自觉实践能力，引导人们向往和追求讲道德、尊道德、守道德的生活。

——坚持发挥社会主义法治的促进和保障作用，以法治承载道德理念、鲜明道德导向、弘扬美德义行，把社会主义道德要求体现到立法、执法、司法、守法之中，以法治的力量引导人们向上向善。

——坚持积极倡导与有效治理并举，遵循道德建设规律，把先进性要求与广泛性要求结合起来，坚持重在建设、立破并举，发挥榜样示范引领作用，加大突出问题整治力度，树立新风正气、祛除歪风邪气。

要把社会公德、职业道德、家庭美德、个人品德建设作为着力点。推动践行以文明礼貌、助人为乐、爱护公物、保护环境、遵纪守法为主要内容的社会公德，鼓励人们在社会上做一个好公民；推动践行以爱岗敬业、诚实守信、办事公道、热情服务、奉献社会为主要内容的职业道德，鼓励人们在工作中做一个好建设者；推动践行以尊老爱幼、男女平等、夫妻和睦、勤俭持家、邻里互助为主要内容的家庭美德，鼓励人们在家庭里做一个好成员；推动践行以爱国奉献、明礼遵规、勤劳善良、宽厚正直、自强自律为主要内容的个人品德，鼓励人们在日常生活中养成好品行。

二、红色教育视角下的行规表现要素

(一) 明责任

社会责任是关系我国社会发展与进步的一个重要因素，公民自觉自愿地承担起自己应尽的社会责任和社会义务，在实现"中国梦"的进程中贡献自己的力量，践行社会主义核心价值观，实现人生价值。公民社会责任包含了对自己负责、对他人负责、对家庭负责、对集体负责、对社会负责和对国家负责六个层面。红色文化作为中国共产党领导人民在革命、建设实践中形成、发展的文化形态，作为中国共产党一种先进文化，包含着丰富的核心价值要素，是培育公民社会责任感的重要文化资源，也是社会主义核心价值观的文化基础与文化素材。红色文化包含了崇高的理想信念、对自由平等的追求以及高尚的道德品质三个要素，在坚定理想信念、形成正确的价值观以及增强承担责任意识上能够提供优质的教育资源，开辟培育中学生社会责任感的新路径。

(二) 乐奉献

无私奉献意味着为别人或者组织不求回报地付出。爱国不能停留在口头上，需要落实于行动中，具有爱国主义情怀的人会将家国情怀转化为无私奉献的精神和行动。"爱国奉献"这四个字来自历史，超越历史，它厚植于中华优秀传统文化，更淬炼于中国共产党带领中国人民爱国奉献的历史进程之中。爱国奉献精神贯穿于中华优秀传统文化形成与发展的全过程。在历史长河中，涌现了屈原、杜甫、苏轼、顾炎武等一大批文人墨客，他们通过诗词歌赋歌颂了中华儿女的爱国报国情怀。自中国共产党成立，党带领人民不断在实践中传承、践行和发展爱国奉献的文化传统，涌现了焦裕禄、雷锋、王进喜、王继才、袁隆平、黄大年、黄文秀、廖俊波等一批爱国奉献的先进人物，书写了一个个爱国奉献的鲜活故事，这些先进人物是建党百年无数爱国人士的缩影，是当代中学生尊敬和学习的模范标杆。

（三）健身心

一个人具有健全良好的心态是其成长和全面发展不可替代的基础性因素，中学生在校期间的全面发展除了体力、智力外，良好心态及心理素质发展也是极其重要的一方面。现在的中学生群体从小生活在相对优越的环境中，耐挫力和心理承受能力都较弱，一部分人在面对社会转型所带来的价值观念、思想意识等方面的急剧变化时很容易迷失自己，产生不同程度上的心理障碍或心理扭曲现象。面对这样的现实情况，如何引导中学生形成与社会主义社会发展相适应的良好心理状态，疏通其心理障碍和思想困惑是新时代中学德育工作中必须要面临的重要问题。红色文化虽然诞生并形成于革命战争年代，但是其蕴含的乐观进取、积极向上、自信客观、理性平和的精神内涵却具有永久的时空穿透力和教育价值。在中学德育教育工作中深入挖掘红色文化中的相关内容，结合当下时代精神赋予其新的教育意义，对于当前中学生良好心理素质培养和健全人格塑造具有重要价值。

（四）严律己

严以律己是中国共产党的优良传统和鲜明政治品格。在革命、建设和改革实践中，无数共产党人充分体会到，一个人只有严以修身律己、不断强化自我约束，才能顶得住诱惑。在中国特色社会主义新时代，中学生应遵纪守法，遵守公共秩序，爱护公共财物，爱护生态环境。2021年11月，教育部制定发布了《全国教育系统开展法治宣传教育的第八个五年规划（2021—2025年）》，明确要求推动习近平法治思想融入学校教育；推动宪法类教材编写与修订，将民法典教育纳入国民教育体系；适当增加法治知识在中考、高考中的内容占比；将青少年法治教育实践基地纳入社会实践大课堂活动场所范围等。开展好青少年法治宣传教育，需要讲好红色法治故事，传承红色法治基因，教育引导青少年增强走中国特色社会主义法治道路的自信和自觉。公民的法治素养是构成法治国家最重要的"底盘"。作为祖国的未来，青少年的法治观念将极大影响法治建设的未来图景，通过法治教育培养中学生良好的行为习惯是时代发展的必然要求。

（五）善思考

"学而不思则罔，思而不学则殆。"学习与思考、勤学与善思是相互联系、相辅相成的，二者不可割裂。中学生应主动学习，善于思考，积极探究，初步形成有个性特点的、有效的学习方法，培养自身的创新能力。当前的国际竞争，从根本上说是创新人才的竞争，青少年是国家未来的建设者，对中学生进行系统深入的创新精神的培育，是实现"人力资源创新"及"科技创新"的关键。从红色资源的内容构成来看，不论是内涵深刻的精神文化，还是数量众多体现精神内容的物质实体，这些经历了血与火洗礼的具有珍贵价值的红色资源，都成为中学生创新精神培育的天然载体。例如从"农村包围城市""小岗精神"中，我们可以追寻到中国共产党人身上所闪耀的追求创新、开拓进取的"创新意识"；从"一国两制""两弹一星精神""载人航天精神"等一个又一个生动的事件中，我们可以获取大量"创新思维"培养的教学案例。红色资源与中学生行规养成教育相融合，有助于培养中学生良好的学习习惯和创新能力。

（六）会合作

会合作指的是在服务他人、奉献社会的实践过程中能沟通协调，尊重他人，具备合作能力和合作精神。在日益激烈的竞争环境中培养学生的团队合作精神，是全面提高学生综合素质的必然要求。合作精神培养是社会发展的需要，21世纪以来，世界日渐成为"命运共同体"，人与人之间休戚与共。中学生正处于由未成年人向成年人过渡时期，处在世界观、人生观、价值观形成的关键时期，抓住这个最佳时期，培养合作意识，提高合作能力，就能使未来的中坚力量成为合作与竞争的强者，进而为和谐社会的进一步发展增添一分力量。

三、红色教育视角下行规养成教育分年级目标

在追求实现中华民族伟大复兴的新时代，继承和发扬红色精神具有非凡的意义。曙光中学将办学理念进行了新的诠释和发展，以承继和培育红色精神为重要教育元素和载体，提升学生核心素养，落实立德树人根本任务。确立了培育以在服务社会中实现个人价值为人生理想，具有家国情怀、利他品格、社会管理基础能力，践行社会主义核心价值观的时代新人的特色育人目标。

近年来，学校在行为规范养成教育上以学生全面发展为宗旨，根据《中小学生守则（2015年修订）》《中小学生日常行为规范》的相关要求，结合我校"红色精神培育"特色高中创建，确立了曙光中学行为规范教育总目标，引导学生将"红色精神"内化为自身的优秀品行。

曙光中学行为规范养成教育总目标：培养明责任、乐奉献、健身心、善思考、严律己、会合作的曙光学子。

表2-1　曙光中学行为规范养成教育分年级目标

行为规范养成教育分年级目标			
年级	高一	高二	高三
明责任	具备高度的个体责任意识，在学习生活中，对自己负责、对他人负责	明确个人和集体的关系，积极主动承担班集体事务，对集体负责	明确自身在国家发展、民族复兴中的责任，具备积极主动投身社会主义现代化建设的意识
乐奉献	主动关爱他人，助人为乐，能够积极参与到班级和校园各类志愿者服务活动中	富有爱心与奉献精神，关注弱势群体，参与或组织策划社会公益、帮困活动	具备社会服务意识，主动关注社会民生发展，投身社会实践活动、公共服务项目

续　表

行为规范养成教育分年级目标			
年级	高一	高二	高三
健身心	强健体魄、健全人格,拥有积极的心态、良好的心理品质,热爱生活、尊重生命	掌握客观评价自我的方法,增强抗挫能力,能积极面对困难,具备良好的心理素质	感悟生命,感恩生命,提升生命价值和生命质量,拥有积极进取的人生态度
善思考	具备良好的上课、预习、复习和作业习惯。注重课外阅读,初步形成有个性特点的、有效的学习方法	能正确判断与评估自我,针对自身能力素养薄弱领域,能够自觉开展持续训练,实现自我提升	树立终身学习的意识,积极探究,参与创新实践活动与课题研究,具备一定的创新能力
严律己	自强自律,诚实守信,遵守学校的校纪校规,积极参与班级、校园自主管理,充分做到自我监督	在社会中能够自觉遵守社会公德,严格要求自己,约束自身行为,立德修身	坚持严于律己,把提升自身修养作为一种自觉的追求,达到自我完善的目的。具有规则意识与法治意识
会合作	使用文明用语,行为举止得体,待人诚信,与人为善,尊重他人隐私	在集体活动中,尊重师长、关爱他人,具备包容理解、团队协作的能力	具备合作能力和合作精神,树立合作观念和集体主义价值观念

　　学校根据高中生的身心发展特点,从生活习惯、学习习惯、人际交往和公共规范四个维度,围绕区域"贤文化"和学校红色教育,构建学生行为规范教育的内容体系,满足学生发展的实际需求。

　　高一年级的行为规范教育重点为生活习惯和学习习惯,通过入学教育、军政训练、生活指导、学业指导、《i·奉贤》读本专题学习、劳动值周班等载体,让高一新生自觉遵守校纪校规,拥有积极的心态、良好的心理品质,尽快适应高中寄宿制生活。高二年级的行为规范教育重点内容为人际交往,通过志愿者服务、红色经典小剧场、重走红色之路等活动,让学生了解待人礼仪,懂得与他人合作,树立合作观念和集体主义价值观念。高三年级的行为规范教育重点为公共规范，通过清明祭扫仪式、18岁成人仪式、模拟法庭、模拟政协等载体，让学生遵纪守法，明确责任、勇于担当，为将来成为创新人才、杰出人才所必须具备的品格打好扎实的基础。

第三章 红色教育视角下行规养成的实施途径

"坚持育人为本，德育为先"是我国教育方针中育人中心地位的表现。教育不只是传授知识，育人才是教育的目的，教育不仅要教会孩子们科学的知识，更要教会他们如何做人做事。红色文化资源蕴含着丰富的教育价值，是优质的教育资源。学校通过红色文化资源的开发挖掘、整合利用、灵活运用，将红色文化资源融入行为规范养成教育中，通过课程育人、文化育人、活动育人、实践育人、管理育人、协同育人等实施途径，培养学生良好的思想道德品质和行为习惯。

一、课程育人——夯实红色教育视角下行规养成的主体渠道

《关于全面深化课程改革落实立德树人根本任务的意见》颁布以来，学科课程标准层面着力突出立德树人，"立什么样的德、树什么样的人"作为课程改革的核心，要求每一位教师都具备课程育人的意识、责任和本领。进言之，课程育人应成为学校立德树人的根本路径。

红色资源作为一种优质的教育资源，具有思想指引、政治标识、道德示范的重要作用。充分开发、利用红色资源，将红色资源融入学校课程开发中，将红色资源的教育价值发挥到极致，增强学校德育工作的实效性。我校在政教处牵头下，各部门合力开发"红心笃行"课程，主要分为学生发展指导课程、主题教育课程、团辅课程、仪式课程四大模块。在实施过

程中，融入行为规范养成教育，落实学校行为规范教育目标。

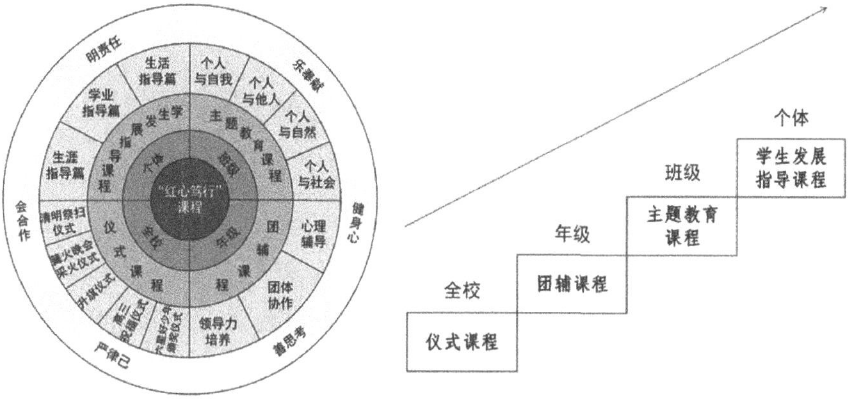

图3-1 "红心笃行"课程图谱

（一）学生发展指导课程

为了培养学生积极向上和自主发展的品质，促进学生全面、健康、和谐发展，预防并解决学生发展中的困扰，加强对学生心理、学业、生活与生涯等方面的指导，在此基础上主动地发展自己、完善自我，学校开设"学生发展指导"课程。学生发展教育结合学生社会实践活动，有助于学生社会责任意识的内化，提高学生行规素养，引导学生实现社会服务与自我价值的双向和谐。

在学生发展指导课程的实施过程中，由导师对学生个体进行点对点的行为规范养成教育，课程内容分为生活指导篇、学业指导篇、生涯指导篇三大板块。生活指导篇注重培养学生的生活习惯、人际交往礼仪、公共规范；学业指导篇侧重于培养学生主动学习，善于思考，积极探究的学习习惯；生涯指导篇着重于培养学生认识自我、认识社会、适应社会的能力，增强国家意识和社会责任感。以生涯指导篇为例，面向高一年级开发了"性格密码""天生我才——多元智能""我的大学梦——走进大学""走进职场大舞台"等主题课程；面向高二年级开发了"我的生涯资源——家族树""我的决策我做主——决策风格""专业与职业"等主题课程；面向高三年级开发了"高三玩转职场RPG——职业价值观探索""掌握未来——

生涯彩虹图""我的生涯清单"等主题课程，着重引导学生学会自我认知、了解社会职业生活，进而科学合理地规划自己的人生。

附3-1 学生发展指导课程——生活指导篇

我和团队

上海市奉贤区曙光中学 万涛

进入高中以后，更多元的生活让学生有机会参与到更多不同类型的团队中，如日常教学中的走班团队，寄宿生活的寝室团队，拓展提升的各类社团，等等。大家都希望自己能加入好的团队，但其实团队都是由个人组成的，团队好不好完全是由这个团队中的成员所决定的。所以，与其奢望加入到一个好的团队，还不如从我做起，和队友一起打造一个优秀的团队。

一、活动资料

（一）游戏"解手链"体验感受个人和团队的关系

解手链是一个十分经典的团队游戏，通过共同协作完成任务，让大家体验团队协调以及全局和局部的关系，更重要的是让队员间学会相互配合与沟通。

游戏规则

1.6—10人围成一圈，面朝内站立；

2.所有人举起右手，并与对面的队友相握，然后左手握住另一人的左手；

3.大家一起在手不分开的情况下解开这个用手编制的"手链"。

游戏玩法

1.可以设置一个大组，然后规定相应的时间内必须解开"手链"，比如10人的游戏，设置时间3分钟；

2.两个组进行比赛，看哪一组最先解开"手链"。

注意事项

1.首先应该告诉大家，这个"手链"肯定是能解开的，只不过有两种解开的结果，如下图：

结果一：围成了一个圆；结果二：围成两个嵌套的圆。

2.如果人数太多，导致解开的难度很大，我们可以允许一次两人松手的机会，并且松开后，要迅速地再拉起来。

（二）游戏结束后，谈谈你的感受

二、阅读资料

（一）了解一个优秀团队的基本特征

1.明确的目标。团队的每个成员可以有不同的目的、不同的个性，但作为一个整体，必须有共同的奋斗目标。

2.清晰的角色。有效团队的成员必须在清楚的组织架构中有清晰的角色定位和分工，团队成员应清楚了解自己的定位与责任。

3.互补的技能。团队成员要具备为实现共同目标的基本技能，并能够有良好的合作。

4.相互间信任。相互信任是一个成功团队最显著的特征。

5.良好的沟通。团队成员间拥有畅通的信息交流，才会使成员的情感得到交流，才能协调成员的行为，使团队形成凝聚力和战斗力。

6.合适的领导。团队的领导往往起到导师或后盾作用，他们对团队提供指导和支持，而不是企图控制别人。

（二）明确个人在团队建设中的责任

1.通过对自我优势的分析，明确自己在团队中的角色定位。或作为主导者带领团队，或作为辅助者帮助团队。

2.根据自身特点组建学习共同体，可以分提高型和互补型两类，同时打造学习型寝室，以小团队的成长促进大团队的发展。

3.明白信任和沟通的重要性，主动摆脱以往对家长的依赖，在与团队成员的直接交流中提升自己的社交能力和大局意识。

4.绝对服从团队中已达成共识、形成文字的规章制度，不以规矩不成方圆，守住底线才能拼搏上限。

三、课后思考

1.以家庭为一个团队，你希望这是一个怎么样的团队？你能做什么？

2.以寝室为一个团队，你希望这是一个怎么样的团队？你能做什么？

3.以班级为一个团队，你希望这是一个怎么样的团队？你能做什么？

4.导师的建议。

附3-2 学生发展指导课程——学业指导篇

薄弱学科的进击

上海市奉贤区曙光中学 倪洁

如果学习中有了薄弱学科，等于患上了一种学习疾病，要是无法对症下药，只会越来越弱。比如对数学不感冒，爱马虎，题目总算错，看见数字就烦，导致数学成绩越来越差。那么到底如何有效地提升自己薄弱学科呢？

一、阅读资料

1.在不擅长的学科上花更多的时间

有些人一提起不擅长的学科就非常烦恼，学习时提不起精神，兴趣索然，因此用在这些学科上的时间和精力大大减少。这不足为怪，但正因为如此，导致了不擅长学科的成绩越来越差的恶性循环。要终止这一循环，只有一个办法，就是硬着头皮在不擅长的学科上花大量时间。

在不擅长的学科上花更多的时间，也要讲究一定的方法。如果你一开始便不顾一切地花费大量时间，就会感到不适应和疲惫不堪。最理想的办法是"循序渐进，逐日增加时间"。也可以把不擅长学科的学习穿插在其他学科之间进行，做短时间内的多次重复，这个办法是非常有效的。

2.将最基本的知识理解透彻

这里所说的"透彻"，绝不是随便看几眼，稍加重复即可，而是包含极为严格的意思。它要求你只能前进不能后退——不理解透彻绝不能罢休。如学英语，不仅要对单词、语法、基本句型等最基础的知识彻底理解，而且要背得滚瓜烂熟。无法做到这一点，战胜不擅长学科的计划只能是纸上谈兵。

3.加强薄弱环节

倘若你对不擅长的学科稍加分析，便能发现，虽然有的内容你会一问三不知，但有的内容你也略知一二，并不都是一窍不通。这是常见的现象，如果你能做地毯式的清扫工作，把薄弱环节一一找出、逐个击破，你将会逐渐恢复对这些学科的兴趣。

4.用笔来帮助记忆

要想战胜不擅长的学科，必须勤动笔来增强记忆。当你记的内容越来越多时，自然而然就会对它产生兴趣了，也就有成就感了。

二、活动资料

1.请你分析一下自己的薄弱学科所遇到的困难，并尝试写几条补短板的措施。

2.导师的建议。

附3-3　学生发展指导课程——生涯指导篇

我的生涯清单

上海市奉贤区曙光中学　朱祎

一、阅读资料

职业生涯规划（career planning）也叫职业规划，又叫职业生涯设计，它是指个人与组织相结合，在对一个人职业生涯的主客观条件进行测定、分析、总结的基础上，对自己的兴趣、爱好、能力、特点进行综合分析与权衡，结合时代特点，根据自己的职业倾向，确定其最佳的职业奋斗目标，并为实现这一目标做出行之有效的安排。

第一个问题"我是谁?"应该对自己进行一次深刻地反思，有一个比较清醒地认识，优点和缺点都应该一一列出来。

第二个问题"我想干什么?"是对自己职业发展的一个心理趋向的检查。每个人在不同阶段的兴趣和目标并不完全一致，有时甚至是完全对立的。但随着年龄和经历的增长而逐渐固定，并最终锁定自己的终身理想。

第三个问题"我能干什么?"是对自己能力与潜力的全面总结。一个人职业的定位最根本的还要归结于他的能力，而他职业发展空间的大小则取决于自己的潜力。对于一个人潜力的了解应该从几个方面着手去认识，如对事的兴趣、做事的韧性、临事的判断力以及知识结构是否全面、是否及时更新等。

第四个问题"环境支持或允许我干什么?"这种环境支持在客观方面包括本地的各种状态，比如经济发展、人事政策、企业制度、职业空间等；人为主观方面包括同事关系、领导态度、亲戚关系等，两方面的因素应该综合起来看。有时我们在职业选择时常常忽视主观方面的因素，没有将一切有利于自己发展的因素调动起来，从而影响了自己的职业切入点。

明晰了前面四个问题，就会从各个问题中找到对实现有关职业目标有利和不利的条件，列出不利条件最少的，自己想做而且又能够做的职业目标，那么第五个问题有关"自己最终的职业目标是什么"自然能够明确了。

二、活动资料

高中毕业前的分阶段具体目标

生涯目标	项目	高一	高二	高三

生涯计划的调整和评价

高一制定的生涯计划：
目前情况下的评价：
调整计划：

1. 你想从事的职业是：＿＿＿＿＿＿＿＿＿＿＿＿＿＿＿＿＿＿＿

2. 根据上述目标职业，在高一学年末，你的3+3选科计划是：＿＿＿＿

3. 根据上述目标职业，在高三学年末，你的理想专业是：＿＿＿＿＿

你的理想大学是：＿＿＿＿＿＿＿＿＿＿＿＿＿＿＿＿＿＿＿＿＿＿

4. 目前距离你的理想大学及专业的差距是：＿＿＿＿＿＿＿＿＿＿

（二）主题教育课程

主题教育课程是指班主任以"课"的形式，围绕某一教育主题（例如行规教育），通过多种组织方式，对学生进行教育的过程，唤起学生的情感体验，促进其行规品质的发展和行为改进的班集体教育活动。主题教育课程是学校德育工作的重要抓手之一，是学校班主任对学生进行思想道德教育的重要途径。在主题教育课程的实施过程中，由班主任对班级学生进行行为规范养成教育。学校从个人与自我、个人与他人、个人与自然、个人与社会四个不同维度，顶层设计行规序列主题教育课，内容聚焦社会主义核心价值观、红色精神教育、奉贤"贤"文化，促进学生良好行为习惯养成和基础文明道德水平提升。

表3-1　"行规序列"主题教育课程一览

	高一年级	高二年级	高三年级
人与自我	高中生活 你准备好了吗？ 我们的私人订制	让优秀成为一种习惯 珍爱生命 远离毒品	我的大学我的梦 我的情绪我做主
人与他人	我和我的班集体 赠人玫瑰 手有余香	合作带来共赢 已所不欲 勿施于人	年少须有为 遴友必方 正 疫情中更显可爱的 "你"

续 表

	高一年级	高二年级	高三年级
人与自然	敬畏自然 保护环境 珍惜自然资源 呵护美丽地球	绿色环保 从我做起 青春同行 绿满校园	倡导绿色生活 践行生态文明 低碳生活 我们在行动
人与社会	网络世界不简单 诚即天道 天道酬诚	我爱你 中国 我的青春 与法同行	志愿者风采染红中国 使命肩膀 责任有我

附3-4 "行规序列"主题教育课教学设计(一)

主题	让优秀成为一种习惯	
所属专题	(请在所选专题前划"✓",可多选) (✓)人与自我 ( )人与他人 ( )人与自然 ( )人与社会	
执教者	汪艳霞	所在单位 上海市奉贤区曙光中学
摘要	本节班会课首先由一则记录全国知名高中学生"紧凑一天"的视频为开端,紧张的气氛和激昂的背景音乐让大家仿佛也沉浸在校园一角中;通过同学在长跑活动中的表现变化,引出"好习惯能够让人受益"的主题。 其次除了视频的播放、飞轮效应的介绍之外,同学们就自身和生活中养成的好习惯带来的益处进行回忆。通过身边同学的亲身经历引发大家共鸣,大家形成了"培养好习惯是提升自我学习能力的一种方式"的共识。 与此同时,针对同学们在特殊时期网课学习的表现,列出十条坏习惯,让同学们进行自省,提出改变这些坏习惯的期许和将来的行动。并且补充齐白石先生孜孜不倦养成习惯的故事感召大家。通过正反对比,在名人事例里,在同学的亲身经历里,使同学们逐步提升着自我的认识,形成建立良好习惯的意识。	
摘要	最后,教师通过"优秀习惯养成打卡表"的方式,让同学们写下新年的目标和实施的方式。同学们的目标或小或大,却都已经展露出培养好习惯的坚毅。让优秀成为一种习惯,让良好的学习习惯伴随我们成长。	

选题意义	在上海高考"3+3"模式下,部分选择生物、地理的学生需要在高二阶段完成这两门课程的等级考。而考试结果也将直接影响最终的高考成绩和同学们高三的学习状态。高二学生处于衔接阶段,在高一的新鲜感消逝、高三的紧张感未来之间,容易产生疲倦、懈怠的情绪。因此在高二开设有关养成优秀行为习惯和学习习惯的班会课尤为必要。 高二的同学在经历了一年的高中生活之后,通常会呈现出两种特点:懒惰和缺乏紧迫感。这两种特点不仅体现在学习上,而且还体现在平时的行为规范上。经过老师的不断提醒和督促,部分同学都能有一定程度的改善,但是这种改善难以坚持,基本只能在教师监督和班规的约束之下维持,并未真正形成班级同学的原动力。因而"让优秀成为一种习惯"成了需要植入班级学生心里的迫切信念。希望通过一堂班会课的时间,帮助他们树立要养成优秀习惯的意识,并采取切实有效的行动去落实和坚持。
教学设计	一、教学目标 1.明确养成优秀的习惯的意义以及目的; 2.确立实现优秀习惯的途径,并加以督促实行。 二、教学重点难点 1.教学重点:通过一些身边的实例让学生了解好习惯开始养成的困难; 2.教学难点:使学生确立养成良好习惯的信念感,并且让学生学会分析自身情况,寻找适合自己的解决方法。 三、教学技术与学习资源应用 课件、学习习惯自测表、优秀习惯养成打卡表。 四、教学过程 1.主题导入 通过播放一所全国知名高中的学生从清晨到晚上熄灯一天井然有序的学习,引出关键词——习惯。习惯是在长时间里逐渐养成的、不容易改变的行为、倾向或社会风尚。可见,习惯是一种养成,是一种比较确定的思想和行为方式。 【设计意图】开门见山,通过视频和提问解读标题,帮助学生共同解读关键词习惯的意义,以视频吸引学生注意,并且活跃气氛消除课堂的紧张感。

教学设计	2."飞轮效应" (1)通过观看同学们在挑战级长跑中的照片,引出飞轮效应。 (2)骑自行车的时候,刚开始是不是很费力气?而一旦骑起来以后,就会感到轻松多了。汽车在发动的时候很慢的,而后速度会越来越快。为了使静止的飞轮转动起来,一开始我们必须使很大的力气,一圈一圈反复地推,每转一圈都很费力,但是每一圈的努力都不会白费,飞轮会转动得越来越快。达到某一临界点后,你无须再费更大的力气,飞轮依旧会快速转动,而且不停地转动。我们每个人都想出色,都想让自己发展得更快些,但却往往输在起点上。正如"飞轮效应"一样,一开始我们必须付出数倍的努力,而你一旦开始,就会有一定的惯性推动着你去行动。 【设计意图】通过解读"飞轮效应"这一概念,让学生深刻意识到习惯养成难在开头,靡不有初,鲜克有终,一旦跨出第一步就是成功的一半。 3.好习惯与坏习惯 (1)请同学们讨论身边的人(同学、老师或家人)身上有什么好习惯,这个好习惯给他们的生活带来了怎么样的影响。 (2)反思自身在学习中,尤其是疫情期间养成的一些坏习惯,以及坏习惯的恶劣影响。 (3)观看视频和阅读齐白石的事例,进一步就好习惯与坏习惯对一个人的不同影响加深认识。 【设计意图】组织学生进行课堂自主合作式的讨论活动,进一步反思好习惯会给我们带来的好处,以及坏习惯背后的不良影响,凭借学生间的交流加深对于好坏习惯的认知,从而督促学生发自内心得要养成好习惯。 4.让优秀成为一种习惯 (1)总结本学期的班级活动,肯定班级同学在行规和课外活动上为班级尽心尽力,始终以"让优秀成为一种习惯"为自己的行为准则。 (2)通过学习习惯自测表,较为具体地发现自己身上存在的学习坏习惯,对于及时纠正坏习惯有一定的针对性。 (3)通过分析"提问打卡"和"英语小分队过关打卡"这两项同学们正在养成的习惯和效果,鼓励同学不断养成优秀习惯。 (4)完成优秀习惯养成打卡表,在新的一年养成一个新的优秀习惯。 【设计意图】通过数据和事例引导如何养成优秀习惯,并鼓励学生从自身情况出发,在下一阶段养成一个新的优秀习惯。

教学设计	加分项目(请认真反思自己的学习习惯,如符合则加1分)	分值
	1. 7:00前进教室,不带早餐进教室。	
	2. 经常与同学探讨学习中遇到的问题。	
	3. 上课积极回答老师所提出的问题。	
	4. 晚上写作业前先把当天课上讲的知识大致复习一下。	
	5. 上课不懂的知识下课及时向老师询问。	
	6. 将平时练习或考试中出现的错题整理记录在一个本子上。	
	7. 17:30分进教室,并开始晚自习的学习。	
	8. 几乎不重默,或者重默都能及时过关。	
	减分项目(请认真反思自己的学习习惯,如符合则减1分)	分值
	1. 上课时不由自主的走神或睡觉。	
	2. 在课上写其他科目的作业。	
	3. 听课、写作业时转笔。	
	4. 上课忘了带书本、作业。	
	5. 星期天到校后发现还有周末作业没有完成。	
	6. 上课不记笔记,以为记在书上就可以了,结果到考试复习时感到没有头绪。	
	7. 午自习、晚自习前进入状态慢,经常东张西望或与其他同学讲话。	
	8. 预备铃声响后若老师不来教室仍不回到自己的座位上。	
	9. 遇到不懂的题目就空着,不问同学或老师。	
	10. 看到周围的同学玩,自己也跟着玩。	
	合计分值:	
	5. 班主任总结	

教学反思	在课堂呈现中,学生们对于优秀习惯和坏习惯的理解可以再丰富和深刻一些,给学生更多思考和发言的机会。通过"分析提问打卡"和"英语小分队过关打卡"这两项同学们正在养成的习惯和效果来鼓励同学不断养成优秀习惯这个环节,同学们还是有所触动的,因为这些同学就是他们身边的每天接触的最熟悉的人,他们的点点滴滴进步也是周围同学能够感受得到的。后期可以适当给予学生一定的奖励,及时对他们的积极行为施加正向的反馈,激励他们在前期更好地完成打卡活动,进一步提升培养良好习惯的驱动力,并且促进外部驱动力化为内在动力。最后优秀习惯养成打卡表可以在课后再完善一些,并予以督促执行。

附3-5 "行规序列"主题教育课教学设计(二)

主题	我们的私人订制——高中生职业教育主题班会
所属专题	(请在所选专题前划"✓",可多选) (✓)人与自我 ( )人与他人 ( )人与自然 ( )人与社会
执教者	徐梦晓 | 所在单位 | 上海市奉贤区曙光中学
摘要	为落实高中生职业生涯教育,培养高中生正确的择业观、积极的就业观,落实"爱国敬业"的社会主义核心价值观。本堂课作为"红心笃行"课程中,针对学生发展指导的课程之一,立足于"明责任——明确自身在国家发展、民族复兴中的责任,具备积极主动投身社会主义现代化建设"的行规教育目标。以主题讨论、情景演绎、观看视频等多元化的课堂教学形式,引导学生在未来的就业中有积极健康的择业观。引导学生能够以"李四光"这样的楷模为榜样,树立正确的价值观,忠于祖国、热爱家乡,积极投身于社会主义现代化建设,充分实现个人价值理想。 此外,结合"拓展延伸"开展系列的社会实践,能够使学生从课堂走向社会,真正感受到"爱岗敬业"的价值与意义,培育其独立自主、积极探索能力。
选题意义	中共十八大报告明确提出"三个倡导",即"倡导富强、民主、文明、和谐,倡导自由、平等、公正、法治,倡导爱国、敬业、诚信、友善,积极培育社会主义核心价值观",2013年12月,中共中央办公厅印发《关于培育和践行社会主义核心价值观的意见》,明确提出,以"三个倡导"为基本内容的社会主义核心价值观,与中国特色社会主义发展要求相契合,与中华优秀传统文化和人类文明优秀成果相承接。

选题意义	其中,"敬业"是对公民职业行为准则的价值评价,要求公民忠于职守,克己奉公,服务人民,服务社会,充分体现了社会主义职业精神。 而"敬业"对于每一个高中生来说其实也并不遥远,事实上高中生的职业教育当真不容忽视并且势在必行,高中职业教育的成功与否,往往关乎高中生今后的择业观念,影响高中学生的职业理想的确立,而高中学生的"敬业精神"也于此渐渐萌芽并生长开去。在我看来,高中阶段的职业教育会春风化雨般地滋养孩子们的心田,将中华民族的传统职业美德和"敬业精神"深深沁入每个孩子的心中,为他们的职业理想保驾护航!
教学设计	一、教学目标 1.使学生明确"职业理想"的含义,理解职业的选择对于自身乃至国家的重要意义,提升社会责任感。 2.使学生学会树立正确理性的择业观,培养"敬业精神"。 3.通过引导学生树立"敬业精神",提升学生积极投入社会主义现代化建设的使命感。 二、课前准备 1.进行问卷调查,了解学生现有的择业观和职业态度,确立班会课主题。 2.与班委沟通形成班会课流程。 3.请学生通过网络等途径收集各发达国家及中国当今的学生择业趋向,及社会大环境下一些新兴行业目前的择业土壤,经过挑选,制作成汇报材料。 4.编写小品剧本并排练。 5.邀请地区职业介绍所或高校的就业指导中心的工作人员给我班学子写一封信。 6.制作视频《我的未来不是梦》。 三、教学过程 第一模块 导入主题 1.播放新闻视频:《聚焦大学生就业难》《创智天地》。 2.情景讨论。 【新闻事件回放1】大学生就业难,热门岗位门庭若市,而另一些岗位则门庭冷落,人才流向处于失衡状态。 【新闻事件回放2】创智天地坐落于上海五角场城市副中心,由杨浦区政府和瑞安房地产联手打造,这里是创新派施展才华的舞台,这里是创业者展翅翱翔的平台,这里是乐活族休闲娱乐的据点。这片创业乐土,智慧家园,将鼓励越来越多的年轻人走向创业的道路。

教学设计	3.导入主题。
	目前我国学生择业就业存在一定的盲目性与跟风性,人才流向处于失衡状态,不利于社会的和谐和全方面发展,这种现象应该引起在座的每一位同学的思考,自己的职业理想是什么?是否足够理性?而"创智天地"则为我们开辟了另一片新的天地,我们的职业理想更有必要尽快跳出传统观念的束缚,同时结合自己的实际和产业的需要。
	第二模块 深入主题
	1.说一说。你的职业理想是什么?为什么有这样的职业理想?
	2.看一看。为学生展示各国学生的职业选择的趋势。你认为他们的职业理想和我们的职业理想不同点在哪里?
	3.比一比。你认为在考虑职业理想的时候我们更应该考虑哪些方面?
	4.听一听:故事《李四光》
	【提出问题】李四光的职业理想是什么?面对择业的时候,他有着怎样的考虑?他有着怎样的精神值得我们学习?
	【小结】通过各抒己见,对比的方式引导同学们思考自己的职业理想并逐渐树立起理性的择业观;利用李四光的事迹鼓励学生向伟人学习,深刻理解正确的择业观对于自身乃至国家的重要意义所在,同时鼓励学生树立敬业精神。
	5.演一演。
	【小品表演1】某公司招聘销售经理一职,三位不同专业,不同个性的大学毕业生前去应聘经过面试,最终人事经理根据该岗位的职责及要求录用了最适合的那位学生。
	【小品表演2】在医院,在学校,在公司,通过小品中人物的言谈举止展示不同岗位人员的百态。
	6.试一试:"私人订制——我的职业观"。
	A组织同学们进行一次职业选择。
	B说出选择的理由。
	C例举这个职业应该具有的职业态度。
	第三模块 总结提升
	【美国高中教育的目标】
	1.培养学生善学、好学的品质,批判性思考的习惯和在问题解决过程中乐此不彼的态度,从而在知识、能力和情感等方面为中学后教育做好充分准备。
	2.要培养各方面潜力都得到充分挖掘而全面发展的人。
	3.培养学生在实际生活中运用知识的能力,引导他们把今天的学习和明天的工作密切联系起来,为今后的独立生活做准备。

教学设计	【小组讨论】 1.美国高中教育的目标对我有什么启示? 2.作为曙光中学的学生,为了将来更好踏上工作岗位,现在的我们又应该具备哪些素养? 【总结提升】 1.我们应培养善学、乐学的品质,不断提升学习能力; 2.我们应从生活的点点滴滴做起,注重培养独立生活、解决问题的能力; 3.我们应从现在做起,全方位培养自身各项素养,树立理性的择业观,培养敬业精神,争取将来更好地为社会做出自己的贡献。 4.从现在做起,从我做起———曙光学子应具备的"八大素养": (1)拥有良好的行为规范; (2)尊师敬老,友爱同学; (3)对待学习一丝不苟,兢兢业业; (4)善于沟通交流,勇于发表观点; (5)培养有益身心的兴趣爱好; (6)增强对国内外历史、艺术、文学文化等的鉴赏能力; (7)热心社会公益事业,乐于奉献; (8)关注社会发展并积极联系自身。 作为新时期的中学生,我们更应对择业有一个清醒理性的认识,培养敬业精神,注意将自身的职业发展与国家、社会的发展相联系;同时,着眼当下,制订切实可行的计划和目标并付诸实际行动,争取将来成为合格的社会主义事业的建设者和接班人! 第四模块 拓展延伸 1.组织学生对自己的"私人订制——我的职业观"进行修改和整理,上传至校园网并张贴于校园展示橱窗,评出我校学生"十大热门职业",此时相信学生已经将自己的职业规划与自身实际和社会发展需要做了适当的联系。 2.组织学校任课老师针对我校的"十大热门职业"开设一些拓展研究课程,进行有针对性的理论辅导,相信将有利于保护学生的理性择业意识并促成将其应用于实践。 3.向家长宣传学生的择业观念和通过活动逐渐树立起来的敬业精神,引起家长的自豪之情,获得家长的支持和鼓励。

教学反思	本堂课立足于高三学生职业生涯指导规划,意图通过观看、演绎、讨论等多元化的课堂形式让学生能够切实感受到对于未来职业选择的原则以及方式。在课堂交流过程中学生能够逐渐明白对于职业的选择应当脱离浅层的"价格"目标,而去追求更有意义的"价值"目标,引导学生通过名人事例与国内外的育人目标的讨论,形成正确积极的择业观。 在课堂组织过程中,学生非常享受多元化的课堂形式所带来的不同体验,在课堂讨论环节能够表现出比较高的参与度和积极性。此外,学生对于职业追求与选择标准,也在课堂的推进中不断完善,尤其是听了李四光的故事之后,先生对于祖国执着的热爱与不变的忠诚深深打动、影响着学生。 但是比较遗憾的是,第四模块中的拓展延伸在课后,由于很多其他的因素没能够落实到位,使得课堂的延伸性不够。是否能够对学生产生长远且深刻的影响,这一点上存在遗憾。我认为,这一点的遗憾与课时数的设置也有关系,因为完成对于职业观的塑造,仅凭一堂课是很难落实的,所以应该设置系列化的德育主题课来巩固与夯实。同时,也应该通过设置一些社会实践的活动加以配合。

附3-6 "行规序列"主题教育课教学设计(三)

主题	我的大学我的梦		
所属专题	(请在所选专题前划"√",可多选) (√)人与自我 ( )人与他人 ( )人与自然 ( )人与社会		
执教者	金秋逸	所在单位	上海市奉贤区曙光中学
摘要	随着我国社会经济的高速发展,信息网络也日益发达,文化发展日趋多元,学生的成长方式更加多元的同时,繁多的资讯可能会对学生的身心成长产生较严重的负面影响,对学生的世界观、人生观、价值观带来巨大的冲击。 学校应围绕为党育人、为国育才的思想,切实地关注好学生的人生规划,提升学生的家国情怀、利他品格,发展学生核心素养并培育学科学习的动力。 依托我校"红色精神"特色培育工程,通过挖掘"红色精神"资源,继承并发扬中国共产党在近百年奋斗历史中形成的宝贵精神财富,凝炼为主题教育的教学资料,不仅可以促进学生设置具象的目标,开展有价值的活动,更能促进学生强化社会实践的锻炼,在实践活动中克服困难、磨练意志、增强信心和责任意识。		

选题意义	1.选题价值。 习近平总书记在《坚定理想信念 补足精神之钙》一文中指出"形成坚定理想信念,既不是一蹴而就的,也不是一劳永逸的,而是要在斗争实践中不断砥砺、经受考验。坚定理想信念是终身课题,需要常修常炼,要信一辈子、守一辈子。"因此,坚定自己的理想信念应当成为每一个学生的优秀品质。 当下,学生对未来的模糊导致了学习意志与行动力的不足,帮助学生了解大学情况并确立目标有利于培养学习动力。但,以大学作为奋斗目标不够长远,也不够有操作性。所以,本课以大学为引子,加上对人生目标和短期计划的确定,形成长期、中期、短期的三层目标,使学习动力更加充沛,行动更有抓手。本课通过三层目标的确立,帮助学生正确判断与评估自我,针对自身能力素养薄弱的领域展开思考,培养学习动力和行动计划,培育具有利他品格、社会服务意识、基础社会管理能力的时代新人。 2.学情分析。 学生正处于高二的过渡时期,对高中生活的适应、缺少考试的紧迫感,都会导致学生的学习意志消磨。及时地确立人生目标,并引导学生坚定人生理想、家国情怀,才能走上认识真理、掌握真理、信仰真理、捍卫真理的道路,最终为实现中华民族伟大复兴而奋斗。
教学设计	一、教学目标 1.初步明确自己的人生目标。 2.了解大学的相关信息,并确立自己的理想大学。 3.制定自己的短期学习计划。 二、教学重难点 重点:培养学习动力,并制定切实有效的学习计划。 难点:将理想信念转化为学习的动力。 三、教学过程 1.成长反思。 展示高一时的学生照片,引导思考一年来的得失。 学生活动1:请同学们分享人生感悟。 2.确立人生目标。 (1)分享教师的个人目标。 (2)引导学生思考自己的个人目标。 学生活动2:请同学们写下"十年后,我想成为一个怎样的人?" 3.确立大学目标。 (1)展示"走进大学"社会实践活动中的照片。

教学设计	学生活动3:请同学们说说走进同济大学的感受。 (2)"走进大学"。 学生活动4:请学生通过PPT分享预先准备好的大学介绍。 (3)引导学生思考自己的大学目标。 学生活动5:请同学们写下"两年后,我想进入哪一所大学深造?" 4.确定近期学习计划。 (1)引导学生反思自己在学习方面的不足。 学生活动6:请同学们写下"近期学习上的不足"。 (2)邀请学生分享自己的学习经验。 (3)引导学生思考自己的学习计划。 学生活动7:请同学们写下"制定一学期的学习计划"。
教学反思	在"十年后,我想成为一个怎样的人?"这一环节中,引导学生选择四个词语成为自己关注的必备品格。 班级学生共46人,其中男生26人、女生20人,共收到有效反馈45份。结果显示45位学生在24个规定词语和其他额外词语中,"冷静"居第一、"细致"居第二、"博学"居第三、"爱国"居第四、"坚韧"居第五、"执着"居第六、"开朗"居第七。 学生在选择必备品格时,优先关注的依然是在学习和考试中影响较大的品质,其次是个人的形象品质,关于家国情怀的品质几乎不在考虑之内。后续的主题教育课应着重于家国情怀方面的培养。

附3-7 "行规序列"主题教育课教学设计(四)

主题		年少须有为 遴友必方正	
所属专题		(请在所选专题前划"✓",可多选) ( )人与自我 (✓)人与他人 ( )人与自然 ( )人与社会	
执教者	沈雨薇	所在单位	上海市奉贤区曙光中学
摘要		基于我校深厚的红色文化底蕴,根据各年级的学生行规目标的不同,在主题教育课程的实施过程中,从四个维度来设计课程核心内容,本课程主要根据高三年级"明责任、严律己、会合作"的责任目标,通过对友谊定义的深入挖掘,进一步引导学生辨别益友损友的利与弊,进一步让学生理解选择交友时需要关注的要素。	

摘要	坚持严于律己与提升自我修养是一种对个人的提升,也是对朋友的负责,只有与这样的伙伴合作才能真正为国家发展、民族复兴扛起责任与担当。
选题意义	本课程的内容核心围绕"什么是朋友""辨别益友损友"以及"能与真正的益友合作形成更良性的发展"。选题上朋友是我们作为人作为社会性动物无法规避的主题,对于高中生而言他们的认知水平发展到了一定阶段但没有完全成熟,具备了一定的踏入社会的能力却还有些学生心态,所以在高三阶段能够让学生对朋友的选择有更深度的认识是非常重要的。同时,也结合本校"红色笃行课程"下班级主题教育课的机会,对标高三年级的行规教育目标"明责任、严律己、会合作"进行展开主题课程讨论。本课程最初设计的启发也是由于本班学生的具体学情:已是高三很多同学还是没有办法正确分清真正的友谊和兄弟义气,依然喜欢聚在一起花费很多宝贵时间在玩乐上,有些学生能自我感觉学习的懈怠但是又担心与伙伴疏离,所以班级的学习氛围始终没有达到很浓厚的程度,所以利用这节课的学习讨论,一是想为这类同学解惑,看清自己身边的真假朋友们,能够明白严于律己,才能成为真正为对方好的朋友;二是希望让一部分还有努力赶上的同学能明白自己的责任,所谓"近朱者赤近墨者黑",如果为了自己真正的朋友付出,希望他能有更好的未来,应当从自身出发,明白自己的责任,同时可以共同向目标前进。
教学设计	本节课的教学目标是通过交流、讨论,与学生共同明确、归纳友谊的本质和特征;通过分享、交流,帮助学生分辨真假朋友以及益友损友,明白作为一个朋友于对方的意义以及责任,只有通过严于律己,互相配合才能实现共同的成功;课后的最终目标是通过建立学习型朋友,构建互助伙伴/团队,助力等级考和高考的冲刺。 本课中教学的重点是让学生能够辨识交友中的误区,正确分辨真假朋友以及益友损友,并进一步构建学习互助伙伴/团队。而教学难点正是本课的实践延伸:学生能够实践友情和学习的互相作用,构建学习型互助的伙伴/团队,助力等级考和高考学习冲刺。 课堂的导入环节是通过一个快速调查引出本课的主题,并请学生理解本课标题"年少须有为 遴友必方正",通过同学的反馈可以指导他们对朋友的意义和价值是一定的认知;接下来第一个活动使用名为"朋友圈"作业单的方式让学生根据自己对朋友的认识与标准进行评判和分类,结合歌曲《朋友》中的歌词进一步归纳出"友情"的意义和普遍特征——利他性;第二个活动是在前面我们归纳的特征上再对朋友做系统性的分类,深入解读生活中我们会遇到的各类朋友,以"畏友"与"密友"为例作为"益友损友"具象解读。

教学设计	接下来,根据课堂上与学生共同归纳总结的朋友特征,进一步将"朋友圈"进行分类和完善,引导学生对自己的朋友圈做出取舍,优化出一个更好的"朋友圈"以及寻找到身边的"正友"。最后以前段时间的运动会1500米长跑比赛的最后200米赛程所记录下的照片为切入点,让学生可以将"朋友圈"从纸上真实地对接到我们的日常生活上。作为本课的延伸活动,结合本校的学习型寝室的计划活动,进行学习伙伴与学习团队的建立,让学生进一步深化对益友的价值观建设,同时让很多暂时没有学习目标和理想的同学,可以真正在朋友的帮助下,以及自我的责任意识中,共同进步与提升,只有这样我们这一代年轻人才可以更好地更坚实地担负起共同的国家责任,契合我校的红色精神传承,以史为鉴,以他人为镜,去反思自己以及提升自己。 这节课上我主要使用到多媒体的工具并通过作业单形式开展了活动。首先多媒体的幻灯片放映可以让学生更清晰地理解和明白我们的课堂内容,穿插的歌曲播放,既是一个给学生思考沉淀时间的缓冲,同时歌词中的很多细节可以勾起学生自身的相关回忆。其次我设计的"朋友圈"作业单也是与我们的日常生活有关。我们平时的社交大部分是靠"朋友圈"来完成的,所以我使用这个"朋友圈"的书面形式,让学生能够梳理自己身边的伙伴,并通过自己的认识先行分类,再通过课中的学习和自己的思考,对原先的朋友圈做一个优化。既能看到学生对课堂内容的理解程度,同时书面化的形式以及用不同颜色笔迹的标识可以让学生更能发现自己目前生活中在择友上可能出现的一些问题,并加以调整,也同时给真正的朋友以动力与信心:真正的好朋友应该是希望对方能在自己的陪伴与支持下变得更好,而且这种心理应该是相互的。
教学反思	本堂课上我觉得将友谊的定义再挖掘的目标是达成的。从最初约定俗成的普遍理解到根据自身情况调整后的朋友圈能反映出学生对友谊的认识变化,同时课堂中对于益友损友的范例解读还是比较具体,既能在古代的一些名言警句与名人故事中找到论证,同时也能在现代传颂的歌曲作品中找到依据。但是中后期有些过于侧重形式化的解读,在朋友的特征和择友的问题上不够具体,其实根据我们自己班级的实际情况可以选择其中的一二来进行阐述和生活事实剖析。 另外,课后的团队组建的任务目标比较大,实行起来学生的行动力可能比较弱,需要具体的划分和监督。所以在后续的实践上老师需要继续跟进了解他们具体的学习型团队的分工和进展情况,并且可以阶段性地做反馈,可以将择友进步发挥得更好。

附3-8 "行规序列"主题教育课教学设计(五)

主题	合作带来共赢		
所属专题	(请在所选专题前划"✓",可多选) ( )人与自我 (✓)人与他人 ( )人与自然 ( )人与社会		
执教者	杨鑫慧	所在单位	上海市奉贤区曙光中学
摘要	本节课以"合作带来共赢"为主题,针对刚刚升入高中学生的生活、学习实际,紧紧围绕学校"培育以在服务社会中实现个人价值为人生理想,具有利他品格、社会服务意识、基础社会管理能力的时代新人"的育人目标,着眼学生的未来发展。整节课分为"主题导入""案例假设""拓展活动""实例剖析""课堂总结"五个板块,从学生亲身经历的学习生活延伸到未来职场,既层层深入又紧扣现实生活,让学生在一个个真实情景下,参与活动、体会感悟、反思过往、形成共识,将"合作共赢"具体化,真实可感,进而培养学生团队意识、合作精神,增强班级凝聚力,学生懂得了道理又将所懂所悟带到实际中,内化于心、外化于行。		
选题意义	从时代背景和社会发展层面,习近平总书记指出:"未来是资源整合时代,是团队合作时代!"因此,想要在社会中实现自己的梦想,只靠个人单打独斗都很难完成,善于合作、团队协作是有效路径,在合作中,可以实现共赢。 从我校校情的层面,近年来,曙光中学在行为规范教育上以学生全面发展为宗旨,根据《中小学生守则(2015年修订)》《中小学日常行为规范》的相关要求,将"培育以在服务社会中实现个人价值为人生理想,具有利他品格、社会服务意识、基础社会管理能力的时代新人"作为育人目标,为此,在学生行为规范方面要培养学生"明责任、乐奉献、健身心、善思考、严律己、会合作"。 从学生层面,入高中学习一月有余,学习内容较初中增多、难度增大,学习方式、能力要求、目标设定等方面都发生了较大的变化;生活方面绝大多数孩子来自独生子女家庭,平时父母照顾的比较周到细致,缺少自我管理、互助合作的意识和能力。如今第一次离开父母过寄宿生活,面对这些新的变化和挑战,转变观念、实现自我管理、增强互信互助合作、学会利用身边的资源、培育健全人格等等能力的提高显得尤为重要。		

教学设计	一、教学目标
	1.培养合作意识、团队观念,明确合作的重要意义,为打造最棒班级体奠定基础。
	2.掌握合作的方法和技巧,并运用于学习和生活中。
	3.通过案例,了解"合作能力"在未来职场上的作用。
	二、教学重难点
	将合作意识、团队观念内化于心、外化于行。
	三、课前准备
	材料搜集整理,学生拓展活动的设计,班徽设计理念和设计过程的整理。
	四、教学过程
	第一板块:主题导入
	从上节班会"我和我的班级"切入,同学们就希望打造一个什么样的班级体初步达成共识,初步确立了要塑造最好的自己,打造最棒的团队的班级目标。还设计了属于我们十班自己的班徽,请班徽主要设计者谈设计理念和过程,引出本节课的主题"合作带来共赢"。
	请同学们分享生活中自己了解的古今中外合作共赢的具体案例。
	【设计意图】通过上一节班会课的内容回顾以及同学们的分享,让学生明白合作的重要性,1+1＞2,合作带来共赢。从学生自己切身经历的事情切入主题可以增强学生的存在感和参与度。
	第二板块:案例假设
	假设你是一位数学成绩很优秀的同学,班里有几位同学数学成绩很差,老师安排你辅导这些同学。那么,帮助这些同学对你而言有什么益处?可能带来的问题是什么?
	教师总结:请资深数学专家毛建钢老师点评。
	【设计意图】通过这个活动让学生明白帮助别人就是帮助自己,互利共赢。
	第三板块:拓展活动
	活动内容:赢得客户
	形式:人数不限
	类型:团队建设
	材料:(老师用)小包纸巾、乒乓球、小塑料方块之类的小东西各1个,将以上材料装在一只不透明的包里。
	操作程序:
	1.将同学们分成小组,每组不少于10人。
	2.老师让学员站成1个大圆圈,选其中的1个学员作为起点。

	3.老师说明:我们每个小组是一个公司,现在我们公司来一位"客户"(即纸巾、乒乓球等)。它要在我们公司的各个部门都看一看,我们大家一定要接待好这个"客户",不能让"客户"掉到地下,一旦掉到地下,"客户"就会很生气,同时游戏结束。 4."客户"巡回规则如下: (1)"客户"必须经过每个团队成员的手游戏才算完成; (2)每个团队成员不能将"客户"传到相邻的学员手中; (3)老师将"客户"交给第一位学员,同时开始计时; (4)最后到拿"客户"的学员将"客户"拿给老师,游戏计时结束; (5)3个或3个以上同学不能同时接触"客户"; (6)同学们的目标是求速度最快化。 5.老师用一个"客户"让同学做一个练习,熟悉游戏规则。真正开始后,老师会依次将3个"客户"从包中拿出来递给第一位同学,所有"客户"都被最后一位客户传回老师手中时游戏结束。 6.此游戏可根据需要进行2至3次,每一次开始前让小组自行决定用多少时间。老师只需问"是否可以更快"即可。
教学设计	讨论: 1.刚才的活动中,哪些方面感到满意? 2.刚才的活动中,哪些方面觉得需要改进? 3.这个活动让你们有什么体会? 游戏总结:要想赢得客户,企业的每个部门要相互支持和合作。 教师总结:对于一个团队来说最基本的是要有明确目标,核心是目标一致协同共进,为了共同的目标他们分工明确,积极投入,互相支持,相互信任相互配合,善于分享和学习经验,重视集体利益…… 【设计意图】这一板块通过学生亲自实践,审视自我、审视团队 1.让同学们体会团队共同合作完成任务时的合作精神; 2.让同学们体会团队是如何选择计划方案以及如何发挥所有人的长处的; 3.培养学生创造性解决问题的能力; 第四板块:实例剖析——军训大合唱视频回放 1.自查问题,谈感想。 2.教师总结:除了同学们说的……个人觉得起码有三点不足,一是《歌唱祖国》需要有自豪感豪迈感。二是合唱是高级的演唱形式,要求声音整齐划一,要形成一个整体。三是既然有指挥,大家就要都看指挥,整体感更强,目光分散,不像一个整体,指挥也就失去作用。

教学设计	3.重唱,满怀深情,为建国七十周年献礼。 【设计意图】:通过自身案例自查自纠,进一步明确合作在生活中处处都需要,培养合作能力掌握合作方法至关重要。 第五板块:课堂总结 我们班级还哪些方面存在合作意识差,今后该如何改进大家才会有更大的收益。以后还会对更多方面的优胜合作小组给予表彰。 以《骄傲的少年》为范本发挥合作精神创作班歌。 【设计意图】:进一步培养团队合作精神,增强班级凝聚力。
教学反思	现在的学生因为大多数是独生子女,在生活中,缺乏合作意识和合作能力。合作意识和能力的培养不是一朝一夕之事,需要长期的日积月累,才能使学生意识到合作的重要性。可以与其他学科教师以及学生家长一起对学生进行合作意识和合作能力的培养,并将之内化于心、外化于行。

附3-9 "行规序列"主题教育课教学设计(六)

主题	青春同行,绿满校园		
所属专题	(请在所选专题前划"✓",可多选) ( )人与自我 ( )人与他人 (✓)人与自然 ( )人与社会		
执教者	陈玉卿	所在单位	上海市奉贤区曙光中学
摘要	习近平总书记在党的十九大报告中指出,要加快生态文明体制改革,牢固树立社会主义生态文明观,建设美丽中国。生态文明建设是中国特色社会主义事业的重要内容,关系人民福祉,关乎民族未来。 当代学生作为祖国现代化事业的建设者和接班人,是生态文明建设的重要力量。因此,加强生态文明教育是学校教育所承担的重要历史使命,班主任要对中学生进行生态文明教育,培养全面发展的高素质人才,从而更好地促进和谐社会建设和绿色可持续发展。		
选题意义	生态文明与人类有非常密切的关系,是人类共同关切和迫切需要解决的全球性重大问题。保护环境,在有效地利用环境的同时,深入认识和掌握自然规律,制止环境污染和环境破坏,走可持续发展的道路,以促进人类与环境的和谐统一协调发展,已成为世界各国的共识和人类行为准则。		

选题意义	我国把生态文明建设列为一项基本国策。环境保护,教育为本,环境教育是提高全民族思想道德素质和科学文化素质的基本手段。为提高我班学生的环境意识,树立良好的环境道德观念和行为规范,在创建绿色学校的基础上,进一步加强环保教育,大力推进本班的素质教育。
教学设计	一、教学目标 1.使学生主动了解学校的环境情况(自然环境和人文环境),明确生态文明、绿色校园的含义,传达绿色理念。 2.让学生明确创建绿色校园的重要性,引导同学们关爱校园环境,增强"爱我学校,美我学校"的意识和社会责任心。 3.引导学生为绿色校园的创建出谋献策,培养学生的主人翁意识,使他们自觉行动起来,从自身做起,从点滴做起,弘扬生态文明。 二、教学重难点 培养学生的主人翁意识,使他们自觉行动起来,从自身做起,从点滴做起,弘扬生态文明。 三、教学技术与学习资源应用 1.教师准备:收集资料,精心制作多媒体课件;活动道具的准备。 2.学生准备:绿色班级名片和绿色倡议书的设计;合作拍摄并制作视频《我们的绿色校园》。 四、教学过程 (一)导入 教师:同学们,我们来欣赏几张照片。大家猜猜看这是一个什么机构?这是一所学校,它的名字叫 Green School,可谓是地球上最绿的学校之一。"绿色学校"与普通学校一样承担着教书育人的使命,但校园内却处处体现着环保优先的理念,不仅校园本身与自然亲密接触,学校的建筑、设施以及教学课程都体现出绿色的特点。 青春同行,绿满校园,这就是我们今天的班会主题,让校园处处充满绿色,弘扬生态文明,共建绿色学校。 【设计意图】兴趣是最好的老师。图片导入,感受绿色的魅力,引出主题,容易激发学生的学习动力,为本节课创设良好的活动情境。 (二)唯有了解,才会关心 1.了解绿色概念。 教师:何谓生态文明?

教学设计	学生发言,得出结论:它是一种有序的生态运行机制和良好的生态环境所取得的物质、精神、制度方面的成果总和。它是以人与自然、人与人、人与社会和谐共生、良性循环、全面发展、持续繁荣为基本宗旨的社会形态。 教师:…… 学生讨论,形成共识:它是指在学校工作中纳入可持续发展思想,师生共同营造一个生态校园,创设环境保护的文化氛围(用绿色思想培养人,用绿色观念教育人,用绿色校园熏陶人)。它主要包含三方面:环境美、语言美、行为美。 2.看校园:绿色风景线和绿色正能量。 教师:我们的校园有哪些绿色元素呢? PPT呈现:绿色风景线(环境美照片) 教师:一个真正的绿色校园不仅要环境美,更要人文美,校园处处都要体现出绿色、健康、文明、向上、环保的状态。我选取了一部分同学的活动照片,有校内举办的一些和绿色校园相关的活动照片,也有校外大家参加的志愿者活动、社会实践活动照片。 PPT呈现:绿色正能量(人文美照片) 3.增加绿色知识。 教师:接下来给大家一个展示的机会——生态文明知识竞答。我们采用抢答的方式,每一位同学答对即得神秘小礼品一份。活动规则是必须在老师喊开始后才能进行,否则本轮抢答无效。 【设计意图】通过三个小环节,把生态文明看似遥远的概念拉近学生身边,以绿色校园为切入口,层层递进,了解概念和本校的绿色创建情况,同时也了解自我的绿色知识状态,唯有了解,才会关心。 (三)唯有关心,才会行动 过渡语:在第一环节中,我们感受到了自己校园的美丽,但我们学校也有一些与绿色校园不和谐的音符。 PPT呈现:图片(漫画)——不和谐的"音符"(包括对校园环境的破坏和学校的不文明行为) 教师:这些现象让人遗憾。结合案例,我们从心理学的角度来探究一下,针对绿色校园的创建和守护,你认为"破窗理论"给你哪些启示? 教师对学生一些消极性或破坏性的行为应防微杜渐,一旦发生则及时制止或补救。作为学校的管理者,一定要当心第一扇"破玻璃",不要被第一扇"破玻璃"割断身上的"动脉"。针对学生,拒做"破窗"第一人,更不做"破窗"行为的从众者,当别人有"破窗"的行为时要尽力制止。 教师:……

教学设计	【设计意图】展示本校绿色创建过程中的不和谐因素,同时引入"破窗理论",结合案例引导学生强化绿色意识,提升本课的理论高度。 (四)唯有行动,才有希望 过渡语:了解绿色概念,掌握绿色知识,强化绿色意识,更重要的是参与到绿色活动中。 1. 绿色活动来参与。 小组活动:绿色创意金点子。 全班分成四组,小组抽签(签文主题:绿色班级、绿色寝室、绿色食堂、低碳校园),就抽中的选题展开。 讨论,派一位代表阐述小组的想法。 教师:"绿色"不仅仅是环境"绿",如环境友好、资源节约、生态和谐、可持续发展等,更是语言"绿"、行为"绿",如文明用语、尊师重道、保护环境、低碳办公、垃圾分类、诚信达礼、遵守公德、互助互爱……绿色环境是基础,绿色理念是核心,绿色文化是灵魂。同学们的创意金点子,给绿色校园创建工作提出了许多切实可行的方案,值得肯定。 2. 绿色班级名片评选。 3. 欣赏学生自制视频(《我们的绿色校园》)。 视频主旨:我可以为绿色校园这样做……绿色,永恒的美;校园,永远的家!追求绿色文明,拥抱绿色生活,是我们共同的期待。 【设计意图】此环节是本节班会课的重点和高潮。教师通过活动设计,充分调动学生对绿色校园创建工作的热情,强化绿色校园理念,共建绿色校园。 (五)班会总结 教师:小到校园,大到国家,都应在创建中秉持绿色价值观。我们每个人都应从现在做起,从点滴做起,将绿色理念融入生活的细微中,为共建美丽中国贡献力量。只要人人都为绿色建设贡献一份力量,美丽中国就一定梦想成真。 【设计意图】从绿色校园到绿色中国,由小及大,回应主题,弘扬生态文明,共筑绿色中国梦。
教学反思	1.教学内容要贴近学生生活。本课中选取了一部分同学的活动照片,有校内举办的一些和绿色校园相关的活动照片,也有校外大家参加的志愿者活动、社会实践活动照片。把这样的照片纳入教学中来,不但具有"新"意,而且贴近生活,学生很容易被吸引。

教学反思	2.教育主题要鲜明。本节课,我就是要教育学生自觉创建绿色校园。从了解生态文明建设相关知识和培养创建绿色校园的主人翁意识两方面展开教育。通过实际上课,我感觉时间过长,教学的节奏到后来就有些失衡。所以,如果再上这样的课,可以更侧重于学生的主人翁意识培养,生态文明建设相关知识可以预先让学生课前搜集一些。设计的内容不宜贪多,否则容易详略不当,教育主题被淡化。
	3.活动要做细、做精,才会达到教育效果。由于本节课上"绿色校园创建工作方案"的活动设计时,考虑不全。因此我感觉活动进行的不尽人意。比如:学生通过讨论得出方案大纲后,对于细则的拟定不够明确。虽然各个小组内部的讨论热烈,但是各组之间的交流偏少。因此,之后的班会课活动在设计时要求要更细致,让活动更精彩。
	4.活动结束,要让学生进行充分地反思表达。体验后的反思,是学生对体验的理解,是老师对教学效果的检验。因此,学生进行充分的表达,充分地谈自己的体会和感受,是非常有必要的。本节课上,学生说的时间短,谈得不透,所以教育的升华方面还有提高空间。
	5.课前的学生准备是有必要的。之前,我总是想让学生在课堂上呈现出最真实的一面,因此,课前很少对学生进行相关主题的德育渗透。而对于本节课来说,生态文明相关知识、绿色校园相关思考应该让学生在课前就有所准备,如此,课堂上的讨论和生成或许会更精彩更丰富。

附3-10 "行规序列"主题教育课教学设计(七)

主题	珍惜自然资源 呵护美丽中国		
所属专题	(请在所选专题前划"√",可多选) ( )人与自我 ( )人与他人 (√)人与自然 ( )人与社会		
执教者	钱怡莹	所在单位	上海市奉贤区曙光中学
摘要	2005年8月15日,习近平总书记在安吉县余村考察时首次提出"绿水青山就是金山银山"的科学论断,"两山论"为生态文明建设指明了航向,在党的十八届五中全会上也提出了在生态建设方面必须坚持节约资源和保护环境的基本国策,在此大背景下,基于我校红色精神培育特色,开展主题教育课。		

摘要	课堂通过设计"自然卫士"团队评选情境活动,在实施过程中,提升学生对我国资源国情的科学认识,引导学生珍惜自然资源,形成科学的资源观、环境观和可持续利用自然资源的观念,树立人与自然和谐共生的生态文明理念,充分调动学生参与自然资源事业的积极性,为自然资源事业发展凝聚未来的新兴之力,为美丽中国建设凝聚未来的磅礴之力!
选题意义	以习近平总书记生态文明思想和习近平关于自然资源管理的重要论述为指导,面向高中学生开展人与自然领域的主题教育,起到广泛宣传我国自然资源的基本国情和基本国策,增强学生对自然资源的忧患意识和责任意识,意识到人人都是自然资源的保护者、建设者、受益者,自发形成珍惜自然资源、可持续利用自然资源的观念,内化于心然后外化于行,动员学生积极投身生态文明建设,为建设美丽中国担当青年使命,培养深厚的爱国情怀。 从学情角度,我校旨在培养具有爱国奉献、自力更生、艰苦奋斗、实事求是、创新开拓等红色精神的曙光学子,行为规范主题教育正是红色精神渗透的重要实施路径之一。自然资源作为人类赖以生存和发展的物质基础,其重要性不言而喻。若自然资源枯竭,那将威胁着人类的生存和发展,所以珍惜自然资源,保护环境,绿色发展,和谐包容成为每个人的责任与担当。同时正处于高一阶段的学生对于大学专业和未来职业选择都很迷茫,他们没有方向感,而自然资源的植入或将通向自然资源事业的建设。
教学设计	一、教学目标 1.学生了解自然资源的概念,理解自然资源是人类赖以生存的物质基础。 2.学生认识资源国情,树立科学资源观,付诸行动珍惜自然资源,并生发参与自然资源事业的积极性。 二、教学重难点 教学重点:学生了解资源国情、理解自然资源的重要性、学习自然资源事业先进案例。 教学难点:学生生发积极参与珍惜自然资源行动和事业。 三、教学过程 环节1:情境设计说明 师:同学们,今天这节班会课请按照学习型寝室调整座位,现在每个学习型寝室代表一支团队,你们将通过积分制的形式助力自己的团队最终获得"自然卫士"的荣誉称号,现在请每队队长将你们团队的名字写在黑板上。欢迎同学们来到"自然卫士"团队评选活动的现场。

教学设计	环节2:第一轮——走进资源国情 师:本轮分为两个部分,团队必答和团队抢答。先进行团队必答部分,每队请打开你们的资料包和任务单,本轮比赛规则:限时5分钟,团队合作完成任务单上的题目,最终卷面成绩将作为第一部分的得分。 资料包中含有:中国土地利用类型空间分布图和中国土地利用类型比例图,中国土地问题漫画、中国水资源空间分布图和中国人均水资源分布图,中国太阳年辐射总量分布图,中国各类海洋资源分布图,中国能源矿产资源分布图。 走进资源国情任务单 1.填空题(15分)。 (1)自然资源是指人类可以直接从自然界中获得用于生产和生活的物质和能量,可以分为_____资源如水资源、_____资源、_____资源、_____资源、海洋资源等,和_____资源比如矿场资源等。 (2)我国水资源比较丰富的省区有_____、_____、云南、广西等,比较紧缺的省市区有_____、_____、_____、_____、山西、甘肃等。 (3)我国太阳能从纬度位置来看,主要处于_____和_____,目前对太阳能的利用规模还比较小,有待进一步开发利用。 (4)我国是一个陆海兼备的国家,大陆海岸线长达_____万千米。 (5)耕地是粮食生产的命根子,要严守_____亿亩耕地红线。 2.简答题(15分)。 根据资料包中的中国土地问题漫画"小草的哀求""风来的山峰""土地的心酸""水土的怒吼",表述土地利用存在的问题并提出解决措施。 师:本轮第二部分为团队抢答,在我说完题目,发出"开始抢答"指令之后方可举手答题,答对积10分,答错或未答不得分。抢答部分题目如下: (1)我国土地面积居世界第几位? (2)我国矿产资源总量居世界第几位? (3)说出我国三个著名油田_____ (4)我国领海面积是_____ (5)我国四大渔场是_____ (6)中国植树节日期_____ (7)世界环境日日期_____ (8)全国统一的环境问题举报免费热线电话_____ 师:呈现我国自然资源数据,讲解自然资源具有种类齐全、总量丰富但人均不足的特点。

教学设计	**环节3：第二轮——感受美好自省自身** 师：请同学们来欣赏一段影片，来自《我们诞生在中国》剪辑(5分钟)，这部影片讲述了中国不同地区珍稀野生动物暖心成长与生命轮回的故事，圆滚滚的大熊猫，正如其名字一样身上如雪般洁白的雪豹，谁能忍心去破坏它们的自然家园呢？可同学们知道吗，据统计每年使用的不可降解塑料袋约68亿个，保守估计一年使用的快递纸箱重量为100万吨，需要砍伐2000万棵20-40年的大树，减少森林面积160万平方米。随着人口增长和经济的快速发展，对自然资源的需求量还将大幅度增加，我们要如何保障赖以生存的自然资源呢？ 生：我们一定要珍惜自然资源，在平时要培养节约资源的意识，加强对于资源的回收与利用。 师：所以在2019年上海市实施生活垃圾管理条例，垃圾只是放错了地方的资源，1吨废塑料可回炼600公斤无铅汽油和柴油回收；1500吨废纸可免于砍伐用于生产1200吨纸的林木。同学们请转过去看看我们的垃圾桶，你们有做好垃圾分类工作吗？接下来我们来进行一个自省活动，每队自省自己生活中不文明的行为写在纸上，选择一条派发言代表进行自我反省，若其他团队成员也有此行为，请举手示意，一个人一条行为为扣10分。(在学生讨论自身时，教师将第一轮团队必答环节进行批分) **环节4：第三轮——讲述自然资源事业典型案例** 师：在地理《植被》一课中的阅读板块，介绍了塞罕坝机械林场，塞罕坝经历了一个从千里松林到林木稀疏、风沙肆虐再到森林茂密、水草丰美、鸟兽众多的生态恢复过程，有效地阻挡了北京的沙尘暴危机，历时55年的塞罕坝林场建设者的艰苦奋斗令人敬佩，这种塞罕坝精神正是我国打赢生态保卫战，建设美丽中国的决心。在课前，老师给同学们布置了一个作业，通过网络资源和报刊去发掘新时代自然资源系统先进典型，每个团队限时3分钟演讲，其余团队则作为评分者，满分100分，本轮得分采取去掉最高分和最低分计算出的平均数为小组最终得分。 **环节5：第四轮——绘美丽中国抒环保决心** 师：最后一轮为团队共绘你心中的美丽中国，并在图中写下你们团队拟定的环保条例，完成后每组将进行组内讨论，投出3张最喜欢的作品，提及度最高的3幅作品将在年级中进行宣传展示，所在团队积30分。 **环节6：结课** 师：恭喜最终得分最高的团队获得"自然卫士"荣誉称号，今后同学们要继续一起珍惜自然资源，呵护我们美丽的中国，跟着宣传片《践行"两山"理念守护自然资源》一起进行班级宣誓：保护自然资源就是保护我们的未来！

教学反思	本节课通过设计"自然卫士"团队评选活动,采取四轮积分赛形式,形式多样,第一轮答题的设计是为了让学生通过团队学习来摸清我国自然资源的家底,了解自然资源的数量、质量、分布以及存在的问题,但由于资源国情的知识量非常大,不能面面俱到,在选题上还需要更加精心挑选。 第二轮通过视频,目的是为了让学生感悟到自然之美,自然生发出呵护大美中国的决心,通过自省意识到自己的一些不文明行为从而自我改正。第三轮的演讲有的团队绘声绘色甚至还排了一个情景短剧,有的团队明显准备不足,需要教师在课前先进行审稿,达到更好的宣传效果。第四轮需要再增加一个环节,全班同学最后一起制定班级的环保条例。对于人与自然教育,我认为不能止于提高学生的认识,而在于课后的行动要落实到位,可以在班级继续开展相关主题教育。

附3-11 "行规序列"主题教育课教学设计(八)

主题	网络世界不简单		
所属专题	(请在所选专题前划"✓",可多选) ( )人与自我 ( )人与他人 ( )人与自然 (✓)人与社会		
执教者	朱瑨怡	所在单位	上海市奉贤区曙光中学
摘要	由一则新闻视频及案例引出网络世界不简单这一主题,引导学生思考日常接触的网络平台中存在的潜在风险。围绕三个学生自导自演的小品鼓励学生讨论并发现在网络平台交友或进行交易时有哪些地方需要谨慎避免,哪些地方需要加以注意,探讨面对网络这把双刃剑时,我们应该懂得的一些实用的交往技巧与知识。在讨论中补充穿插法理法条,提升学生的法律素养和以法卫己,以法束己的法律意识。以分组设计"网络交往安全"小报为抓手,鼓励学生自发自主探究身边的网络风险和应对策略,为即将面临高考的高三学生播种下法制的种子,树立法制观念,引导他们成为知法懂法守法的社会公民。		
选题意义	《国家中长期教育改革和发展规划纲要(2010-2020年)》第五章"高中阶段教育"中,明确提出"全面提高普通高中学生综合素质"。高中学生法律的基础还是很薄弱,法治意识也还不够深植人心。要维持民主社会的顺利运作,就必须靠法治社会中人们自身对法律的了解与尊重。		

选题意义	面对网络科技的迅猛发展,微信、微博、博客等新型社交工具以及网上金融交易平台的日趋多样和普及,一些不法分子基于网络社会虚拟化的特点,隐瞒或编纂身份、背景,接触受害人,骗取财产或实施盗窃。由此,作为高中生的我们,更应该培养自己良好的上网遵法守法意识和自我保护意识,利用好网络这把双刃剑。不以规矩,不成方圆,从高中生做起,以法卫己,以法束己,我们全社会才能越走越远,越行越稳。
教学设计	一、活动目标 1.认识到网络环境的复杂性,知道各种网络行为中包含的安全隐患。 2.对自身或他人的网络行为具有评判能力,懂得使用微信、微博、博客更应慎言慎行。 3.提升网络法治意识和自我保护意识,培育高中生法律素养。 4.明确网络环境中高中生的个体责任意识以及为清朗的网络环境奉献的意识。 二、活动准备 1.家访、与任课老师沟通、进行学生上网现状的问卷调查,确立班会主题。 2.与班委沟通,形成班会课流程。 3.请学生收集网络交友、网络交易上当受骗的案例,经过挑选,制成汇报材料。 4.编写小品剧本并排练。 三、活动过程 第一模块 导入主题 1.案例讨论。 【视频】网络银行诈骗新闻。 【案例】2014年6月的某日,余某(男)高中毕业后终日沉迷网络,通过陌陌聊天软件结识一女孩"琴"。短短数日后,约在余某家见面,双方相谈甚欢。但随后余某发现手机中"琴"的号码和陌陌软件中"琴"的信息都被删除,余某多番联系"琴"未果。一周后,余某父亲发现家中床头柜里的金项链等价值3万余元的饰品莫名不见了。此时余某联系到"琴"的失踪可能与此有关,遂报警。尽管"琴"最终被抓捕归案,但所窃黄金饰品已被其变卖挥霍,其家人也无力偿还,余某的损失无法追回。 讨论: (1)视频中的受害人犯了什么错误? (2)是什么造成了余某的损失?

<table>
<tr>
<td rowspan="2">教学设计</td>
<td>

2.导入主题:当今网络飞速发展,林林总总的虚拟网络平台在我们日常生活中正扮演着越来越重要的角色,而网络是一把双刃剑,如果不能谨慎使用网络,就会像新闻中的受害者那样遭受不可挽回的损失,身为高中生的我们也应该时刻做到遵纪守法,以诚待人,以文明的言行为网络带来清风正气。

【设计意图】通过一则经典案例和一条新闻向同学们说明网络交友可能存在的潜在风险和利用网络进行的违法犯罪活动的严重性,唤起同学们在网络环境中的自我保护意识和文明诚信的上网素养。

第二模块 深入主题

1.说一说。日常生活中,我们都会接触到哪些网络平台?

2.看一看。展示各种各样的网络平台充斥着我们的日常生活。

3.议一议。在这样一幅景象中,我们的角色也在不断发生变化,有时候我们可以是消费者,有时候我们可以是评论者,有时候我们又可以通过网络扩展自己的朋友圈等等。而正如开头两则新闻事件一样,在不同的角色转换中我们可能正面临着这样那样的风险。

讨论:请列举生活中网络环境中可能存在的潜在危险。

4.演一演。

【网络世界的"木马"】

讨论:为什么这位同学在网购时被骗?

小结:

(1)千万不要随意接收卖家的exe.

(2)不要随意点开卖家发来的链接,有可能是钓鱼网站;

(3)《新消法》修订亮点——对网购欺诈说"不",我们要敢于勇于诉诸法律捍卫自己的权益!

【法条链接】新消法第44条:消费者通过网络交易平台购买商品或者接受服务,其合法权益受到损害的,可以向销售者或者服务者要求赔偿。

【被拉黑的买家】

讨论:面对"微商",我们要注意什么?

小结:

(1)与"微商"交易,一旦出问题,举证困难,虚拟的网络中,买家信息不实导致无法进行退换等。

(2)购买贵重物品最好别考虑"微商",去正规商店购买才能保质保量。

(3)根据《新消法》相关规定,面对"微商"欺诈,消费者有权向经营者要求赔偿或要求行政主管部门对其违法行为进行惩处。

</td>
</tr>
</table>

教学设计	【法条链接】"微商"虚假宣传的行为,已经构成对消费者的欺诈。其行为违反了《消费者权益保护法》第19条和《广告法》第4条等有关规定,根据规定,消费者因经营者利用虚假广告提供商品或者服务,其合法权益受到损害的,可以向经营者要求赔偿。消费者还可以要求行政主管部门对其违法行为进行惩处。 【甜蜜的陷阱】 讨论:网上交友过程中存在什么安全隐患? 小结: (1)应及时、认真核实对方身份。 (2)涉及钱财问题时,不要轻信对方的"借口"。调查真实情况,防止落入"圈套"; (3)发现可疑行为即报案,防止诈骗分子再次作案侵害他人合法权益。 5.讲一讲。 【新闻播报】4月9日晚,浦东公安分局组织警力开展治安清查。赵某(男,31岁)经过时,看到现场民警及警车后,即拍摄照片并肆意编造"发生枪战,致9人死亡"等虚假信息,通过微信发送给多名网友并在微信朋友圈散播,引起网友大量转发,造成广大群众恐慌。赵某,最终被警方刑事拘留。 讨论:你认为周某为何被刑拘? 小结:涉嫌编造、故意传播虚假恐怖信息罪。 【设计意图】通过小品和新闻播报的表演的形式,鼓励学生讨论并发现在网络平台交友或进行交易时有哪些地方需要谨慎避免,哪些地方需要加以注意,探讨面对网络这把双刃剑时,我们应该懂得的一些实用的交往技巧与知识。 第三模块 拓展延伸 1.组织学生分组设计"网络交往安全"小报,两周后的班会课进行交流和评比,同时将获奖小报张贴于布告栏,向全校师生进行网络安全的宣传,此时相信学生已经唤醒了自己上网过程中的自我保护意识和网络法律法规意识。 2.邀请学校信息老师针对"网络交往"开展一次安全讲座,进行网络技术相关的理论辅导,相信将有利于学生自我保护,增强防范意识。 3.鼓励有网络工作经历的家长来校开展家长"微型课程",帮助学生谨慎网络言行并且培养学生的良好的网络交往素养。
教学反思	能够带给同学们这样一堂别开生面的法治主题教育课,是一种十分难得且难忘的经历。

教学反思	课堂上每位同学都拿出了十二分的精神参与到了每一次的思考和讨论中,尤其出彩的是八位同学给大家带来的小品演绎。几位同学从自身生活实际出发,精心设计故事情节和台词,为大家敲响了网络世界的警钟,在快乐中认识到了网络世界的不简单。让信息从学生中来,让情感在学生中升腾,让意识在学生中树立。 课堂中的法条补充也是一大亮点,将整个班级的学生的视野瞄准了《刑法》、《消费者权益保护法》等与我们日常生活息息相关的法律条款的解读中,提升了整堂课的质感,也通过这样一个切入口,引领学生更进一步地接触看似遥远的法规法条,从而提升相关的法律意识和境界。 作为曙光中学的一名班主任,我时刻铭记我校的行为规范教育总目标,即培养明责任、乐奉献、健身心、善思考、严律己、会合作的曙光学子。通过本节课的学习,相信同学们对网络环境的复杂性有了更深刻的意识,也更加明晰了自己作为社会一员,维护网络环境清朗的个体责任意识。

附3-12 "行规序列"主题教育课教学设计(九)

主题	志愿者风采染红中国		
所属专题	(请在所选专题前划"✓",可多选) ( )人与自我 (✓)人与他人 ( )人与自然 ( )人与社会		
执教者	曹露美	所在单位	上海市奉贤区曙光中学
摘要	"爱国"是中华民族伟大的民族精神,是公民基本的道德规范,是社会主义核心价值观个人层面的首条内容。志愿者行动是将爱国之心、报国之志转化为具体行动,符合时代发展的潮流,满足人民群众的需要,遵循青年人发展的规律,夯实了高中学生的价值观。 以我校"曙之光"志愿者招募为契机,开展"志愿者风采染红中国"为主题的教育活动。引导曙光学子积极投身爱国奉献的活动中去,用实际行动践行"爱国"这一社会主义核心价值观,为构建社会主义和谐社会贡献力量。		

选题意义	最近,我校"曙之光"志愿者招募活动开始了,引起了很多学生的关注,也听到了许多声音。个别学生嘀咕道:"家长不支持!""志愿者活动有点形式主义……"作为班主任,当晚我即通过师生QQ群来了解学生的想法,发现学生十分愿意参与志愿者行动,但面对社会的闲言闲语、个别家长的误解,缺乏有效的正面引导,思想信念有所动摇。对于志愿者行为,大多数学生认可对社会、对学校带来的良好声誉,对个人认知及志愿者活动深远的影响和意义比较模糊。 于是,我选择开展"志愿者风采染红中国"为主题的教育活动,从身边学长的故事出发,由近及远,展示志愿者的风采,揭示志愿活动对自己、他人、集体、社会的深远影响。
教学设计	一、教学目标 1.教育学生明确志愿者服务的意义,理解志愿者行为对社会、对集体、对个人的价值,从当代青年的理想境界与人的综合素养的高度上去自我发展,自我实现。 2.针对部分志愿者服务中的困惑问题,培养学生自我解决问题的意识,启迪学生面对社会,提高学生学会发现问题解决问题的能力。 3.通过班级家委会,呼吁和感染父母、家长,与他们一起成为志愿者,用家庭的行动传递正能量。 二、教学重难点 感悟志愿者精神,提高参加志愿者的积极性。 三、教学技术与学习资源应用 1.收集杰出青年的理想境界和他们如何自我发展,自我实现的典型案例。 2.收集整理曙光中学学长故事以及班级志愿者服务照片等并制作ppt。 3.调查"曙之光"服务对象的需要。 4.编排小品《招募志愿者》。 5.准备志愿者的采访稿。 6.邀请班级家委会参与班会,准备发言。 四、教学过程 第一板块　导入主题 (一)播放视频——上海世博会志愿者主题曲《在你身边》MV (二)情景讨论 志愿者:(即"义工"),是指利用业余时间,不为任何报酬参与社会服务的人。"爱心献社会,真情暖人间",2008年奥运会、2010年世博会、汶川雅安地震……志愿者的身影遍布大江南北,志愿者感人的事迹也被广为传诵。

教学设计	当今社会为什么需要志愿者?
	(三)导入主题
	爱国,就要弘扬社会的正能量。中国的志愿者,承担了社会爱心传递、文明传播,我们的社会需要相互关心、相互帮助,社会的进步需要有人来推动,志愿者承担了这一历史使命。
	"曙之光"志愿者服务队在传递爱心、传播文明中践行爱国行为,勇于道德践行、弘扬社会进步,身体力行地为中国添光增彩。今天,我们一起聊一聊志愿者的话题。
	第二板块 深入主题
	(一)见贤(世界在你的眼前 梦想用汗水来实现)
	1.学长徐倍前的真人真事。
	我校一学长在高中时,志愿者工作非常出色。有人笑他太傻,太天真,只利人,不利己。在几年后出国求学时,由于他志愿者工作上优异的表现,被美国名校——普渡大学录取。
	【设计意图】通过学长的励志故事感受志愿者付出了汗水,也收获了梦想;付出了一颗真心,更收获了一片真情;走向世界,就发现世界"就在你眼前"。虽然志愿者不要求回报,却收获了无法用金钱、利益衡量的更有价值的东西。
	2.嘉宾(奥运志愿者)的现场采访。
	理想很丰满,现实很骨感。采访我们身边的奥运志愿者在志愿者服务中遇到的挫折经历和感受。
	【设计意图】通过奥运志愿者的挫折故事感受一切成功都是来之不易的。志愿者活动能丰富人的生活体验,是非常好的学习和进步的机会。把挫折当存折,迎难而上,不断挑战和超越,发扬志愿者的服务精神:"奉献、友爱、互助、进步"。
	3.雷锋的"添砖"故事。
	【设计意图】雷锋是大家熟知的历史人物,雷锋的故事历久弥新。他是中华民族道德楷模中最亮的一颗星,他的动人故事伴随并指引着一代代中国人的成长和发展。通过聆听雷锋的故事,追寻红色记忆,学习雷锋精神,汲取精神动力。
	学生感悟:
	奉献是一种崇高的精神境界,是美好的人生追求。参与志愿者活动一是可以提升个人的精神境界。从中学会自觉地奉献,从中培养参与社会活动的责任感,精神境界得到升华;二是可以充实业余时间。通过服务活动,亲身体验和接触社会的方方面面,不同层次和领域的人和事,加深对社会的认识;三是提供了更多学习的机会。

教学设计	学习未知的东西,如培养自己的组织、协调、交际及领导能力等;四是可以促进自身发展。在开展志愿者各项活动过程中,志愿者可通过对比发现别人的优点和自身的不足,并可以善加利用,取长补短,有助于自身的发展。 (二)思齐(每一个感动的画面 都是壮观的盛典) 1.小品《招募志愿者》。 2.家长谈孩子在做志愿者前后的变化。 3.重温镜头下班级同学志愿者活动中感动的画面。 4.教师小结。 要做好志愿者,本身需要良好的素质作为基础。同学们有这个志向,为每次行动精心准备,并在实践中付出了辛勤的劳动和诸多努力,作为家长和老师都看在眼里,喜在心里,我们发自内心地为你们喝彩,为你们骄傲!重温同学们志愿者活动感人的画面,处处焕发着人性美好的光辉,这是何其壮观的盛典! (三)践贤(部分学生交流做志愿者的实践交流) 学生一:在做志愿者时遇到外国人,交流不顺畅。志愿者本身需要良好的素质为基础。 学生二:志愿者活动前没有精心准备,导致忘拿了工具,服务活动难以进行。在做志愿者活动前,需要精心准备。 学生三:志愿者活动时发生了突发状况。在活动中,志愿者会面临诸多考验,需要不断努力,克服各种困难,最后才能成功。 1.讨论上述同学遇到的问题。谈谈自己在志愿者服务中如何解决。 2.集思广益,针对志愿者行动的前期,过程中和后期三个不同阶段,探讨志愿者服务高质量、高效的方式方法。 【设计意图】将目光聚焦到践行志愿者服务活动的实际问题中去,聚焦到身边的人与事中去。学会发现问题,分析问题,尝试解决问题。为日后更好的志愿者服务奠定良好的基础。 第三板块 总结提升(教师总结) 志愿者用奉献书写爱国,展示着中国人的崭新风貌,也必将为中国的现代化建设注入新的精神力量,做出新的贡献,推动我们伟大的民族不断从胜利走向新的胜利。大力弘扬志愿者精神,我们的社会必定万众一心,我们的国家更加繁荣富强,我们的民族更加文明进步。让我们挥洒青春的汗水,用奉献的音符谱写一曲曲志愿者的爱国之歌,给家乡、给祖国添彩。让志愿者的风采染红中国,成为中国一道美丽的风景线。

教学设计	第四板块 拓展延伸(汇聚众人的力量 就能打开时代的大门) 1.家长志愿者谈参加学校志愿者的实践体会。 2.学生设计《"曙之光"服务对象的需要》的调查问卷,分发调查问卷、统计与撰写调查报告。 3.班级"曙之光"行动誓言:用行动向全社会倡导志愿精神,宣传志愿服务理念。在生活中,在每一个需要志愿者的地方,曙光学子站出来,行动起来,为志愿者代言。用自身的行动感染呼吁更多人加入志愿者行列,共同建设更加美好的家园,把爱家乡、爱国的情怀付诸于行动。 附件: (1)小品《招募志愿者》。 三位分别具有英语特长、历史特长和体育特长的学生报名志愿者,通过知识竞赛的形式,进行选拔三位同学各展所长,最后都成功成了志愿者。 (2)《志愿者情况》调查问卷: 问题1:你是否愿意参加"曙之光"志愿者行动?( ) A.是 B.否 问题2:你以前是否参加过志愿者?(选A的继续做第3题,选B的不做第3题) ( ) A.是 B.否 问题3:在做志愿者的过程中遇到过什么问题?
教学反思	本次主题教育课就学生困惑的问题,从身边的、重大活动的和历史上的志愿者故事出发,拉近与志愿者的距离,由浅入深地感受志愿者精神,体会志愿者活动的积极意义。学生对所选的故事饶有兴趣,聆听得非常投入。 再利用小品这种轻松的方式展现如何发扬自己的长处,做好志愿者工作,提升学生的信心。家长的感言和镜头下班级同学做志愿者感人的瞬间把主题教育课推到了高潮。很多学生的眼泛泪光,心灵受到触动,情感得到升华。最后通过交流帮助同学们思考遇到一些问题解决的办法,为日后更好的志愿者服务奠定良好的基础。 在本次主题教育课后班级多人报名了学校的志愿者服务队,全班也组织了一次贤园的志愿者活动。不足之处是目前给学生们搭建的志愿者活动平台较少,活动形式比较单一,学生们课外时间也不是很充足。希望以后借助社会力量,在寒暑假等时间能给学生更多做志愿者的机会,加强组织和管理,丰富活动形式,满足学生的需要。

附3-13 "行规序列"主题教育课教学设计(十)

主题	我爱你,中国		
所属专题	(请在所选专题前划"✓",可多选) ( )人与自我 ( )人与他人 ( )人与自然 (✓)人与社会		
执教者	罗依芸	所在单位	上海市奉贤区曙光中学
摘要	习近平总书记在与北京大学师生座谈会上指出:"爱国,是人世间最深层、最持久的情感,是一个人立德之源、立功之本。"作为调节个人与祖国之间关系的道德要求、政治原则和法律规范,爱国主义既是中华民族优良传统和民族精神的核心,也是实现中华民族伟大复兴中国梦的重要精神力量。爱国既表现为热爱祖国的深厚感情,也表现为矢志不渝的报国之志和脚踏实地的爱国之行。既有感性认知,也有理性认识,更需实际行动。 值此爱国主义教育主题班会课之机,让学生们了解建国以年来祖国发生的惊天变化,取得的卓越成就,从而激发学生的爱国主义情操,增强民族自豪感和荣誉感,树立文化自信,立志成材,为祖国的建设添砖加瓦。		
选题意义	梁启超在《少年中国说》中写道:"故今日之责任,不在他人,而全在我少年。"少年如何培养?教育。因此,教育自古以来都在国家发展中占有非常重要的地位。进入21世纪后,随着智能化时代的到来,全球的教育模式都正在经历前所未有之变革。但不管如何变革,正如习近平总书记在全国教育大会上所说:"培养什么人、怎样培养人、为谁培养人,是教育的根本问题。"习近平总书记明确要求,我们要培养的是社会发展、知识积累、文化传承、国家存续、制度运行所要求的人,是一代又一代拥护中国共产党和我国社会主义制度、立志为中国特色社会主义奋斗终身的有用人才。 实际上,新中国成立得并不容易,从陈独秀、李大钊开始,无数的先辈们用他们的鲜血为革命事业献身,用他们的血肉之躯为新中国的儿女们铺就了一条康庄大道。但那个时代的烽烟毕竟已经远去,如何让他们在当下仍能贴近那个时代,让自己去感同身受先贤们的立场与使命,树立正确的价值观念,从而真正成为国家需要的人才,也许是当今的教育需要承担的一大任务。而主题班会课就是进行爱国主义教育的一大阵地。		

教学设计	一、教学目标
	1.回顾同时加深对新中国成立70年以来的重要发展成就的了解,明确个人和国家之间的关系。
	2.提升爱国意识,增强民族自豪感,激发作为当代高中生的使命担当。
	二、教学重难点
	教学重点:回顾同时加深对新中国成立70年以来的重要发展成就的了解,明确个人和国家之间的关系。
	教学难点:提升爱国意识,增强民族自豪感,激发作为当代高中生的使命担当。
	三、课前准备
	1.与班委沟通形成班会课流程。
	2.请学生通过网络等途径收集"一带一路"沿路的动人故事并制作成展示材料。
	3.邀请政治老师对本课提出专业性指导建议,邀请艺术老师对后期学生的"我爱你,中国"爱国小报做出专业辅导和点评。
	四、教学过程
	第一模块 导入主题
	1.播放动画短片《中国腾飞》。
	【讨论】结合视频,改革开放至今,中国取得了哪些成就?
	【展示】分享最令老师印象深刻的两张照片——周恩来总理参加日内瓦会议的身影和2008年北京奥运会入场式,姚明手举国旗带队走向运动场的身影。两张照片从黑白到彩色的变化,背后凝聚的是几十年来新中国的砥砺奋进和无数中华儿女的顽强奋斗。两种步伐都坚定而有力,走出了新中国的气度,走出了新中国的胸怀,走出了新中国的底气。
	2.导入主题。
	中华人民共和国成立至今,我们已经走过了70多年的风风雨雨,从国际社会叫嚣的"东亚病夫"到今日的世界目光的中心,联合国五大常任理事国,世界经济的引领者,中国不断地用自己的努力和决心刷新着自己的成就,赢得世界的尊重和肯定。
	作为一名骄傲的中国公民,作为一名光荣的曙光学子,我们身处这样一个光荣奋进的时代,我们倍感珍惜,我们充满力量。今天,让我们一起感受祖国坚实而有力的步伐,与祖国同呼吸,共成长,发出爱国的最强音。

教学设计	【设计意图】由一个动画短片带领学生对新中国主要成就进行一番梳理进而分享老师对于新中国几十年激荡发展的感触,激发学生对祖国的热爱,增强学生的民族自豪感,并引出学生对于自己使命担当的思考。 第二模块 深入主题 第一章 疫情之下的中国速度 【讨论】疫情之下,有什么感动到你的人或事? 【展示】为学生展示各国新闻媒体对中国新冠疫情的积极报道 【讨论1】结合这些标题,大家如何评价中国在新冠疫情中起到的作用? 【讨论2】疫情当下,作为中学生,我们能做些什么? 【设计意图】引导学生从多个角度深入认识到中国在这次新冠疫情暴发后所起到的关键作用以及中国在突发事件中的政治舞台上所展现出的国家力量和国际影响力。结合现在的疫情抬头之势,对个人能做什么做一个深入的思考从而做出从实际出发的爱国表率。 第二章 中国制造者 播放视频《厉害了,我的国》片段——港珠澳大桥合龙安装和FAST天眼的制造 【讨论】看到这些了不起的科学家和建设者们的贡献和付出,作为他们的接班人,我们应该怎么做? 【设计意图】以中国科技方面的巨大成就背后的科学家和建设者们作为又一个切入点,引导学生结合自身,激发学生攻坚克难的精神、对科学技术人才的钦佩和对我国改革开放至今科学技术突飞猛进的自豪之情,触发同学们为中华之崛起而读书的爱国主义情怀。 第三章"一带一路"跑出中国加速度 【问题】什么是"一带一路"? 【展示】"一带一路"概念和地图图解。 【故事分享】请两位同学向全班分享两则"一带一路"上的动人故事《马尔代夫的大桥梦》《杜尚别的冬天不再冷》 【讨论】通过两则故事,你认为"一带一路"的意义是什么? 【设计意图】通过"一带一路"概念的诠释和两则真实故事的讲述,引导学生对我国提出的"一带一路"倡议产生深入的认识和理解,由此激发学生对祖国大国担当,大国责任的认同,陶冶爱国主义情操。 第三模块 总结提升 我想对您说——国旗下的寄语 1.学生写寄语,展示寄语。

教学设计	【问题】在祖国母亲70年之际,你想对祖国说什么呢?把你对于祖国的美好的祝福,美好的展望,想对祖国说的心里话写下来吧。 2 交流展示。 【总结】 祖国的繁荣昌盛给了每一个中华儿女立足于世的底气和骄傲,我们每一个同学都应该对生我养我的这片国土怀着深深的热爱与感激之情。祖国的繁荣昌盛离不开千千万万的平凡的建设者们,我们奋斗在自己的岗位上,国家需要人才,需要每一个人的贡献,国家希望在座的各位,学成长大,为国效力。 诚然,真正的爱国不是一堂主题班会所能完全体现的,真正爱国更应该体现在平时的一点一滴中,同学们,请你们记住,无论到何处,我们都不能忘记自己是中国人;无论到何时,我们都不能忘记自己是炎黄子孙。回顾历史,我们因祖国而自豪;脚踏实地,祖国因我们而欣慰;展望未来,我们与祖国共成长。 第四模块 拓展延伸 1.组织学生设计小报——"我爱你,中国"并上传至校园网并张贴于校园展示橱窗,邀请全校师生评出优秀作品,此时相信作为高中生的我们,已经将自己对祖国的热爱推向一个新的高度。 2.组织学校任课老师开设一些拓展研究课程,进行有针对性的理论辅导,相信将有利于学生立足当下,发扬自己的兴趣,为将来的个人发展和国家需要奠定基础。
教学反思	上完这堂课之后,学生都是有所感悟的,尤其是在最后的写寄语环节中,大家将自己对于祖国的热爱与未来殷切的祝福都表达了出来。爱国主题教育不可缺少,这只是以此为主题的一节班会课。实际上,正如我在总结中所说,爱国应该是贯穿在我们生活的方方面面的,也应该渗透在教育教学的方方面面中。因此,在以后的教学活动中,我也会尝试着将爱国主义教育与语文教学相联系,真正切实地提升学生的民族自豪感,激发作为当代青年人的爱国主义情操。

附3-14 "行规序列"主题教育课教学设计(十一)

主题	使命在肩 责任有我
所属专题	(请在所选专题前划"✓",可多选) ( )人与自我 ( )人与他人 ( )人与自然 (✓)人与社会
执教者	黄圣怡 所在单位 上海市奉贤区曙光中学
摘要	本节课紧紧围绕"两弹一星"精神展开,注重价值引领,基于情景,开展案例教学,既分析了"两弹一星"精神的历史经验,也明确了新时代学生要一以贯之,适应时代要求,回答时代之问,明确当代青年的社会责任和历史使命,为实现中华民族伟大复兴而奋斗。
选题意义	中华民族源远流长的历史铸就了我们独特的民族性格和精神气度。近代以来170多年的斗争史、我们党100多年的奋斗史和新中国70多年的发展史,是理解当代中国一切问题的基础和前提。现在的高中生生于和平年代,对于波澜壮阔的党史、新中国史知之较少。历史是最好的教科书,也是最好的清醒剂。 近年来,学校在行为规范教育上以学生全面发展为宗旨,根据《中小学生守则(2015年修订)》《中小学生日常行为规范》的相关要求,结合我校特色高中创建,确立曙光中学育人目标、行为规范教育总目标,丰富行为规范教育的内容,引导学生将"红色精神"内化为自身的优秀品行。通过"知史爱党,知史爱国"主题班会,从个人与社会的维度,加强同学们对新中国史的认识,营造爱国爱党的氛围,更深刻地了解党情、国情和更好地表达对党和国家的热爱之情,并将其转化刻苦学习的实际行动,成为明责任、乐奉献、健身心、善思考、严律己、会合作的曙光学子,为实现中华民族伟大复兴的中国梦而奋斗。
教学设计	第一模块 导入主题 (一)呈现金银滩图片 (二)导入主题 【提出问题】这片土地曾经从中国地图上神秘消失了30余年,大家想想看为什么会神秘消失?这片草原用来做什么了? 学生回答。

教学设计	【小结】草原里有一个原子城,研制核武器的30多年间,这片代号"221"的土地对外称青海矿区或者青海省综合机械厂。1958年至1993年间,原子城汇聚着众多中国的顶尖人才,先后有1.5万多建设者和科研人员,在这里一起隐姓埋名30多年,为了祖国的核事业无私奉献着青春。 今天,我们就来聊一聊这些隐姓埋名人,看看他们做了什么惊天动地事,思考一下什么是两弹精神,在新时代你能够做些什么。 第二模块 深入主题 (一)"两弹一星"是什么 1."两弹一星"的含义。 【提出问题】"两弹一星"是什么? 学生回答。 【小结】"两弹一星"最初指原子弹、氢弹、人造卫星。"两弹"中的原子弹和氢弹后来合称核弹,另一弹指早期研发的导弹。后来"两弹一星"指导弹、核弹、人造卫星。 2."两弹一星"的发射时间。 PPT呈现资料。 (二)为什么要研制"两弹一星" 1.研制"两弹一星"的时代背景。 【小组讨论】为什么要研制"两弹一星"? 【小结】 (1)大国的核威胁。 (2)紧张的国际局势。 2.研制"两弹一星"的意义。 毛泽东提出研制"两弹一星"的观点。 1955年1月15日毛泽东主持召开中共中央书记处扩大会议。 毛泽东在《论十大关系》中进一步指出。 【提出问题】研制"两弹一星"的意义是什么? 学生回答。 【小结】中国人没有低头,而是用两弹一星撑起了自己的和平盾牌,走出了一条自力更生、自主创新的国防之路。促进国防事业的发展,保卫国家安全,为中国和平发展赢得了空间。 邓小平的评价:"如果60年代以来中国没有原子弹、氢弹、没有发射卫星,中国就不能叫有重要影响的大国,就没有现在这样的国际地位。这些东西反映一个民族的能力,也是一个民族、一个国家兴旺发达的标志。"

教学设计	(三)"两弹一星"精神是什么 观看"两弹一星"功勋人物短视频。 【学生分享】"两弹一星"功勋人物的故事。 【小组讨论】在当时一穷二白的中国为什么能制造出高精尖的武器,靠得是什么精神? 学生讨论交流。 【小结】1.热爱祖国、无私奉献。 于敏的故事。 王淦昌的故事。 钱学森的故事。 【提出问题】无私奉献这个私字,指的是什么? 学生回答 【小结】可以是名、是利、事专业、是家庭,甚至可以是自己的生命。当时参加核试验的科学家们自觉把个人理想与祖国命运、个人志向与民族复兴紧紧联系起来,把爱国之情、报国之志融入建设祖国的伟大事业中,融入人民创造历史伟业的伟大奋斗中。现如今,在我国导弹和核武器两个试验基地,有数千名职工,他们不仅自己在戈壁沙漠工作了一辈子,许多人的第二代、第三代至今仍然留在那里,他们热爱祖国、无私奉献的高贵品质,不断激励后人接续奋斗。 【小结】2.自力更生、艰苦奋斗。 中苏关系恶化,苏联专家撤走,当时又是我们国家的三年困难时期,科研人员以戈壁为家、以艰苦为荣,心中装满历史的责任和创业的豪情,再苦心里都是甜的。 【小结】3.大力协同、勇于登攀。 科技人员、军人、职工参与的人数超过百万。全党、全军、全国各族人民勒紧裤腰带,把各种物品送往基地一线。美国学者刘易斯:"中国第一颗原子弹是一颗'人民炸弹'"。工业落后的中国在短时间内造出原子弹,靠的就是党统一领导,举国协同,集中力量办大事,这是中国成功的秘密所在,是中国的优势所在。 (四)新时代我们如何传承"两弹一星"精神 习近平总书记2011年1月26日在看望航天科技专家孙家栋院士时指出"两弹一星"精神激励和鼓舞了几代人,是中华民族的宝贵精神财富。 如今的中国,大国崛起成了世界第二大经济体,超级工程,大国重器,备受世界瞩目,但"两弹一星"精神依然指引我们前行。

教学设计	青年兴则国家兴,青年强则国家强。中国特色社会主义进入了新时代,中华民族现代化征程迎来了千载难逢的发展机遇。 【小组讨论】在这样的历史机遇期,作为青年学生的你们要怎么传承"两弹一星"精神呢? 学生交流分享。 教师总结。 第三模块 总结提升 我们今天的生活条件好了,不用再吃树叶草籽,你们的成长伴随着中国经济的腾飞,我相信大家是充满民族自豪感,充满了对我们国家的爱的,但只有一腔爱国情还不够,你们要有充分的准备去应对我们在大国崛起之路上可能面临的种种困难和风险。 1.立足当下,勇担学习责任。 2.学习实践,乐担集体责任。 3.牢记嘱托,履行家庭责任。 无论走多远都不能忘记当初为何出发,为了心中的信仰艰苦奋斗的坚定意志不能变,把小我融入大我的爱国情怀不能变,为了共同的目标合作共赢的态度不能变。今天的青年一代,应当也必须承担起这样的责任。
教学反思	本节课从"两弹一星"精神出发,注重价值引领,激励学生在新时代要适应时代要求,回答时代之问,明确当代青年的社会责任和历史使命,为实现中华民族伟大复兴而奋斗。在活动中,有的同学看到革命先辈的奋斗历程时流泪了,再让学生说说想说的话,看得出学生想说的更多。通过这节课,学生对于自身在国家发展、民族复兴中的责任有了更深的认识,深化了主动投身于社会主义现代化建设的意识。 本节课不足的地方在于重点环节应该更加要点明确,分角度让学生讨论,既有利于班主任的授课,也有利于学生对要点的提升把握。

(三) 团辅课程

团体辅导是在团体情境下进行的一种心理辅导形式,它是通过团体内的人际交互作用,促使个体在交往中观察、学习、体验,从而认识自我、探索自我、调整改善与他人的关系,学习新的态度与行为方式,以获得良好的发展。

团辅课程分为三大板块：心理辅导、团体协作、领导力培养，由年级部和心理老师具体实施。每堂团辅课会为团体成员制定一个统一目标，通过团体名称的制定以及规则的讨论等一系列操作，在团队中形成一种轻松、友好、团结的氛围，这样的氛围使得团体成员愿意在团体中放开自我，分享自我。温馨的团体氛围能够帮助成员摆脱生活中的压力和孤独；团体历程将锻炼成员们的意志品格；团体中的整体互帮互助的氛围大大增加了成员的归属感。通过团辅，让学生学会与人合作共处，热爱集体，关爱他人，在不同的社会生活情境中具备公共规范意识。

附3-15 "团辅课程"教学设计

同心鼓（鼓动人生）
上海市奉贤区曙光中学　朱祎

一、教学目标

通过本次活动，使队员们彼此信任，增进相互配合的意识，感受团队合作的重要性。

二、器材准备

平坦的开阔地一块、同心鼓若干、排球与同心鼓数量相等。

三、教学过程

（一）活动准备

"同心鼓"——同心，同心，顾名思义，即是需要大家同心协力才能完成。八个人，一面鼓，一个球，需要每名队员在规定的时间内颠球，颠球最多的小组获胜。

（二）操作流程

1.每组八名队员拉紧鼓的八条绳子，绳子拉直部分不能低于1米（即绳子的一半），关注本组排球，人要随球而动。

2.球离开鼓面至少30厘米重新到达鼓面后方可记为一个有效球。

3.球若碰到鼓的边缘不计数。

4.每组选一名安全员负责捡球，若比赛中途球掉到地面，可以把球捡起来放到鼓面上重新颠球，累计计数，直到计时结束。

5.每个小组会有十分钟练习时间，时间到比赛开始。

游戏拓展：根据时间和实际情况来变化人数，规则不变，每四人一组或者每六人一组比赛结束后，祝贺大家顺利完成任务，并通报各组在规定时间内颠球的总数。

（三）分享总结

同心鼓看似简单，实则不然，只要有一个人的力度或者方向不对，球都会掉下来。所以在比赛的过程中我们要将所有的注意力都集中在鼓上，不时调整自己的位置和力道。

1.要学会分解目标和责任。

如果把责任通过授权的形式分解到每个人，那么每个人的压力就会很少，同时也能够更好的完成任务。在我们日常生活中，如果把复杂的事情进行分解，那么对每个人的要求就会降低，所做的事情就会变得很简单，这就是团队合作的优势。

2.成功就是简单的事情重复做，重复的事情认真做。

随着排球不断地重复上下，我们就会明白，成功就是简单的事情不断地重复做。很多同学想做大事，如果只想做大事，那么你就什么事情都做不了，因为任何大事都是由一件件小事组成的，小事做不好，怎么做大事？

3.要心往一处想，劲往一处用。

在这个游戏中我们可以体会到，在一个团队中如果大家不能够做到心往一处想，劲往一处用，而是想怎么做就怎么做就不能够很好地把球颠起来。所以每个人都要关注团队的目标使颠球的成功率更高。

4.改变我们的心态以及做事的方法。

当你以消极的心态面对你遇到的各种环境和实际情况时，你会发现，除了抱怨以外，你想不出任何可以解决问题的方法来。当你有着积极的心态时，就能够不断激发你的创造性思维，你就会发现办法总比问题多。

（四）仪式课程

仪式是由传统习俗发展而来，被普遍接受并按某种既定程序所进行的活动，表达共同价值、信念的活动。仪式是促进个体社会化的重要方式。将仪式融入德育，让学生在仪式中体验、感悟，这是价值观教育的重要路径。

仪式课程是办学理念和学校文化的有形载体，是对学生进行情感、态度和价值观教育的一种有效方式。具体而言，学校仪式教育的本真价值主要表现为价值渗透、行为规约、凝聚情感和展现学校风貌等方面。我校精心设计，不断打磨校内特色五大仪式，具体为清明祭扫仪式、"六星好少年"颁奖仪式、升旗仪式、篝火晚会采火仪式、高三祝福仪式。在仪式进行过程中，要求学生能够处处、时时规范自己的言行，不断提升思想认识与精神境界，将其塑造为社会主义建设者和接班人。

附3-16"仪式课程"之清明祭扫

一、活动主题

尊崇先烈遗志 厚植红色精神

二、活动背景

《中小学德育工作指南》中指出"要精心设计、组织开展主题明确、内容丰富、形式多样、吸引力强的教育活动，以鲜明正确的价值导向引导学生，以积极向上的力量激励学生，促进学生形成良好的思想品德和行为习惯"，"利用春节、元宵、清明、端午、中秋、重阳等中华传统节日以及二十四节气，开展介绍节日历史渊源、精神内涵、文化习俗等校园文化活动，增强传统节日的体验感和文化感。"李主一烈士生前，把"布置洪炉铸少年"作为其人生理想之一，冀望通过办学，继承优秀传统，培育一代新人，创造崭新文明。而今天的曙光，不忘烈士遗志，继承历史薪火，在清明之际，曙光中学全体师生满怀崇敬之情，齐聚李主一纪念碑前进行清明祭扫活动。

三、活动目标

祭奠、缅怀我校创校先烈李主一等革命烈士及英雄事迹，感念先辈恩泽，继承烈士遗志，传递洪炉薪火，弘扬民族精神。通过祭奠活动，进一步加强未成年人思想道德建设，教育和引导学生热爱中国共产党、热爱祖国、热爱人民，弘扬民族精神，继承革命传统，传承红色基因。

四、活动内容

1.主持人宣布祭扫仪式开始。

2.国旗班、教师代表向烈士纪念碑敬献花圈，书记整理挽联。

3.校长发言。

4.高一学生代表朗诵李主一诗词。

5.祭扫李主一烈士纪念碑仪式结束，奏国际歌，绕纪念碑一周退场。

五、学生感悟

清明祭扫有感

（2023届 王悦文）

又一个清明节，又一个缅怀先烈的日子。我们来到了李主一纪念碑前，将哀思传达给鲜花下的烈士和所有为人民解放、民族复兴而牺牲，长眠在这里的先烈的英灵。

站在烈士墓前，我心潮起伏，思绪万千。

革命先烈们有的为了民族独立和国家尊严献出了宝贵的生命；有的为了彻底埋葬旧世界，建立社会主义新中国而前赴后继，英勇作战，抛头颅、洒热血；也有的在和平建设时期，为了祖国的繁荣富强而献出青春和热血。你们倒下了，但成千上万"不愿做奴隶的人们"站起来了，他们高唱着，去继承你们未完成的事业；先烈们，是你们把对国家、对劳苦大众的爱化作战斗中同敌人拼杀的精神力量，不怕牺牲，勇往直前，建立了人民当家作主的新中国；先烈们，在社会主义建设最需要的时刻，又是你们抛去了家庭和个人的一切，毫不犹豫，挺身而出，把宝贵的生命无私地献给了祖国和人民，把满腔的热血洒遍祖国大地。

面对你们，我们怎么能不肃然起敬，你们的辉煌业绩，将深深地刻在史记上。你们的英名将与日月同辉，与江河共存！我们敬慕你们，无私奉献的英雄。正是因为有了你们这些无数的革命先烈，有了你们的崇高，有了你们的无私才有了今天的和平环境，才有了祖国的繁荣昌盛。

战争的年代造就了烈士们的勇敢与坚强，和平美好的环境为我们提供了学知识、长才能、为祖国奉献的机会。我们有信心，因为我们有榜样。

二、文化育人——创设红色教育视角下行规养成的文化育人环境

文化育人融合了学校的人、时间、空间和事物四维一体的育人要素，以师生为主体，以师生在校时间为感知范围，以校园建设为主要空间，以校园一草一木营造文化氛围，在师生、时间、校园、环境的相互作用中形成共同意识，其主要表现形式为师生共同的行为准则和价值追求。教育的后效性决定了校园文化育人在短期内对师生的影响呈隐性特征，长期则表现为学生发展所具备的个人行为准则和价值追求。

（一）校园文化育人的内涵

1.物质文化育人

校园文化呈现的方式是有形的，是一个具象的概念，包括校园软硬件配套设施、景观的建设格局、功能设施、文化环境等，其不仅满足学生的使用需求，而且是校园文化育人的载体，从视觉、听觉上为师生传达校园文化。

2.精神文化育人

精神文化是学校在长期发展中提炼出的文化精髓，是一个抽象的概念。在社会主义核心价值观的指引下，学校总结出具有丰富文化内涵的校训、校歌、学校精神和育人理念，表达着师生共同的行为准则和价值追求。社会主义核心价值观作为中华文化历史总结出的共同价值追求，指引

着学校校园文化育人的发展方向。

3.制度文化育人

制度文化是由于师生在校园内共同学习生活所受到的行为准则约束而形成的一种共同意识，是师生在交往交流中共同维护的行为规范。校园制度文化育人是指校园文化在一定程度上能够规范师生行为，对师生的行为举止、价值追求具有一定的引导和约束作用。

4.行为文化育人

师生作为行为主体在学习生活中表现出的个性化行为方式，综合形成校园行为文化。在长期的共同学习生活中，师生个体呈现出一些共同的行为特征，这些行为特征在时间上具有延续性，在空间上具有发展性，通过一代代师生在相互交往、相互传递中潜移默化地影响着师生的行为，达到育人效果。

（二）校园文化育人的路径创新

1.物质层面育人——校园物质文化趋于个性化

校园文化是以学校软硬件基础建设作为物质基础而存在的，而物质条件是满足学生学习和生活的必要条件。学校在推动校园文化育人时，应把物质投入作为基础，把完善学习生活设施与优化校园文化作为主要目标，将校园文化纳入学校基础软硬件建设过程中考虑的范畴，采用标志性建筑来彰显校园文化。例如，建设校史馆，设计文化墙，命名教学楼，设计校园文化品牌产品，搭建校园文化网络平台，等等。这不仅可以为师生开展内容丰富、形式多样的教育活动提供重要场地，而且可以利用软硬件设施传达学校精神文化，让学生在学习生活娱乐中潜移默化地接受校园文化的熏陶。

曙光中学是一所具有深厚红色文化底蕴的学校，由李主一、刘晓等老一辈革命家于1927年8月创办，是中共奉贤第一个支部和奉贤县委的诞生地。学校遵循创校先烈李主一烈士"沐曙光循大道""布置洪炉铸少年"的遗志，面对新的发展起点，提升学生社会责任感，继承延展红色精神，把家国情怀根植于课堂内外。学校拥有一系列的红色文化景观，营造了浓厚的红色文化氛围，格调高雅，让校园处处成为育人场所。走进曙光中学校园，远远地就能看见一座纪念碑，碑上有四个字——"死得其所"，这是秉承李主一烈士的遗志而矗立的，也是奉贤区爱国主义教育基地。纪念碑所在的"主一广场"配套坐落着"洪炉"校史馆，每一个进入曙光中学的学子，要上的第一堂课就是有关学校创建历史的"红色党课"。每年清明节、烈士纪念日，在纪念碑前，师生们缅怀烈士"死得其所"的精神，传承深厚的爱国信仰，把它化为学习生活的动力。

2. 精神层面育人——校园精神文化塑造统一性

学校在实施校园文化育人过程中应把校园文化的育人要素与学生日常生活结合起来，通过丰富内容、改进方法充分调动学生参与校园文化建设的积极性和主动性。比如，利用好新生入学的教育关键阶段，引导学生学习校史、校歌、校训，组织学生进行校史校情知识竞赛、参观教育活动等。中学生正处在价值观形成的关键时期，引导学生树立正确的价值观是校园文化育人的重要任务，需要学校通过宣传学校精神、展示学校育人成果、开展知名校友宣传等方式，引导学生树立正确的世界观、人生观和价值观。

"望东方曙光曙光，一轮鲜红的太阳。照着工房、照着农场，照着红旗飘扬。冲破黑暗，我们建设，曙光的天国在地上。我们有铁的纪律和红的热血欢唱，革命青年，团结起来，追求革命曙光。"这首诞生在初创时期曙光中学的校歌，激发着当时进步青年的革命斗志。每逢建校周年纪念日，学校都会举行班级歌咏校歌比赛，通过校歌歌唱比赛活动，让每一位曙光学子了解校史，传承红色基因，厚植家国情怀，从而培养成具有担当的时代新人。

3. 制度层面育人——校园制度文化注重协同性

学校实施校园文化育人，不仅需要众多部门通力配合、相互协作，而且需要合理的管理运作机制和建设机制作为支撑。比如，由政教处牵头设计学校文化标识，每年开展校史校情教育、校史馆开放参观、校史纪录片拍摄等活动，形成文化育人的固定运行管理机制。班主任是开展校园文化育人的重要一环，班主任应将校园文化和校史校情教育渗透到日常工作之中，提高学生传承创新校园文化的积极性，确保校园文化育人的实效性。

4.行为层面育人——校园行为文化促进养成性

学校在实施校园文化育人实践中，应把行为引导作为工作的着力点，增强教育活动的组织性、计划性，使学生的行为规范化，通过反复强化，使学生良好的行为成为一种习惯，"习惯成自然"，确保行为引导的有效性。同时，学校应建立相应的行为准则和评价体系，通过学生自评、互评监督的方式，促进学生良好行为习惯的养成。此外，学校对教师的行为要统一要求，加强教师的培训，让教师理解并内化校园文化，以校园文化来规范自己的行为，使其不仅在课堂上传播校园文化，而且以自身的行为起到"行为示范"的作用，从而引导学生规范自身的行为。

（三）校园红色小景

1.李主一纪念碑

李主一，奉城洪庙人，出生于晚清秀才大户家庭。他很早就怀抱"布置洪炉铸少年"的办学理想，受革命思想影响，1925年李主一加入了中国共产党。1927年，他与刘晓等一起共同创办了曙光中学。由于曙光中学的革命地位和轰轰烈烈的革命活动影响日盛，引起了国民党当局的极度恐慌，他们妄图扑灭这革命的火种。1928年4月，曙光中学遭到了国民党淞沪警备司令部和国民党奉贤县党部的查封。李主一也因叛徒出卖而被捕。在狱中，敌人对他用尽了酷刑，但他丝毫不畏惧。在被枪决前，他嘱咐前来探视的妻子，"如果我死了，你不要哭泣，我为革命而死是光荣的，不要为我多花钱，替我在曙光中学后面买两亩田，就把我葬在那里，坟墓旁立一块碑，碑上题'死得其所'四个字，这样我虽死犹生。"1928年6月21日，李主一烈士被反动派枪杀于上海龙华监狱中。1957年，奉贤县人民委员会决定将奉城中学改名为曙光中学。同年，又在曙光中学校园内为烈士树了纪念碑，按照烈士的遗愿，在碑上题写"死得其所"四个字。

李主一纪念碑是奉贤区爱国主义教育基地，2017年荣获上海市中小学"十佳校园新景观"称号，2021年荣获上海市"市民修身行动"市级示范点称号。

图3-2 李主一烈士纪念碑

2. "洪炉"校史馆

以创校时的校舍潘公祠为建筑样式，并将其命名为"洪炉馆"。"洪炉"，这里喻指陶冶和锻炼人的环境。其二字出自学校创始人李主一先生在建校之初的诗篇"布置洪炉铸少年"，校史馆以此为名，显示了我们对先辈精神及其办学理想的继承与坚守，"洪炉"也成为新时代曙光中学的代名词。馆内展陈的主题为"沐曙光，循大道"，展厅在布局上分为主题厅、历史篇、发展篇、特色创建篇等。在内容上既体现学校发展史又不局限于表现历史，而是通过对曙光发展史中精神内核的发掘和典型材料的呈现，展现曙光历代先贤执着的理想与信念以及孜孜以求、甘愿奉献的高尚品质，从而激励后辈学贤求奋进、践贤铸品行。作为区级的爱国主义教育基地，它也是奉贤区域"贤文化"建设的重要载体。

图 3-3 "洪炉"校史馆

3.农耕实践基地

曙光中学作为奉贤区劳动教育实践基地,围绕"红色精神培育"的办学理念,将"农耕实践基地"作为学校的劳动教育品牌项目。农耕实践基地占地6.5亩,建成了四大劳动实践区域:一是现代农业科普园,为学生农业科技小课题的实验探究提供场所;二是高一年级每班的蔬菜试验田,通过不同蔬菜品种栽培、管理,熟练掌握各种劳动工具,深化中国人自力更生的价值观;三是精品果园,以果树技能培育、果园的多品化管理,提升学生对劳动精细化、技能化的体验;四是观赏园,主要为校园绿化、美化,也为学校的花卉社团创设实验园。

图 3-4 曙光中学农耕实践基地

4. 洪炉之火

洪炉，指大炉子或大火炉，多喻指陶冶和锻炼人的环境。李主一在建校之初有诗曰："布置洪炉铸少年，年年春夏诵和弦；栽成桃李浓阴遍，文化中心岂偶然。"诗中李主一同志对他和战友们创办的曙光中学倾注了极大的热情，对莘莘学子充满了极大的期望，同时也表明他对曙光中学植根于"奉贤"这一"文墨之区"的无比热爱和拳拳深情。"洪炉之火"犹如一轮冉冉东升的旭日，又如一团熊熊燃烧的火焰，既形象地印合了学校校名中"曙光"的意境，又显示了学校"布置洪炉"的本质属性以及创办学校"铸少年"、成就生命成长的宗旨和目标。"火焰"由"曙光"一词拼音的打首字母"S"和"G"经变形组合而成，以此表明学校的校名；"火焰"又似一只微微伸张的大手，正深情拨动每一个"少年"的心弦，呈现了曙光中学"年年春夏诵和弦"的喜人景象；"火焰"还像一只回首顾盼且欲振翅高飞的雏鹰，一方面表现曙光中学学子对母校的热爱和眷念，另一方面彰显了曙光中学学子必将翱翔蓝天的雄心壮志。从视觉上说，红色代表激情和斗志，"洪炉之火"也彰显着办学者的意志和态度。

图3-5　"洪炉"之火

5. 洪炉之炉

"洪炉之炉"分为"智慧之炉""文化之炉""精神之炉"。"吾曙光是智慧之炉，文化之炉，精神之炉，沐浴古代圣贤的思想之光，继承革命先辈的光荣传统，循道而为，诲人不倦。在此，顽金钝铁尽可陶熔，懵懂愚顽皆能铸就。"以此设计的抽象熔炉造型，就是表达智慧、文化、精神的意思。

图3-6　"洪炉"之炉

6.李主一雕塑群

书生意气——李主一年轻时候接受了革命思想，面对积弱积贫的社会现实，他要用自己的力量去改变现状。他满腔热忱投入革命，他风尘仆仆奔走在城市乡间，寻救国救民的道路。他长衫飘飘，他步履匆匆，他昂首挺胸，他目光深邃。雕像正是表现了李主一"书生形象，意气风发"。

枷锁——李主一在狱中受尽酷刑折磨，但他坚贞不屈，保守了党的秘密，保护了同志。这尊雕像反映了李主一就义之前的形象：衣衫褴褛，被风吹乱的头发粘在额边，但是他神情坦然，眼睛注视前方，眼神充满轻蔑，消瘦的身体，紧握的拳头，显示他内心的愤怒和不屈。手上的镣铐已断，寓意他要抗争，要挣脱一切压迫的枷锁。雕塑充分说明了这样一个道理：革命的理想是锁不住的，信仰的力量是强大的。

生离——李主一被捕后，妻子顾吉仙前去探监。李主一自知凶多吉少，对妻子说："我如果死了，你不哭泣，我为革命而死是光荣的，不要为我多花钱，替我在曙光中学后面买两亩田，就把我葬在那里，坟墓旁立一块碑，碑上题'死得其所'四个字，这样我虽死犹生。"顾吉仙后悲痛万分，雕像就是表现了这"生离"情景。

图3-7　李主一雕像

7.曙光大道石

曙光大道石正面刻有校训"沐曙光，循大道"，背面刻有"曙光宣言"。曙光大道石，不为点缀，而为播种，播下曙光的理想信念之种；不为震慑，而为激发，激发曙光人丰厚生命、追梦理想的壮志与豪情；不为纪念，而为缔造，缔造我们与曙光共发展的新未来。

图3-8　曙光大道石

8.红船

1921年7月，中国共产党第一次全国代表大会在上海秘密举行。7月30日晚，因突遭法国巡捕搜查，会议被迫休会。8月2日上午，"一大"代表毛泽东、董必武等，由李达夫人王会悟做向导，从上海乘火车转移到嘉兴，在南湖的一艘小船上完成了大会议程，宣告了中国共产党的诞生，"红船精神"在这里孕育。

图3-9　红船

9.李主一诗词——《捣练子·夹竹桃》

君子品，美人妆，体态风流晚节刚。

不与凡花争俗艳，芳姿个个倚幽篁。

这首诗中，李主一用拟人手法赞美夹竹桃的高尚品格。词中"凡花""幽篁"也有深刻喻意，表达了作者不争凡俗、依靠群众、矢志不移的革命志气。

图3-10　李主一诗词

（四）红色长廊

"红色精神"历经革命年代、新中国成立初期、改革开放时期和新时代四个主要阶段，是中国共产党领导中国人民取得民族独立、人民解放、国家富强的真实写照，是革命先辈和共产党人在各个时期发扬无私奉献的爱国情怀，秉承全心全意为人民服务的宗旨意识，坚持艰苦奋斗自力更生的优良作风，在实事求是的思想方法下不断为中国人民谋幸福，为中华民族谋复兴的高度概括。

基于"布置洪炉铸少年"的办学理念，曙光中学始终致力于探索"红色精神"的教育新动能，沿着红色长廊，穿梭于个性鲜明的特色教室，将感受国家富强、人民幸福、民族振兴的中国梦的具体写照。

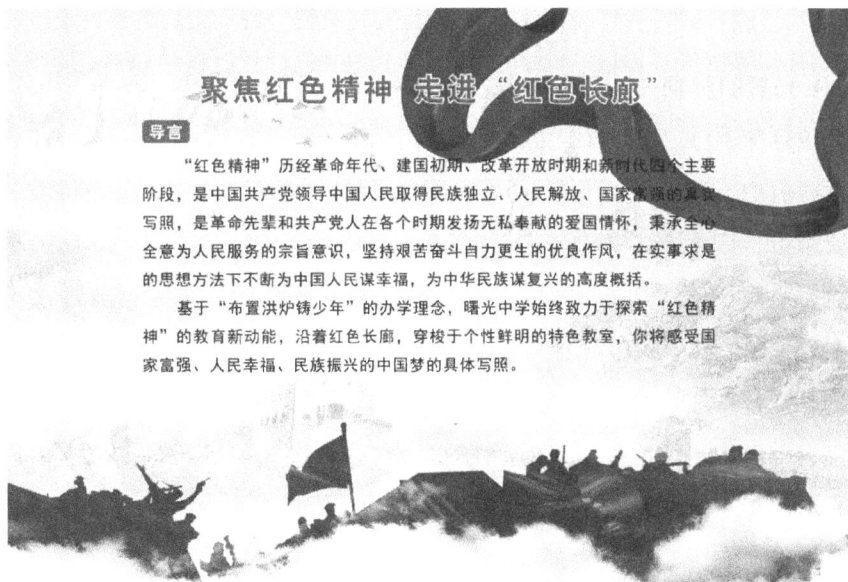

图 3-11　"红色长廊"介绍图

1.新民主主义革命的开端——五四运动

1919年，巴黎和会拒绝了中国代表提出的合理要求，把德国在山东的权益转让给日本。消息传回国内，群情激愤，5月4日，北京大学等十几所学校的三千多名学生齐聚天安门前，举行示威游行，高喊"外争国权、内除国贼"等口号。五四运动是中国新民主主义革命的开端，在近代以来中华民族追求民族独立和发展进步的历史进程中具有里程碑意义。

2. 从上海到嘉兴——中国共产党的诞生

1921年，中国共产党第一次全国代表大会在浙江嘉兴南湖的一条游船上胜利闭幕，宣告了中国共产党的诞生。中国共产党在红船中诞生这一伟大革命实践所表现出来的精神是：开天辟地、敢为人先的首创精神，坚定理想、百折不挠的奋斗精神，立党为公、忠诚为民的奉献精神。

3. 第一个农村革命根据地——井冈山革命根据地

1927年10月，毛泽东率领秋收起义的部队到达井冈山，开展游击战争，进行土地革命，建立红色政权，创立了第一个农村革命根据地。井冈山革命根据地的建立，点燃了"工农武装割据"的星星之火。从此，中国革命走上了建立农村革命根据地，以农村包围城市，武装夺取政权的道路。

4. 光辉的胜利——艰苦卓绝的红军长征

1934年10月，中国工农红军离开江西瑞金进行战略大转移，开始了举世闻名的二万五千里长征，谱写了惊天地、泣鬼神的伟大革命诗篇。在长征途中，广大红军铸造了伟大的长征精神：不怕牺牲、前赴后继，勇往直前、坚韧不拔，众志成城、团结互助，百折不挠、克服困难。

5. 挽救了红军挽救了党——遵义会议

1935年1月，红军攻克贵州北部重镇遵义并在此召开政治局扩大会议，集中全力解决军事和组织问题。会议改组中央领导机构，成立由周恩来、毛泽东、王稼祥组成的三人小组负责全军的军事行动。遵义会议开始确立以毛泽东为主要代表的马克思主义正确路线在党中央的领导地位，在极其危急的情况下，挽救了党，挽救了红军，挽救了中国革命。

6. 停止内战、一致抗日——西安事变的和平解决

1936年12月，张学良和杨虎城在反复劝说蒋介石应以国家和民族大义为重、容纳抗日主张的努力失败后，发动"兵谏"，12月12日晨，扣留蒋介石，以武力逼蒋抗日，这就是"西安事变"。经过各方努力，蒋介石

接受联共抗日主张，西安事变得到和平解决。西安事变的和平解决，成为扭转时局的枢纽，全国团结抗战的局面初步形成。

7.众志成城、共赴国难——抗日战争的胜利

1931年，日本发动九一八事变，中国局部抗战开始，在抗日民族统一战线的旗帜下，中国各民族、各政党、各政治派别求同存异，共同抗敌，历经14年的艰苦抗战，中国付出了巨大的民族牺牲。抗日战争的伟大胜利，是近代以来中国抗击外敌入侵所取得的第一次完全胜利，开辟了中华民族伟大复兴的光明前景，开启了古老中国凤凰涅槃、浴火重生的新征程。

8.浴血奋战、舍生忘死——抗美援朝

1950年6月至1953年7月，中华民族的优秀儿女组成中国人民志愿军，与朝鲜人民军一道，取得了这场反侵略战争的伟大胜利。中国人民和中国人民志愿军所表现出的爱国主义、革命英雄主义和紧密团结共同御侮的精神，谓之抗美援朝精神，它在中华民族的发展史上将永放光辉。

9.自力更生、艰苦创业——使命担当"铁人"王进喜

1923年10月8日，王进喜出生于甘肃省玉门县一个贫苦农民家庭，玉门解放后成为新中国黑龙江大庆油田的石油工人，因用自己身体制伏井喷而家喻户晓，人称"铁人"。1960年，他率领1205钻井队艰苦创业，打出了大庆第一口油井，展现了大庆石油工人的气概，为我国石油工业的发展做出了重要贡献。

10.热爱祖国、科学创新——从"两弹一星"看新中国峥嵘岁月

20世纪50年代，面对帝国主义核威胁、核讹诈，党的第一代领导集体审时度势，高瞻远瞩，果断决定研制原子弹、导弹、人造地球卫星。在为"两弹一星"事业进行的奋斗中，广大研制工作者培育和发扬了一种崇高的精神，这就是热爱祖国、无私奉献，自力更生、艰苦奋斗，大力协同、勇于登攀的"两弹一星"精神。

11.全心全意为人民服务——雷锋精神永不褪色

雷锋精神，是以雷锋的名字命名，以雷锋的精神为基本内涵，在实践

中不断丰富和发展着的革命精神。其实质和核心是全心全意为人民服务，为了人民的事业无私奉献，它已经成为我们这个时代精神文明的同义语、先进文化的表征。

12. 艰苦奋斗、勇于开拓、顾全大局、无私奉献——北大荒开垦

20世纪50年代末，中国人民解放军十万转业官兵，按照中央"屯垦戍边"的方针，开赴地处黑龙江省荒无人烟的北大荒。经过三代人的艰苦创业、开发建设，北大荒人把渺无人烟的亘古荒原建成了举世闻名的"北大仓"。自此，一种"艰苦奋斗、勇于开拓、顾全大局、无私奉献"的北大荒精神载入中国共产党的史册。

13. 自力更生、艰苦创业——人工天河"红旗渠"

红旗渠位于严重干旱缺水的河南省林县（今林州市），为了改变因缺水造成的穷困，林县人民从1960年2月开始修建红旗渠，竣工于1969年7月。林县人民在上无寸物可攀、下无立足之地的半山绝壁上，腰系绳索，抡锤打钎，奋战10年凿出红旗渠，由此也打磨出"自力更生、艰苦创业、团结协作、无私奉献"的红旗渠精神，把中华民族的一面精神之旗插在了太行之巅。

14. 拥抱星辰——中国航天

中国政府把发展航天事业作为国家整体发展战略的重要组成部分，始终坚持为和平目的探索和利用外层空间。中国航天事业自创建以来，创造了以"两弹一星"、载人航天、月球探测为代表的辉煌成就，走出了一条自力更生、自主创新的发展道路，积淀了深厚博大的航天精神。为传承航天精神、激发创新热情，中国政府决定自2016年起，将每年4月24日设立为"中国航天日"。

15. 上天入海——国产大飞机"三剑客"

C919、AG600、运-20——国产大飞机"三剑客"代表着中国航空工业的跨代式发展，也蕴含着几代中国人的蓝天梦。近年来，随着"三剑客"在蓝天聚首，大飞机研制喜讯不断。

16.乘风破浪——中国航母

作为一支新兴的大国海军，中国海军的舰载航空作战力量，虽然起步较晚，但是进步速度很快。航空母舰将会成为中国海军远海作战体系中不可或缺的一环。辽宁舰是中国第一艘服役的航空母舰。山东舰是中国真正意义上的第一艘国产航空母舰。

17.伟大的历史转折——党的十一届三中全会

1978年12月18—22日，党的十一届三中全会召开，标志着中国共产党从根本上冲破了长期"左"的错误的严重束缚，在思想、政治和组织上恢复和确立了马克思主义的正确路线，揭开改革开放和社会主义现代化建设新时期的历史性序幕。

18.敢闯、敢冒、敢试、敢为天下先——成立经济特区

1979年中共中央和国务院批准在深圳、珠海、汕头、厦门试办4个出口特区。1980年5月，中共中央国务院决定将出口特区改称为经济特区。1980年8月，五届全国人大常委会第15次会议批准国务院提出的《广东省经济特区条例》。

19.敢闯敢试、先行先试，做好改革开放排头兵——浦东开发开放

20世纪80年代初，上海提出了开发浦东的设想。1988年，上海市提出了"开发浦东，建设国际化、枢纽化、现代化的世界一流新市区"的发展设想。20世纪80年代末，邓小平同志提出"要把进一步开放的旗帜打出去"，并指出"上海是我们的王牌，把上海搞起来是一条捷径"。1990年4月党中央明确宣布浦东开发开放大战略。

20.中国制度　中国智慧——"一国两制"的成功实践

1997年7月1日零点，中英两国政府香港政权交接仪式在香港会议展览中心举行，中华人民共和国国旗和香港特别行政区区旗在香港升起，中华人民共和国香港特别行政区随即成立，中国人民解放军驻港部队同时抵达香港各营区执行有效防务，标志着中国政府正式恢复对香港行使主权。

21.主动融入全球化——加入世界贸易组织

2001年12月11日，中国正式加入世界贸易组织，成为其第143个成员，标志着中国改革开放迈入新阶段，是中国深度参与经济全球化的里程碑。入世以来，中国积极践行自由贸易理念，全面履行承诺，展现了大国的担当。

22.走进新时代——凝聚中国力量，实现中国梦

经过长期努力，中国特色社会主义进入新时代，这是中国发展新的历史方位。在中国共产党的领导下，充分调动全国各族人民的积极性、主动性和创造性，万众一心，众志成城，实现伟大的中国梦。

23.抗洪、抗灾、抗疫——战天斗地、守望相助的中国人民

不同时代，中华儿女都要传承中华民族战天斗地、自强不息的斗争精神，有勇气破除前进道路上的各种艰难险阻，推动中国特色社会主义事业不断夺取新胜利。

24.决战决胜脱贫攻坚——开启幸福生活

新中国成立以来，中国共产党带领人民持续向贫困宣战。改革开放40多年来，中国成功走出了一条中国特色扶贫开发道路，为全面建成小康社会打下了坚实基础，对世界减贫贡献率超过70%，成为世界上减贫人口数最多的国家，也是世界上率先完成联合国千年发展目标的国家。

（五）红色文化主题教室

红色主题教室作为学校"红心笃行"行为规范教育课程的有机组成部分，是其配套场馆资源，为学生提供上课、活动、体验的场所，与底楼"红色长廊"交相呼应，是学校红色教育的窗口名片和校内特色资源的聚焦点之一。

1.坚定信念，书写意志——"红书法"主题教室

"红书法"专题教室的设立是向学生展现汉字书写艺术魅力，同时带领学生了解中华民族不同时期的红色精神以及带有革命气节的仁人志士的诗词作品。为营造古色古香的书法氛围，教室的墙面采用了复古的灰瓷，木质的书法桌，古典风装修的门框，室内各个墙面展示的学生书法作品，让学生体验文海墨香，感受红色书法的精神内涵。"红书法"特色课程，

在教授学生了解汉字字体演变的基础上，带领学生临摹革命家、爱国志士的作品，感受革命家的英雄气节、家国情怀，领略中华文字之美，唤醒学生的民族意识，激发学生的爱国热情，让学生在书写的过程中将这种精神内化于心。

2.不忘历史，铭记英雄——"英雄史诗，长征精神"主题教室

"长征"专题教室内设有一系列"长征元素"，让学生仿佛有身临其境的氛围感受。教室后景设有1934—1935年中央红军一方面军的长征路线图，两侧橱柜摆放有当年红军长征时期用的大刀长矛、斗笠步枪的模型，两侧墙面挂有一张张学生红色之旅的活动照片。通过环境的浸润使学生感受不怕牺牲、勇往直前的长征精神，从而实现更好的教育效果。长征谱写了惊天地、泣鬼神的伟大历史诗篇，它是中国革命史上的壮举，世界军事史上的奇迹。"长征精神"特色课程中融合了诸如湘江血战、四渡赤水、飞夺泸定、过草地、爬雪山等一幅幅鲜活历史画卷的讲述，由诗文诵读、红色课本剧编写、长征故事的讲解组成，让学生感受红军将士英勇无畏的牺牲精神和坚忍不拔的钢铁意志，培养新时代高中生应具备的红色精神文化内涵，增强英雄情怀和家国意识。

3.艰苦卓绝，光辉历程——"光荣之路，中国革命史"主题教室

"中国革命史"专题教室浓缩了中国旧民主主义革命和新民主主义革命历程当中的主要革命元素，引导学生体悟无产阶级革命家的高尚情操，了解从辛亥革命到新中国成立这段艰苦卓绝的革命历程。"中国革命史"特色课程从1911年的辛亥革命讲授到1949年中华人民共和国的成立。通过课堂学习、实践寻访，加深学生对中国革命史的认识与理解，引导学生体悟革命者崇高的牺牲精神和执着的奋斗精神，树立服务他人服务社会的奉献精神，培养吃苦耐劳的精神，为自己的学习和生活注入强劲的动力。

4.牢记初心使命，坚定理想信念——"党旗飘扬"主题教室

"党旗飘扬"专题教室为学校青马工程的开展提供了可靠的阵地，是学校党章学习小组的理论学习基地，播撒马克思主义种子，铸造理想信念之魂，同时也是学校党员教师学习、讨论、活动的场地，融入了党旗、党

徽、入党誓词等党建元素，营造出了浓厚的党建教育氛围。"党旗飘扬"特色课程，带领学生学习党的理论知识，坚定听党话、跟党走的理想信念，激发政治热情，强化政治认同，引领政治选择。学生定期进行时政分享，通过同学讨论、教师点评，积极引领同学们正确认识世界和中国的发展，认识自身的时代责任和历史使命。

5.责任担当，家国意识——"关注民生"主题教室

"关注民生"教室是学校"模拟政协"社团的专用教室。主要呈现了中国人民政治协商会议的缩影和模拟人民政协提案的产生过程，帮助学生确立正确的政治方向，提高政治认同、科学精神、法治意识、公共参与等高中政治学科核心素养。"模拟政协"课程是高中思想政治课程的课外生动实践，是培养能真实地推动社会进步、有社会责任感和全方位综合能力优秀学生的特色活动。在学习人民政协基本知识的基础上，体验完整的提案过程，如确定选题、深入调研、统计数据、撰写文本、模拟大会发言、模拟大会展示等。参与课程，学生发现问题、分析问题、解决问题和合作交流能力会得到培养和锻炼，其责任担当、家国意识也会得到提升。

6.扬法律利剑，捍公平正义——"依法治国"主题教室

"依法治国"专题教室是学生体验人民法院审理案件的实践场所。置身其中，学生可以模拟担任法官、公诉人、原告、被告、代理人、证人、书记员等各种角色，参与"案件"的审理与裁判。通过"复原"真实法庭的场景，让学生掌握、理解与运用拓展的法律专业知识，锻炼学生协同工作的能力和相应的基本技能。"模拟法庭"特色课程，通过对所选择案件的模拟庭审全过程，使学生熟悉司法审判的实际程序，并通过"亲身、亲历"参与模拟法庭活动，培养和锻炼学生发现问题、分析问题和解决问题的能力，提高学生语言表达能力、组织协调能力，提升学生的实践技能。通过理论学习和模拟实践活动，有效提升学生的政治认同、科学精神、法治意识和公共参与等学科核心素养。

7.巨龙腾飞，大国正兴——"时代强国"主题教室

"时代强国"专题教室的设立主要为了向学生呈现新时代下我国强盛

的科技实力。为营造一个良好的学习氛围，教室中放置了如月球车、蛟龙号、歼20、094核潜艇、山东号航空母舰、T99主战坦克等各类模型，让学生在学习理论知识的同时，也能更加直观地亲身体验日益强盛的科技力量和国家实力，加强学生的爱国意识。"时代强国"课程主要聚焦于新时代下科技与国防的伟大成就，通过专题学习、体验分享，带领学生认识我国的"一带一路"建设、海洋科技、军事科技、航空航天科技和中国前沿科技，激发学生科学技术的兴趣，增强学生的民族自豪感，培养学生对祖国建设的责任心和使命感。

8. 壮丽中国，大美山河——"大美中国"主题教室

"大美中国"专题教室主要呈现了祖国自然景观和灿烂的文化遗产的缩影。教室后墙配备了中国3D立体地形图、地貌景观图等，学生可以通过语音播报形象地了解中国主要地形地势特点、河流山川等内容。在传统审美知识基础上，结合地理科学的内容和历史演变重新审视中华大地，带领学生领略美丽的中国。"大美中国"特色课程通过学习我国地域文化和城市发展变革，形成关注地方、关注国家的意识，增强文化自信，深化弘扬中华优秀传统文化的理念。课程分为专题学习、体验分享等。通过小组交流、合作等形式，强化学生科学思维，增强他们对国家、民族的认同感。

9. 传承优秀文化，见证陶瓷发展——"陶瓷的文明"主题教室

"陶瓷的文明"专题教室主要呈现了我国古代陶瓷的发展和演变的历史及实物展示，可以折射中国的历史文化、社会生活、文明演进。"陶瓷的文明"特色课程主要开展陶瓷文化鉴赏及其相关实践活动，学生可以体验陶瓷展馆讲解，制作陶器与瓷器，开展研究型学习。课程一改灌输式的教学方法，推广研究性学习和个性化培养的教学方式，形成创新教育的氛围，有效调动学生的主动性、积极性和创造性，培养学生实践能力、表达能力和交流能力，提升学生的审美意识。

（四）创新素养主题教室

1.驰骋沙场，决战巅峰——"WRO金属足球机器人"科技教室

"WRO（World Robot Olympiad）金属足球机器人"科技教室主要用于学校师生进行金属机器人搭建和WRO赛事实战训练。教室配备装配区域和足球对战场地，有效帮助师生开展机器人装配研究和程序编写，是学校培养科技能手的"摇篮"。"WRO金属足球机器人"特色课程，结合了传统钣金结构组装和程序设计两部分内容，是一门实践性和操作性较强的课程。通过钣金器件的组装，训练学生的动手能力及使用工具的操作技能。在组装的基础上加上程序的编写和参数的设置，让机器性能不断完善。该课程已经形成了理论学习、组装调试机器训练、组队实战训练等一套成熟的教学模式。"掠夺者"和"The Challenger"两支学生队伍先后获得过"未来杯"上海市高中阶段学生机器人高中组冠军和三等奖等荣誉。

2.人工智能，畅想未来——"WER世界教育机器人"科技教室

"WER（World Educational Robot Contest）世界教育机器人"科技教室，主要用于学生体验WER项目拼装和操作、学校WER社团活动以及参赛准备。教室设置教学区、机器人装配区、模拟赛场调试区，让学生从机器人装配到设备调试再到模拟比赛，培养学生的创造力与实践能力，综合利用科学、技术、工程、数学等知识尝试解决实际生活问题。WER比赛项目以模拟主题场景的形式，因此，"WER世界教育机器人"课程主要由理论学习和实践体验两部分构成。通过师生合作，让学生在授课中动脑动手，充分参与到机器人的拼装、编程、调试和操作，从而完成相应的比赛任务。课程充满趣味性，能充分调动学生的积极性，有利于考查和检验学生们的创造能力、分析解决问题的能力和临场应变能力。

3.刻画美好，塑造未来——曙光中学雕塑教室

雕塑教室通过一系列高科技的教学设备的融入，让学生能更多维度地深入体验整个雕塑作品创作成型的过程。同时，电脑等多媒体设备的投入也能满足学生资料查阅、课题研究等需求，让雕塑创作能够有更多的成果

转化。曙光中学是区域雕塑特色学校、素质教育基地。担任学校雕塑（陶艺）课程授课的马彦龙老师是中国雕塑名家，在该领域有一定的研究成果和影响力，由他指导的作品曾多次获得全国雕塑金奖、银奖。在学校90周年建校纪念日上，马老师创作的反映创校先烈李主一烈士的雕塑作品"书生意气""枷锁"得到了广大师生、校友的一致好评。雕塑展示室的改建完善将进一步提高学校美育教育能力，学生可以在不断领略作品的内容和所展示的外形美，根据各种印象对作品作出综合性的审美评价。

4. 科技点亮未来，创意实现梦想——曙光中学"创客车间"

推进大众创业、万众创新，是发展的动力之源，也是富民之道、公平之计、强国之策，在这个背景下，我校的"创客车间"应运而生。教室分为加工区和学习交流区，加工区内配备了3D打印机、激光切割机和CNC加工设备，有专用的加工桌子和工具架，完全可以满足学生的造物需求；学习交流区宽敞明亮，配备了希沃屏、wifi和电脑，可以最大限度激发学生的创意火花。最新修订的普通高中信息技术课程标准中明确了数据与计算、信息系统与社会为必修课程。而人工智能初步、三维设计与创意、开源硬件项目设计则上升为选择性必修课程。在新的普通高中通用技术课程标准中则强调了要让学生"做中学"和"学中做"，提高学生解决问题的综合能力。基于此，创客车间课程包括三维设计、数字化加工、软件编程、智能硬件项目设计等内容。通过相关课程的学习，学生将会掌握相应的技术，更好地实现自己的创意，同时，我们的课程还会对接VEX机器人大赛、未来工程师大赛和创客新星大赛，为参赛的学生提供学习和训练的条件，以帮助他们在比赛中取得优异成绩。

5. 回顾峥嵘岁月，对话红色经典——曙光中学美术馆

美术馆是收集、保存、展览和研究美术作品的机构，集绘画、雕塑、工艺插画等作品于一体。我校开设的艺术课程始终秉承创校先烈李主一"布置洪炉铸少年"的办学理念，坚持以曙光品质铸优良品性、促和谐发展。从深度、广度两个方面拓宽学生的知识面，使学生生动活泼地学习，从而培养学生的创新精神和实践能力。通过艺术作品的创作与展示，学生可以尽情表达和弘扬中华美育精神，以美育人、以美化人、以美培人，把美育纳入学校人才培养全过程。为弘扬爱国主义精神，践行文化初心，彰显"红色精神培育"的办学特色，学校将创办"回顾峥嵘岁月 对话红色经典"红色经典艺术作品展。美术馆的作品以革命历史事件的时间轴为主线，分为"峥嵘岁月""同心筑梦""时代风华"三个板块，反映不同时期的经典片段场景。美术馆的完善，将进一步提高学校美育教育能力。学生可以不断领略作品的内容和所展示的形式美，并对作品作出综合性的审美评价。同时，开设的课程还会对接各类艺术作品比赛，为参赛的学生提供学习和练习的条件，以帮助他们在比赛中取得优异成绩。

三、活动育人——拓宽红色教育视角下行规养成的活动载体

校园活动是将学生的道德认知转为道德行为的重要途径之一。精心设计、组织开展主题明确、内容丰富、形式多样、吸引力强的活动，以鲜明正确的价值导向引导学生，以积极向上的力量激励学生，能有效促进学生形成良好的思想品德和行为习惯。我校借助红色文化资源，以各类活动为依托，全面统筹构建系统的"活动育人"工作体系，让学生在红色主题活动中受到道德浸润的同时，培养良好的行为习惯。

（一）红色主题活动目标定位：政治性和育人性相统一

清晰的目标定位是"活动育人"工作的前提。结合红色文化资源的特点和教育本质思考，主要从以下两个目标体现政治性和育人性的统一。

1.坚定理想信念塑造人格

青少年作为祖国的未来，要在坚定理想信念上下功夫，教育引导学生树立共产主义远大理想和中国特色社会主义共同理想，增强学生的中国特色社会主义道路自信、理论自信、制度自信、文化自信，立志肩负起民族复兴的时代重任。学校举办的活动是培养学生理想信念的最佳形式，活动

策划不应是为活动而活动，而应以培育人为准则，时刻思考如何通过活动引导学生树立并践行社会主义核心价值观，如何培养学生坚定中国特色社会主义理想。在活动中，帮助学生树立正确的人生观、世界观，提高他们明辨是非、真伪、美丑、善恶的能力，能激起学生爱家乡、爱祖国、爱生活的热情，更重要的是养成积极向上、团结互助、遵守纪律、关爱他人的品德。

2.促进人的全面自由发展

教育的本质追求是促进人的全面而自由的发展，也是学校育人工作的重要目标。重视公民的社会公德、职业道德和家庭美德的教育，强调用社会主义核心价值观以及中国传统优秀文化教育人、引导人、鼓舞人、塑造人，为人民群众的全面和自由发展营造出一个和谐的人文环境。根据中学生的学习与认知规律，精心组织开展丰富多彩的德育教育活动，深挖活动中的德育资源和活动背后的教育意义，以积极向上、鲜明正确的导向激励学生参与活动，于潜移默化中发展学生的道德认知和道德情感，于耳濡目染中培养学生的良好品德和行为习惯，为促进和实现人的全面自由发展营造良好的人文环境。

坚定理想信念塑造人格和促进学生全面而自由的发展两个目标定位是相辅相成的，两者结合有利于培养高质量的社会主义建设者和接班人。

（二）红色主题活动实施原则：服务性和自主性相统一

活动育人的实施应遵循服务学生发展和学生自主管理的原则，体现服务性和自主性相统一，以更好地实现"活动育人"的目标。

1.服务学生发展

学校在开展活动时应遵循服务学生长远发展的原则，立足学生发展实际，制定"活动育人"的发展目标，把红色精神融入校园活动中，促进学生形成良好的品格。学校应立足于对学生的分析调研，了解不同层次、不同类型学生发展的特点和需求，以服务学生，促进学生全面、持续性发展为宗旨，针对不同学生群体的特点设计多样化的活动，担任好学生的知心人和引路人，服务学生发展。

2.学生自主管理

红色活动的开展应充分发挥学生的主动性，在思想引领、立德树人目标指引下让学生进行自主管理。尽可能让更多学生参与活动的策划、组织与实施，让学生在自主策划、管理和实施活动的过程中体验合作交流、民主讨论，在表达自我和倾听他人意见中不断发展、提升自己，学会合作、学会沟通，这是学生实现全面而自由发展的重要环节。

（三）红色主题活动构成：丰富性和多元化相统一

红色主题活动是中学生行规养成教育的重要载体，学校在校园内打造洪炉德育节、洪炉智育节、洪炉体育节、洪炉美育节、洪炉劳动教育节等"洪炉五育校园节庆"活动。学生自主设计、自主组织、自主管理、广泛参与校园活动，以承继和培育红色精神为重要教育元素和载体，提升学生核心素养，实现学生德智体美劳全面发展。在德育节中，开展清明祭扫、爱心拍卖、采火仪式等活动，培养学生孝亲尊师、关爱他人、乐于奉献等优秀品质，明责任，有担当；在智育节中，开展读书分享、辩论赛、学科竞赛、科技周等活动，使校园内形成良好的学习氛围，培养学生的科学精神和创新思维，形成良好的学习习惯；在体育节中，开展足球联赛、趣味投篮、拔河等活动，为了提升学生身体素质、磨练坚韧不拔的顽强意志，学校举行冬季长跑达标活动，在校学生每年完成一次长跑，提供基础级（男生1.5公里、女生1公里）、进阶级（男生3公里、女生1.5公里）、挑战级（男生5公里、女生3公里）三类里程供学生选择，激励学生不断进行自我挑战、自我突破；在美育节中，学生通过传唱红歌、演绎红色故事、吟诵红色诗词等活动，深入了解革命先烈的英勇事迹和红色精神，感悟红色美，提升人内在的审美素养，提升人的境界，完善人的情感；在劳动教育节中，开展生存训练营、曙光小厨神、植树、志愿者服务等活动，增强学生的劳动意识与生活、生存自理能力，树立正确的劳动观念，养成良好的劳动习惯。

表3-2　洪炉五育校园节庆活动

校园节庆活动	内　容
洪炉德育节	爱心拍卖活动、造血干细胞捐献入库活动、清明祭扫活动、我心中的英雄征文活动、法制进校园活动等
洪炉智育节	校园读书活动、学科竞赛活动、"曙光杯"上海市高中生英语演讲邀请赛、校园科技周等
洪炉体育节	田径运动会、"曙光杯"校园足球联赛、"嘉能杯"校园篮球联赛、"鸿鹄杯"冬季长跑达标活动等
洪炉美育节	红色经典剧场、红歌合唱、红色经典诗词群诵、红色故事演讲大赛、红色书画展等
洪炉劳动教育节	生存训练营、曙光小厨神、学雷锋志愿服务等

附3-17　洪炉德育节——法治进校园

一、活动主题

模拟法庭

二、活动背景

《新时代公民道德建设实施纲要》中指出"坚持发挥社会主义法治的促进和保障作用，以法治承载道德理念、鲜明道德导向、弘扬美德义行，把社会主义道德要求体现到立法、执法、司法、守法之中，以法治的力量引导人们向上向善。"秉承创校先烈的遗志，厚植红色基因，将法治教育与现代公民素质培养有机整合。通过法治进校园活动，使学生真切地感受到法律的庄严和权威，增强法治意识。

三、活动目标

1.通过本次活动，使学生养成学法、知法、懂法、守法、用法的自觉行为，学会利用法律保护自己。

2.引导学生在自觉遵守公共道德规范，做文明小市民的同时，进一步培养学生关心他人，关心社会的良好道德品质。

3.培养学生法治意识和公共参与素养。

四、活动内容

在教师的指导下由学生扮演法官、律师、案件的当事人、其他诉讼参与人等，以司法审判中的法庭审判为参照，模拟审判某一案件的活动。通过理论学习与亲身参与，将所学到的法学理论知识、司法基本技能等综合运用于实践；通过分析和研究案例，模拟案件的处理，解释法律规定，掌握案情与法律之间的关系，了解、熟悉法学理论，活学活用，以达到理论和实践相统一。

五、活动分享

我很荣幸参加了此次模拟法庭的活动。本次的模拟法庭，我们以学生在校园内意外被实心球砸伤作为案例，撰述了校园人身伤害纠纷案审判的全过程。庄严肃穆的法庭现场，同学们的互相配合，使我仿佛置身于那场案件中，给我留下了深刻的印象。

此次模拟法庭的活动形象地向我们展示了法庭审理案件的全过程，宣传了法律知识，使我们学习到了法律法规，体验到了法律的公正，感悟到了法治精神。能够在高中时期就接触到这样有意义的课程，无疑是给那些对法律感兴趣的同学提供了一个良好的平台，也使我们能够更加充分地了解庭审的流程。

通过本次模拟法庭的活动，我懂得了在校园内我们要保护好自己的人身安全。同时，作为青少年的我们，也要培养良好的行为习惯，坚决抵制来自各方面的不良影响，树立正确的价值观。（2022届 金叶韵）

模拟法庭在数次排练中落下帷幕，收获颇丰。体验了一次模拟庭审后，才真切地体会到了法律的严谨与庄严。法庭上严肃庄重的氛围时刻提醒着我们要严格守法，做一个懂法、守法、尊法的人，做到将法律牢记在心且绝不违背。法庭中的虚拟事件"飞来实心球案"，也警醒了我们，作为一名即将成年的青年学生，要时刻将安全牢记在心，尊重规则制度，不可轻视学校的安排与规定，将人身安全放在首位。

在政治沈老师的课中，我也深刻体会到了生活中各种侧面的责任。作为学校的责任是管理好学生，保证学生的成长安全；作为学生要听从学校老师的安排，不得擅自行动。我们国家是一个有着较完备法律体系的法治国家，作为一名现代公民，我们一定要做到尊法守法。（2022届 张筱雅）

附3-18 洪炉德育节——"我心中的英雄"征文活动

一、活动主题

我心中的英雄

二、活动背景

《中小学德育工作指南》中指出"引导学生深入了解中国革命史、中国共产党史、改革开放史和社会主义发展史，继承革命传统，传承红色基因，深刻领会实现中华民族伟大复兴是中华民族近代以来最伟大的梦想，培养学生对党的政治认同、情感认同、价值认同，不断树立为共产主义远大理想和中国特色社会主义共同理想而奋斗的信念和信心。"为重温党的光辉历程，了解革命先辈的奉献精神，使学生更好地赓续红色血脉，启迪智慧、砥砺品格。

三、活动目标

为弘扬爱国精神，传承曙光文脉，培养爱国主义精神和奉献精神，明确自身责任，成长为具有深厚文化内涵的时代新人。

四、活动内容

面向高一到高三年级全体学生以"我心中的英雄"为主题征集稿件。稿件的文体不限、字数不限、题目自拟。用朴实的语言、动人的细节，记录你认为在中国革命史、中国共产党史、改革开放史和社会主义发展史中，弘扬爱国精神的英雄人物。

本次征文活动，以年级为单位，组织评选等第奖。各年级分别设立一等奖1名，二等奖3名，三等奖6名，优秀奖若干。获奖作品将刊登在《曙光报》上，并投稿至"学习强国"平台。

五、活动分享

我心中的英雄李主一

（2023届 谭晶丹）

我心中的英雄，是革命烈士李主一。李主一为中华民族的崛起奉献了一生。他的身上集中体现了中国共产党人的高风亮节，在奉贤人民心中竖起了一座不朽的丰碑。

刻有"死得其所"这四个大字的纪念碑，矗立在曙光中学的主一广场上。1928年，李主一烈士被反动派枪杀在龙华监狱。在牺牲前，他嘱咐探监的妻子，如果我死了，你不要哭泣，我为革命，死是光荣的。替我在曙光中学操场后面买一块地，把我葬在那里。坟墓旁立一块碑，碑上刻上"死得其所"四个字，这样我虽死犹生。

从"修身齐家治国平天下"到"天下兴亡，匹夫有责"，我们中国历来有为国家甘愿抛头颅洒热血的革命志士，他们总是肩扛重担，走在革命的前沿。李主一延续了这种精神血脉："头可断，血可流，面对强敌不低头，献出生命也甘心。革命的气节冲云天。"如此气势磅礴，深入人心。他对党和国家的忠诚，对中华民族的坚定信念，是一种英雄大爱。

每当步入校园，看到高高矗立的纪念碑，我总是不自禁地被感动，并心生慷慨豪情。那深入骨髓的家国情怀，如一条绵绵不息的情感河流，曾经流淌在李主一烈士的心头，而后始终氤氲在曙光中学的校园中，支撑起红色高中不弯的脊梁。

没有共产党就没有今天的强大中国，没有先烈苦苦寻真理，哪有今天的生活甜如蜜？没有革命英雄李主一，怎会有今天的红色曙光？

一代代曙光人，秉持"沐曙光，循大道"的校训，九秩华诞，承载着曙光人的光荣与梦想，响彻着共青团员铿锵有力的誓言，时刻准备着为共产主义事业而奋斗，这是无数如李主一等革命先烈组成的红色纽带，一代代的编织下去，继承先烈未酬志，布置洪炉铸少年。

人民有信仰，民族有希望，国家有力量。英雄只是个统称，可能是战死沙场的无名小卒，也可能是统领大局的时代伟人，他们都是英雄，是人民的英雄。我们新一代青年，生活在最好的时代，沐浴在阳光之下，处处响着和平鸽的叫声，我们的一切都是革命英雄用鲜血换来的，他们用自己的身躯给我们后辈铺路，我们就要担起重任，创造更美好的未来。

哪有什么世界和平，只不过是祖国强大。祖国能日渐强大，正是因为有李主一这样为国捐躯的英雄们，为我们拼下了这大好天地。回首英雄谱写的历史，再看如今的繁华盛世，我心潮澎湃，暗自许下豪言壮语：英雄一直都在，精神永存心间，祖国越加昌盛！

他为曙光中学带来曙光

（2024届 张语涵）

山河瑰丽，旧梦依稀。回溯中国漫漫历史长河，一个个可歌可泣的故事浮现在我们心中，也永远镌刻在我们心中，而有这么一个人，让我难忘，他就是革命英雄——徐宗骏。

作为奉贤早期的中共党员之一，在曙光中学创办后，李主一聘请徐宗骏为校长，以期通过教育事业扩大革命影响，让更多青年人参加革命，保卫祖国。

他，认真且负责。在担任校长期间，徐宗骏对曙光中学教学工作十分重视，为了维持学校经费，他从自家店铺和家庭积蓄中拿出钱来救济。在教学中重视理论与实践相结合，发展了一批共产党员和共青团员。他用自己的巨大付出换来了这片土地的一片光明。如今作为曙光中学的一名学生，踏足于这片充满热血的土地，我感慨万千，他，就是英雄，为现在的我们铺好了一条充满光明的路。

他，正直且爱国。在日军侵占上海期间，面对被逼迫担任伪职，他坚定拒绝，即便失业，即便没钱生活，也毫不动摇。这种坚贞不屈的民族气节让人敬佩。处于青春时期，正热血的我们，也应向徐宗骏先生学习，有着一颗爱国之心，为人处世正直大方，读书的年龄就好好读书，不应被外界不良风气所影响，未来为社会、为国家做出贡献。

他，兢兢业业，一丝不苟。每次上课从不迟到，不请假。在妻子不幸因病去世的时候，他忍着悲痛，戴上黑纱继续上课，不动声色。徐宗骏先生毕生从事教育事业，他以他的平凡劳动为教书育人做出贡献。在他的带动与影响下，如今的很多教师也有着他这种可贵的精神，这正是榜样的力量。

"经历了多少负重前行，今夜光芒照亮天空。"徐宗骏先生，您看，如今国泰民安，我们生在国旗下，长在春风里。英雄谱写的历史，我们铭记于心；满腔的热血，我们永远怀念。我将以青春之韶华，以梦为马，带着一腔热血，带着希望与爱，循着英雄的脚步，发扬英雄的精神，铸就新的篇章。

附3-19 洪炉德育节——爱心拍卖

一、活动主题

博爱曙光 爱心传递

二、活动背景

《中小学德育工作指南》中指出"要精心设计、组织开展主题明确、内容丰富、形式多样、吸引力强的教育活动，以鲜明正确的价值导向引导学生，以积极向上的力量激励学生，促进学生形成良好的思想品德和行为习惯""利用学雷锋纪念日、中国共产党建党纪念日、中国人民解放军建军纪念日、七七抗战纪念日、九三抗战胜利纪念日、九一八纪念日、烈士纪念日、国家公祭日等重要纪念日，设计开展相关主题教育活动。"学雷锋、"三八"妇女节、三月十二植树节，在这个充满爱的三月里，为唤起全校师生的奉献精神，校团委与学生会向广大师生号召，开展曙光中学爱心拍卖会。

三、活动目标

利用学雷锋纪念日，通过爱心拍卖活动募集善款，将善款送到贫困山区的孩子手中，帮助他们顺利完成学业。学生通过参与或组织策划爱心拍卖会，将奉献精神内化于心、外化于行，成长为具备社会服务意识、主动关注弱势群体、关注社会民生发展的时代新人。

四、活动内容

1.参与人员。各班级代表1人（代表班级参加拍卖），个人代表1人。

2.活动流程。

拍卖前：工作人员提前15分钟到场。签发竞价号牌：每个班级派代表来拿班级竞价牌。拍卖物品整理：按照拍卖顺序放好。

拍卖中：拍卖物品竞价登记，时刻记录好竞拍成功情况。

拍卖后：上交表格，拍卖物品放到团委活动室，交割的时候拿到政教处。

3.拍卖规则。

（1）各班竞买人领取竞价号牌，进入拍卖会场，即表明已完全了解情况，并愿承担相关责任，本次竞拍学生以班级名义举牌，教师以党小组名义竞拍。请在报价之前，先报自己的竞拍代表班级号或党小组名称。

（2）在展出商品进行介绍时不得举牌或喊价，应在拍卖师宣布"竞拍开始"之后开始拍卖，每次竞买举牌应在拍卖师宣布上一轮竞价之后进行。

（3）拍卖师报价后，竞买者即可举牌应价，举牌同时，也可以口头按规定加价幅度的整数倍报价，一经应价，不得撤回，当有其他竞买人有更高应价时，则上一应价即丧失购买力。

（4）竞买人报出最高应价不低于底价时，拍卖师将最后应价重复三次报价，如再无人加价，便落槌确认按最后（最高）应价成交。

附3-20 洪炉德育节——造血干细胞捐献活动

一、活动主题

凝聚人道力量　共建生命银行

二、活动背景

为纪念第74个世界红十字日，凝聚更多的人道力量参与红十字事业，帮助血液病患者特别是白血病患者重新点燃生命之火。造血干细胞捐献工作不仅是一项为了生命的希望工程，也是传播人间大爱的崇高事业。为积极践行社会主义核心价值观，增强社会责任意识，传递文明新风尚，越来越多的青年人投身造血干细胞捐献志愿者队伍。

三、活动目标

通过造血干细胞捐献宣传活动，宣传"人道、博爱、奉献"的红十字精神，倡导青年学生热心公益事业，鼓励高中毕业生加入中华骨髓库造血干细胞捐献志愿者，把弘扬红十字精神与加强学校的精神文明建设和青少年思想道德建设有机的结合起来，让学生担负起公民的责任，用实际行动展现、传播志愿服务精神。

四、活动内容

1. 在升旗仪式上，邀请曙光中学1997届校友夏旭亮（奉贤区第16例、上海市第383例成功捐献者）介绍捐献造血干细胞的过程和感想。

2. 奉贤区红十字会工作人员宣传造血干细胞捐献的知识、采样的流程步骤、入库志愿书签名。

3. 设立固定宣传点，摆出宣传海报，提供咨询服务（对前来咨询的同学、老师进行讲解，对报名的同学进行登记并告知捐献条件、主要事项及捐献时间、地点等）。

4. 高三毕业典礼后，造血干细胞捐献者集体采样入库。

五、活动分享

国旗下的演讲

（1997届 夏旭亮）

各位老师、同学们：

大家早上好！

首先非常高兴时隔那么多年重回母校，我是24年前从曙光这座烘炉走出来的少年。其实也没隔很远，近几年我几乎每年都会来母校参观学习。

前两天，也就是5月8日是第74个世界红十字日，每年这个时候红十字会都会开展造血干细胞集中入库的行动，这个库指的是中华骨髓库。一旦入库志愿者与白血病患者血样高度匹配就有机会进行造血干细胞的捐献移植，以前也叫骨髓移植，去挽救白血病患者的生命。

因为我恰好是一名造血干细胞的捐献者，所以我们孙副校长就联系我说让我来和同学们一起聊聊，让大家都了解下，就当是一次科普宣传吧。

我是2015年5月8日那天区红十字会开展活动集中入库的志愿者，那天一开始还是有点忐忑的，因为听说入库要抽骨髓，把很粗的针头扎到你的骨头里面抽取骨髓做样本，会很疼。但其实根本不是这么回事，只是像体检一样在我们手臂上抽一点点血样就可以了，据了解现在还有更先进的，用口腔试纸提取一点口腔粘液也可以，不过精确度不是最高，所以普遍采用的还是抽取血样。

一年多后，2016年10月某一天，我突然接到了一个陌生号码，自称是上海市红十字会的，告知我的样本初配成功，问我是否愿意接受进一步的体检和高分辨化验，并问我如果匹配成功是否愿意捐献，让我和家人商量下。我当时只是感觉到激动，什么也没考虑便答应了下来。当然作为一名曙光人，我还是有很高的智商的，平复了心情后，我特意百度查了打给我的这个电话号码，确认是市红会的号码，不是诈骗电话。

后来便是一系列的体检、提取血样做高分辨的化验，结论是我和一名小女孩患者100%完全匹配，是所有匹配类型中最完美的，经过一系列的手续后，我于2017年6月8日住进了医院，打了促进造血干细胞生长的动员剂，被医生告知我这几天是"国宝"，要记得保护好自己，尽量不要外出。于是，接下去的几天，我连医院的楼都没下，度过了人生最无聊的几天。6月12日开始捐献，捐献过程虽然不疼，但是机器一开根本停不下来，五个多小时躺在床上不允许动弹，机器把我的血从左手抽出，通过机器把造血干细胞提取出来，剩下的通过右手输回给我。由于这名女孩长期使用激素药，体重比较大，一次的捐献量不足以保证患者康复，所以我第二天又捐献了一次，两天一共提取了331ml，是足以确保一名成人康复的量。

捐献至今，出于保护政策，我不知道那位小女孩现在怎样了，但我相信她一定已经康复了。捐献对我自己身体没有任何影响，我们曙光学子中目前高三和高一有不少是我当时在华亭的学生，应该也能看出来夏老师这几年没啥变化。

今天呢和大家一起分享我的捐献经历，主要是希望通过宣传，能够有更多的人加入到中华骨髓库，奉献自己的一份爱心。其实随着近几年志愿者人数激增，加上全球数据共享，匹配成功、捐献成功的案例也越来越多。我的代号是16-383，因为我是奉贤区第16例、上海市第383例成功捐献者，2020年8月上海师范大学的一名学生完成上海第500例，全国第10001例捐献，奉贤区近4年新增的捐献人数就和前几十年的总捐献人数持平了。当然，由于人口基数大，患病人数也越来越多，目前中华骨髓库的入库数量还很不够，因为真正能够匹配成功的是极少的，只有更多的人加入，才能让更多的患者得以重生。

所以希望当我们年满18周岁后，等我们高三毕业后，能够有越来越多的志愿者加入，奉献自己的爱心，让我们的社会更加和谐、美好。

"00后"学子为救父捐骨髓：换爸爸一条命 怎么都是值

（广州日报）

这个寒冷的冬天，在曙光中学校园里有这样一位普通的中学生，用生命的温度感染着身边每一位学子。00后曙光中学高一学生沈皓为了救父亲，毅然捐献自己的造血干细胞。在这场生命的接力中，书写着冬日里最温暖的亲情，成为孝道、博爱、奉献的践行者。这位奉贤区首位捐献造血干细胞的学子，赢得了奉贤区"最美中学生"的称号。临近春节，他最大的心愿就是，一家人健康、平安。

小男子汉肩挑家庭重担

沈皓原本有个幸福美满的家庭，勤劳的父亲、贤惠的母亲，虽然生活并不富裕，日子过得平平淡淡，但一家人其乐融融。

天有不测风云。2016年年底，父亲断断续续开始发烧。起初，全家人并没在意，但后来父亲高烧不退。看着日渐消瘦的爸爸，他和母亲充满了担忧，在他和母亲一再坚持下，父亲去医院就诊。在一系列检查后，被确诊为急性髓系白血病M2a。这犹如晴天霹雳，打破了一家原本宁静美好的生活。

沈皓难以置信，一向健康的爸爸怎么会得这种病？在爸爸生病的日子里，无疑给这个普通工薪家庭带来了巨大压力。妈妈坚强地扛起了家里的重担，每天往返于医院和家里。"爸爸病倒了，我必须坚强起来，作为家中的男子汉，要尽可能帮妈妈多分担各种琐事。"学习之余，他尽自己所能，帮着妈妈打理各种力所能及的家务。从厨房杂活，到打扫房间、拖地等各类家务，沈皓让妈妈没有后顾之忧，全身心去照顾爸爸。

一次次的化疗后，爸爸的头发早已掉光，身上也多了各种大大小小、深深浅浅的针孔。病痛中的他，早已没有了生病前的健康和活力。看着他日渐憔悴，一家人心疼，但又无能为力。

为爸爸捐献造血干细胞

一次化疗后，医生建议进行造血干细胞移植，因为如果不及时移植，可能随时都有生命危险。没有丝毫犹豫，沈皓决定为爸爸捐献造血干细胞。很幸运，配对成功了！去年5月下旬，他动身前往长海医院血液科，为捐献造血干细胞提前做好准备。经过4天打针和一系列检查无误后，他盼着能为爸爸早点减去痛苦。

"一开始内心也有点害怕，针管看上去挺粗，但只要想到自己的造血干细胞能让爸爸好起来，换回爸爸一条命，怎么都是值得的。"沈皓说。

从体内抽取并分离造血干细胞的过程是漫长的，需要把身体中的血液先抽出来，再经过机器分离提取造血干细胞，把分离过的血液重新输回体内……每当他脑海里不自觉地浮现起在隔离病房里的爸爸，每每想到爸爸的眼神，以及被病痛折磨的痛苦，相比之下，自己这点苦又算什么？只要一想到爸爸将能好转、康复，他就咬紧牙关。

连续2天、长达10个多小时漫长的血液分离提取过程中，先后共提取了400多毫升的造血干细胞。所幸，他的努力没有白费。移植后，爸爸除了正常排异现象外，其他状况都很稳定，脸上的愁容逐渐减少，病痛渐渐减轻，一切都朝着好的方向发展。

沈皓说，自己只是一个普通人。小时候，爸爸在外打拼，用大手为家庭遮风挡雨；长大后，他能够和爸爸配对成功，用自己的造血干细胞延续父亲的生命，是应尽的责任。

感恩社会，回报他人

屋漏偏逢连夜雨。造血干细胞移植很顺利，不巧的是，沈皓发现自己的左腹股沟处长了一个类似肿瘤的东西，医生建议马上手术。这可吓坏了妈妈。这时，乐观的他反过来开导妈妈，所幸诊断为孤立性纤维性肿瘤，再次手术。

因为落下了太多功课，本该休息半年的他，于去年9月坚持重返校园继续学业，他选择重新投入高一学习。学校不仅为他申请了助学金，老师、同学嘘寒问暖、补习答疑，给予他学业和生活上的帮助，让他倍添温暖。他也暗下决心，在今后的学习生活中，一定要更加刻苦努力，感恩同学、老师和社会，让这个家过得更好。

虽然他的性格有些腼腆，但每当同学和周围人需要帮助时，他总会第一时间伸出援手，课外时间还参加了很多志愿者服务活动，比如为老人送温暖等。在帮助别人的过程中，他收获了快乐和友谊，还荣获了曙光中学"阳光之星"。

如今，每两周爸爸总会去医院复查验血。沈皓相信，天道酬勤，依靠自己的勤奋，一定能收获属于自己的灿烂明天。有朝一日，踏上社会，为他人送去温暖，尽力回报社会。

附3-21 洪炉智育节——校园读书活动

一、活动主题

阅读红色经典，创建书香校园

二、活动背景

适逢新中国成立70周年，为了让学生通过阅读体验和感受新中国70

年来的发展与强大，中华民族的魅力与伟大，在卷帙浩繁的书海中回首祖国的成长路途，传递新一代的中国声音。以党的十九届三中全会和习近平总书记系列重要讲话精神为指导，根据《中小学综合实践活动课程指导纲要》，推出以"阅读红色经典，创建书香校园"为主题，以丰富多彩的读书活动为载体的读书活动，旨在激发师生读书热情，营造书香氛围，让师生爱读书、会读书、读好书，培养爱书、读书、用书的好习惯。

三、活动目标

读万卷书，行万里路，对高中学生来说，既是知识增长的重要途径，亦是精神成长的必由之路。本届读书节将以"阅读红色经典，创建书香校园"为主题，结合学校红色精神培育特色课程开展，通过向全校师生推荐阅读书目、组织征文比赛、好书推荐等活动，引导学生博览群书，培养学生"爱读书、读好书"的良好习惯，让学生在阅读中放飞理想、感悟历史、体验社会、了解科学、拓展思维、憧憬未来。

四、活动内容

1.书目推荐比赛。赛题"我所喜爱的一本书"，推荐文稿要求如下：

书目简介200字以内，书评500字以内，推荐理由100字以内。

2.读书征文比赛。读书征文的撰写要求如下：

（1）题目自拟，文体不限（诗歌除外），篇幅在1500字以内。

（2）主题鲜明，内容充实，有思想情趣，充分展示自己对学校红色精神培育特色的思考。（推荐书目见下表）

（3）组委会选出30篇优秀作品，参与一、二、三等奖评选。

（4）参赛作品必须原创，不得抄袭，从未发表，且文责自负。

附推荐书籍：《毛泽东诗词选》、《长征》（王树增，长篇纪实小说）、《西行漫记》（埃德加·斯诺，纪实报道）、《狱中书简》（波兰）（罗莎·卢森堡）、《红岩》（罗广斌、杨益言，长篇小说）、《革命领袖故居》（刘国辉）、《雷锋的故事》（陈广生）、《青春之歌》（杨沫）、《平凡的世界》（路遥）、《西北行》（杨海明）、《钢铁是怎样炼成的》（奥斯特洛夫斯基）、《塞上行》（范长江）。

五、活动分享

那平凡中的非凡——《平凡的世界》简评

（2020届 孙沫君）

浩瀚书海，好的书籍不胜枚举，但要论能深深打动一个人的心，能震撼一个人的精神世界的，便少得多了。于我而言，《平凡的世界》就是称得上是"动我心弦"的非凡巨作了。

我以为，《平凡的世界》是路遥用血汗去写的，用心去写的，用生命去写的。路遥以书为媒介，勾勒了一个那个年代的中国社会。他以一个叙述者的视角深刻而又客观地描绘了当时国人的生活，国人的习性，国人的精神、品质。他的文字是朴实的，但亦入木三分，我能在他的字里行间中看到他对社会的思考，对人性的思考；我能在他的字里行间中看到他对一个时代人们的追求的反思；我能在他的字里行间读出一种平凡的非凡……

了解一部书，当去了解书的作者是如何写这本书的，而我在去了解的过程中，更感受了路遥笔中那一股子非凡气。

路遥完成这部堪称史诗级的著作，用了无数个日日夜夜，在创作的过程中，他已不再是"日出而作，日落而息"。为了保证自己灵感的保留，为了使自己有一个更宁静的写作环境，他常常在人们睡梦时，伏案疾书。在无数个夜晚，月留下一抹银钩，斜斜地挂在天空的一角，在如水的微光下，一个人影伏坐在案旁，指间升起的轻烟是他思考的具象，油灯里闪烁的火光使他的背影忽明忽暗。这是多么渺小，无闻的躯体啊，但他体内，他笔下奔腾着的力量又是多么的伟大！路遥这样呕心沥血的写作精神，我们或许难以企及，但我们不应在这其中学习些什么，体悟些什么吗？

《平凡的世界》的内容大而不杂，多而不乱，这不仅仅是他写作水平的体现，其中更有他付诸的汗水。路遥为了将《平凡的世界》写得真，他搜集了数十年报纸和相关期刊，他所写的都一一多次求证核实过。路遥翻阅这些参考时，手指翻破翻烂了，这是怎样的一种求实求真的精神啊。他正印证了"实事求是"这一成语。路遥写孙少平，为了写得更真，他亲自下井挖煤，做了一段时间的煤矿工人，正是他切身体验到了这样的日子，他笔下的文字在我们看来才那样的亲切，他的所作所为正合了一句"纸上得来终觉浅，绝知此事要躬行"。

未读这本书，仅是了解了这书的创作历程，《平凡的世界》已得到了我发自内心的认可与崇敬。更莫提我再三品读书后，那一个个栩栩如生的人物形象和引人深思的人物品质对我的触动之大了。

作者笔下的孙少平是最令人触动的，少平身上的自尊心，少平身上的奋斗劲，感染了这个世界上数以亿计的读者的心。路遥塑造的少平，从一开始因自己的出身而游离于同龄人的圈子外，再到渐渐地融入，直至最后完全融合，成为一个小小的领导人物。诚然，少平并不是一个一出场就完美的角色，但我更多地看到了少平的进化的历程。我常反思，我们是不是应该从孙少平身上学习些什么？

田福军作为一个官，他身上的奉献精神，也是我们这个时代的人应具备的。田福军在他的岗位上，无论是左迁还是右迁，不惧流言与蜚语，他只做一个坚持自己的人，"不以物喜，不以己悲"，他不会因为自己的遭遇与得失而改变自己的工作态度，"居庙堂之高，则忧其民，处江湖之远，则忧其君"，田福军不会因自己的处境而改变他对人民的热爱与敬责，不变的是奉献的心。为官如是，为人又何尝不是如此。正如2018上海高考卷的作文题，在这个社会上，我不应只顾做一个"需要"的人，也要做一个"被需要"的人啊。

我还在孙少安身上学到了踏实的做事原则；我还在田晓霞身上悟到了一种青年人所应有的活跃与激情；我还为田润生能勇敢追求自己的爱情而感动……《平凡的世界》这部书塑造的人物经典而形象，平易近人而引人深思。

路遥的《平凡的世界》真正是愈研愈深，它深深地影响了我，每读一次，我都能察觉到来自灵魂的升华。《平凡的世界》这部矛盾文学类皇冠上的明珠，这部激励亿万读者的不朽的经典，正是浩渺书烟中扣动了我心弦的那一册。我想，贾平凹的那一句话说得对，"他的文学，就像火一样燃出炙热的灿烂的光焰"。

读《红岩》有感

（2021届 项智鹏）

历史是一条漫漫长河，数不胜数的故事在里面沉淀。许多事可以被它冲淡，但有许事是无论如何也无法被洗刷掉的，就像那令人刻骨铭心的解放战争，而《红岩》就像一个传录者，将一切记录了下来。

故事发生在重庆解放前夕，人民解放军摧枯拉朽的胜利进军和反动派的垂死挣扎，是这一时期的特点。它的基本情节以"中美合作所"集中营内的敌我斗争为中心，交错地展开了我地下党领导的城市地下斗争、学生运动、工人运动、狱中斗争以及华蓥山区的武装斗争，集中描写了革命者为迎接解放、挫败敌人的垂死挣扎而进行的最后决战。

这一幕幕在红岩的描绘下变得栩栩如生，仿佛可以让我看得见、摸得着。在我阅读的时候我会因为他们行动的成功而感到开心，为他们高昂的情绪所感染，为他们的牺牲而惋惜。随着我对他们的特点与身份越来越熟悉，我对他们的感情也在发生着微妙的变化。而许云峰将要被特务匪徒处以私刑的那段描写："死亡，对于一个革命者，是多么无用的威胁。"深深地刻在我心中，我想这是所有革命者的写照，这使我意识到他们内心崇高的品格，人固有一死，或轻于鸿毛，或重于泰山。而在我心中如果没有他们，今天的幸福生活便不会到来。《红岩》这部伟大的纪实小说，证明了革命先烈们的大义凛然，也证实了中华民族那宁死不屈和钢铁般的意志。面对敌人的残暴酷刑，革命先烈们宁死不屈，甘为祖国洒下一腔热血而去，他们就是党的红星，在残酷危险的解放战争下，他们一心为党，灵活机动地与国民党周旋。可因为叛徒的出卖，他们相继入狱，但他们忠贞的革命信念丝毫未变，江姐、许云峰、成岗、齐晓轩、刘思杨……他们用鲜血染红了党的旗帜。他们舍生取义，为国家死，为民族亡！

这就是红岩带给我们的精神，是力量，是传承，是中国历史上的里程碑，它为我们带来了精神的食粮，它填饱了学者饥饿的味蕾，让人在其中会得到升华，让我们的思想醒悟，它为我们带来了前进的力量；让现在的人们领悟了过去的艰辛与艰难，能更加拼命为社会做出贡献，珍惜现在的时代，让现在的人们传承过去的精神。我要感谢《红岩》，它为我树立了榜样，它使我对人生价值有了崭新的理解，将促使我成为一个英勇坚强的人！

民族辉煌　培育栋梁——《苦难辉煌》读后有感

（上海市奉贤区曙光中学 沈琼）

读《苦难辉煌》，就是在读中国的苦难史，读中国的辉煌历史。我们触摸的是厚重的中国历史，思考的是中国的未来。

苦难之后是辉煌，不经历苦难，哪里来辉煌？金一南先生的这部《苦难辉煌》是一本用战略思维、战略意识点评历史的书，是第一本可以作为大散文欣赏的历史图书。它向我们再现了一幅20世纪二三十年代中国革命历经磨难挫折走向辉煌胜利的历史全景画，读后颇有感触。

给我印象最深的是，毛主席对长征的一番评价："讲到长征，请问有什么意义呢？我们说，长征是历史记录上的第一次，长征是宣言书，长征是宣传队，长征是播种机。自从盘古开天地，三皇五帝到如今，历史上有过我们这样的长征吗？……。总而言之，长征是以我们的胜利敌人失败的结果而告终。"毛主席的大无畏精神，伟人已逝去，回音壁上的轰隆声，仍然如雷贯耳。

金一南说："先有真人，后有真理。一种强烈的责任感，使我一定要写出这批真人。他们不爱财，不为官，不怕死，就为这个事业，为心中的主义。今天一些人可能觉得事业和主义已经没有多少吸引力了，但当年的共产党人为了心中的主义，始终抱有不变的信仰，所以我特别想写这批真人。他们之中，很多人没有看到胜利这一天，没有机会评功评奖，授衔授勋，也没有机会返回家乡光宗耀祖。但这批人是我们这个军队、这个党、这个国家真正的脊梁。"

站在历史的制高点上，昔日的战场已硝烟散尽，一个伟大时代的宏伟画卷正在我们面前徐徐展开。历史是相对的，辩证的。过去相对现在是历史，现在相对未来是历史。我们作为后来人，正在续写着历史，必须接过先辈们的接力棒，跑好属于自己的一程，做好历史的传承者、创造者。努力成为新时期的民族脊梁。

作为新时代的党员教师，我深深知道：很多工作有他的功利性，唯独教师这个行业没有。很多行业、事业可以失败，教育不行。我们的学生就是社会的未来，我们作为教育者是为未来工作着，与未来同行——每个孩子的未来，众多家庭的未来，我们国家的未来，一个民族的未来，一个民族的辉煌的蓝图要靠这些学生来绘制。

作为新时代的党员教师，我们首先要成为民族的脊梁，然后在工作中要努力培养民族栋梁之材。

然而成长在电脑时代"九〇后"，他们对于中国共产党走过的苦难辉煌，可谓知之甚少。对于书中提及的坚定的共产主义的理想信念，实事求是的思想路线和艰苦奋斗的革命作风的理解，更多的是流于表面。如何让学生真正理解这些，如何教育他们肩负起历史使命，把中国带向另一个辉煌，是作为当代教师最重要的职责。我想，作为一名党员教师，最重要的是拥有乐观向上的精神状态和积极饱满的工作热情，这样可以从正面感染、教育和激励学生。

《苦难辉煌》一书中引了周恩来总理年轻时的一段话，让我感受颇深："欲筹一生之计划，舍求学其无从。然学而不勤，则又何贵乎学。是故求学贵勤，勤则一生之计定矣。人人能勤，则一国之事定矣。"我们每一个老师都用自身的"勤"去带动身边的学生，何愁我们的祖国不辉煌呢？

有人把精神力量的来源归之于苦难和胜利。苦难砥砺意志，胜利催人奋进。中国共产党人作为中华民族的脊梁，在革命战争年代用一个个感天地、泣鬼神的故事所凝结成的井冈山精神和长征精神，不正是激励一代又一代共产党人勇往直前的精神动力吗？在教育发展的今天，我们更加需要重温党的革命历史，培养民族栋梁，继续让党的事业永葆辉煌的精神力量！

附3-22　洪炉智育节——"曙光杯"上海市高中生英语演讲邀请赛

（第一届）

一、活动主题

喜迎建国70周年·同心共筑中国梦

二、活动背景

2019年是新中国成立70周年,是决胜全面建成小康社会第一个百年奋斗目标的关键之年。为了庆祝中华人民共和国成立70周年，大力弘扬以爱国主义为核心的民族精神和以改革创新为核心的时代精神,特举办"喜迎建国70周年·同心共筑中国梦" 上海高中生英语演讲邀请赛。

三、活动目标

教育和引导学生热爱中国共产党、热爱祖国、热爱人民，拥护中国特色社会主义道路，弘扬民族精神，增强民族自尊心、自信心和自豪感，增强公民意识、社会责任感和民主法治观念，学习运用马克思主义基本观点和方法观察问题、分析问题和解决问题，学会正确选择人生发展道路的相关知识，具备自主、自立、自强的态度和能力，初步形成正确的世界观、人生观和价值观。

四、活动内容

以"喜迎建国70周年·同心共筑中国梦"为主题，聚焦经济发展、科技创新、文化传承、环境保护等新中国成立70周年以来所取得的成就等，自选内容，自拟题目。

（第二届）

一、活动主题

盛世当下　使命在肩——中国少年说

二、活动背景

2020年10月，当前疫情防控阻击战我国已取得阶段性的胜利，为更好讲述中国抗疫故事，凝聚共抗疫情的磅礴力量，激发学生的爱国情感和使命担当。特举办"盛世当下 使命在肩——中国少年说"上海高中生英语演讲邀请赛。

三、活动目标

为全面贯彻落实习近平新时代中国特色主义思想，培养青少年家国情怀，增强社会责任感，并引导青少年将构建人类共同体理念同实际行动联系起来，既要放眼全球，关注世界的发展，关注人类的命运，又要心系祖国，在实现中国梦的生动实践中放飞青春梦想，在为人民利益的不懈奋斗中书写人生华章。

四、活动内容

围绕在抗击疫情中中国所展现的中国智慧、中国担当、中国速度、中国行动、中国关爱等方面，多层次、多角度讲述共抗疫情的中国故事，聚焦体制优势、英雄人物、科技创新、基础建设、公共卫生、对外援助等，自选内容，题目自拟。

（第三届）

一、活动主题

奋斗百年路 不忘初心梦——中国少年说

二、活动背景

2021年是中国共产党建党100周年，百年征程波澜壮阔，百年初心历久弥坚。为走进历史深处，生动讲述百年大党的梦想与追求，突出展示十八大以来党领导人民推进伟大斗争、伟大工程、伟大事业、伟大梦想取得的历史成就，特举办"奋斗百年路 不忘初心梦——中国少年说"第三届上海高中生英语演讲邀请赛。

三、活动目标

为庆祝中国共产党建党100周年，全面贯彻落实习近平新时代中国特色主义思想，培养青少年家国情怀，增强社会责任感，引导青少年将构建人类共同体理念同实际行动联系起来，心系祖国，坚定拥护党的领导，在实现中国梦的生动实践中放飞青春梦想，在为人民利益的不懈奋斗中书写人生华章。

四、活动内容

第一类：中国共产党建党以来所涌现的英雄人物、英雄故事、优秀共产党员的奋斗故事。

第二类：十八大以来在中国共产党领导下，中国在国际国内所展现的中国智慧、中国担当、中国方案、中国行动等，多层次、多角度讲述中国共产党全心全意为人民服务，为实现民族复兴不忘初心的奋斗故事。聚焦体制优势、科技创新、基础建设、公共卫生、对外援助等，自选内容，题目自拟。

附3-23 洪炉智育节——校园科技创新比赛

一、活动主题

体验科技快乐　弘扬创新精神

二、活动背景

《中小学德育工作指南》中指出"要精心设计、组织开展主题明确、内容丰富、形式多样、吸引力强的教育活动，以鲜明正确的价值导向引导学生，以积极向上的力量激励学生，加强对学生科学精神、科学方法、科学态度、科学探究能力和逻辑思维能力的培养，促进学生树立勇于创新、求真求实的思想品质。"《新时代爱国主义教育实施纲要》中指出"加强以爱国主义为核心的民族精神和以改革创新为核心的时代精神教育"。

三、活动目标

通过开展科技活动和营造科技氛围，向学生普及科学知识，传播科学思想，弘扬科学精神，让学生了解科学、热爱科学，激发对科学的兴趣。通过搭建平台让学生积极参与科技活动，从而培养学生的创新精神和实践能力，成为社会主义建设者和接班人。

四、活动内容

（一）轻量座椅

运用吸管、热胶枪等材料按照要求设计一款可以承受一定重量的小椅子。

1.由赛场统一提供吸管及卡纸材料，不得用自带的材料。粘合剂仅能使用热胶。现场提供220V电源，相关工具和充电式热胶枪。制作时间40分钟。制作时请务必戴上防护眼镜，并注意安全。

2.制作规格：制作一个长宽高不大于15cm的桌子，桌腿数量不限，椅面中心下方8cm×8cm×10cm的长方体区域内不可有支撑。卡纸仅可用于制作桌面，桌面中心需用颜色明显的线条或色块标出作为测试所用的承重区域（4cm×4cm的正方形）。桌子重量不超过30g。

3.制作结束后，贴上标签，写上参赛编号和学校名，裁判验收后存放在指定地点，并按顺序进行承重测试。

4.承重测试方式与座椅相同。测试时压力仪与座椅结构接触的平板与方桌中心承重区域对齐。

5.承重测试分＝结构承受的有效重量（Kg）÷结构的重量（g）＝（   ）

（二）纸绳拖重

1.比赛任务：

用一张报纸制作一根纸绳，拖动尽量重的物体。

2.比赛规则：

（1）带好事先做好的纸绳，2人共同协作完成比赛任务。（2）把纸绳的一端连接到拖板绳环上，拉直后的另一端放到起始线外。（3）一人站在起始线外用双手拿着纸绳的一端（双手不能超过起始线），另一人向拖板上加杠铃片（至少一块杠铃片），然后用纸绳拉动拖板。在拖拉过程中，拉拖板参赛者手中的纸绳始终要保持1.5米长（即双手握绳处与拖板的距离）。（4）每拉动拖板25厘米，压着了加重线就必须增加杠铃片，所加的杠铃片重量不限。（5）纸绳断裂或拖板已被拉过起始线则比赛结束。

3.计分方法：

（1）如拖板拉过起始线，比赛成绩为拖板上杠铃片的重量×1.5米。（2）如拖拉过程中纸绳断裂，比赛成绩为拖板上杠铃片的重量×拖板拉过的加重线距离。（3）比赛结束，裁判将对纸绳（包括断裂纸绳）进行检查，如纸绳不符合要求，则成绩为0分。

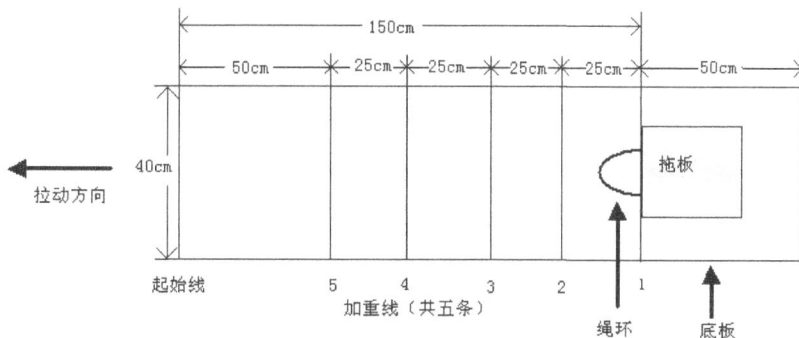

"纸绳拖重"场地图

（三）纸塔承重

1.实验器材：A4纸，双面胶，小刀，剪刀，直尺

2.纸塔结构要求：（1）尺寸要求不小于15×15×15cm的空间结构；（2）底部留出10×10×10cm的空间，该空间无承重结构部件；（3）纸塔上表面中央8×8cm区域为承重压载测试区；（4）纸塔总质量不超过80g。

3.比赛计分规则：

承重值=承重值/纸塔重量，以最高值为第一名，其他按顺排名。

（四）机器人编程循迹（WER基础项目）

1.比赛器材：麦昆机器人。

2.编程环境：Mind+。预先给出基本程序，参赛学生调试相关参数即可进行巡线。

3.比赛地图：

4.比赛规则：（1）比赛以个人为单位，使用指定器材参赛；（2）比赛采用同一地图，根据任务完成情况打分，分数相同情况下，以时间长短来判定胜负；（3）比赛采用分组PK制，根据抽签决定上下半区，每个半区两两捉对厮杀，胜者进入下一轮，每个半区的冠军再决出总冠军；（4）每轮比赛之前有10分钟调试，可以在备用地图上测试，比赛地图有一次测试机会。

（五）课题展示

作品名称			
班级		作者姓名	
作品简介	设计的项目要体现"三性"特点(科学性、新颖性、实用性) 问题发现： 运用原理： 设计思路： 预见效果：		
备注	表内需添加作品设计图或实物照片。		

五、活动分享

能显著提高芝麻产量的种植实验研究

（2020届 朱宇涵）

（本课题获得第十届上海市青少年创意设计大赛一等奖）

1.课题来源

我老家住在上海远郊奉贤农村，现在虽然住在南桥城区，但基本上每两周都会去乡下看望住在农村的爷爷奶奶。所以我从小就喜欢跟着爷爷奶奶到自留地里种菜、除草、摘蔬果等，也经常看到爷爷奶奶或邻居们，各自在自家自留地里种上各种各样的蔬菜或瓜果，其中芝麻是每家每户每年都喜爱种上的一种农作物，大多数人家都把芝麻作为"自种自用"的农产品，收获后可以充当甜点馅料、打芝麻油或其他食物使用。种植较多的农户，收获后有部分销售，据说价格蛮贵，好像比当地农村的当家经济作物油菜籽还要贵。由于芝麻不是我们上海地区的当家经济作物，几乎没有人去关注它的产量、病虫害、种植和收割季节等，一般农户都给每年种植的芝麻定位是"收多少，用多少"。

随着我年龄的增长，尤其进入高中研究性学习课程后，我突发奇想：一棵果树在生长的过程中每年秋冬季节都要修剪掉侧枝、高枝等，这样来年可以让果子长得更大、更甜。那么，如果将"修剪"方法运用到芝麻种植过程中，能否找到某个时段，将芝麻还在开花的顶端剪去——因为有句古语叫"芝麻开花节节高"。其实，芝麻生长到后期收割时，它的下半部分芝麻壳呈现黄色（干枯）时其顶端还在开花结籽。那么，如果选择某个季节或某个时段人为修剪掉顶端，会不会提高芝麻的产量？这是我设计这次实验研究的初衷。

2.实验目的

（1）通过实验来研究芝麻生长过程中，顶端一直开花是否最终对其产量有影响？

（2）研究芝麻开花到后期，通过人为修剪掉顶端还在开花的部分，是否能有效提高芝麻的产量？

（3）研究并寻找到哪个季节或哪个时段，通过人为修剪掉芝麻顶端还在开花的部分，才能有效提高芝麻产量？

3.研究过程与方法

3.1实验准备

（1）回乡下在爷爷奶奶的自留地里选一片土地待用；

（2）准备好芝麻（我爷爷奶奶说喜欢黑芝麻，所以此次试验选用黑芝麻）种子；

（3）还准备了一些塑料薄膜用于育苗；

（4）必要的劳动工具（爷爷奶奶家里都有）等。

3.2实验过程

（1）清明节时（4月13号）回到乡下爷爷奶奶自留地备选的土地，进行翻松土壤待用；

（2）一周后（20号）再次回乡下把上周翻松的土壤进行适度平整，并把芝麻种子播撒在土里后覆盖上塑料薄膜；

（3）五月中旬（11号）跟爷爷奶奶一起对培育好的芝麻幼苗进行"大田"移栽，株距、行距我们当地一般选择15cm×10cm左右，我和奶奶花了半天时间，一起种植了200多株芝麻幼苗；

（4）田间管理与对照组（当地老百姓种植方法）完全一样。在接下来的三个月里，种植养护除草和浇水什么的都一样。不过要说明一点，由于芝麻种植在我们奉贤家乡不作为"经济作物"，属于"自给自用"农作物，所以日常管理过程中很少有人给芝麻施肥。我每半个月也会回老家去看看，所有芝麻都按正常速度生长着；

（5）待芝麻生长还比较旺盛的立秋季节，我的实验组开始进入实验——从立秋之日起，每隔5天用剪刀剪去一批芝麻的顶端（剪掉顶端还在开花的部分，后面简称"打顶"），一直"打顶"至芝麻收割前5天。

3.3实验记录

实验组与对照组各5棵芝麻称重统计如下表

日期	实验组（每组选8棵，以5棵芝麻称重）				对照组（5棵芝麻）
	实验1组	实验2组	实验3组	实验4组	
	立秋当天	立秋后五天	立秋后十天	立秋后十五天（处暑季节）	处暑后三天（收割）
	8月8日	8月13日	8月18日	8月23日	8月28日
重量(g)	29.4	34.8	45.1	26.4	26.8

4实验结果与分析

4.1实验结果

（1）根据上述图表统计显示，立秋后第十天，也就是 7 月 18 日给芝麻"打顶"，能使芝麻产量显著提高，5 棵芝麻收成达 45.1 克，与对照组相比，增产 68.3%；

（2）我发现立秋后 5 天，也就是 8 月 13 日给芝麻"打顶"，也能提高芝麻产量，可以增产 29.9%；

（3）发现立秋后十五天，也就是 8 月 23 日（那天是"处暑节气"）给芝麻"打顶"，其产量与对照组相比较，已经没有起到增加产量之效果，也就是"产量几乎相等——实验组 26.4 克、对照组 26.8 克"。

4.2 结果分析

（1）在我看来，用传统方法种植芝麻，其产量较低的主要原因是：由于"芝麻开花节节高"的因素，随着芝麻往上长高，花也一直往上开，因而营养和水分被上面开花吸收消耗，使得下面的芝麻缺少营养，导致芝麻饱满度低，从而影响到了芝麻"千粒重"，导致影响到了芝麻的产量。

（2）关于"打顶"能有效提高芝麻产量问题，在我们奉贤当地没有人知道这种种植方法，也包括当地的农业专家。为此，我到网上去查阅资料，很有幸看到 2015 年 11 月 19 日发表于网络的"芝麻怎么种才能高产——芝麻高产技术"一文，文中是这样说的：给芝麻"打顶摘心"是一项简单易行、行之有效的增产措施，一般可增产 10—15%，"打顶摘心"可抑制无效生长，调节、平衡营养生长和生殖生长，使上部蒴果籽粒饱满，千粒重增加，提高产量。

（3）网络上的文章说"打顶摘心"可增产 10—15%，而我的实验增产可达 68%。为什么区别如此之大？是否我的实验数据弄错啦？后来我仔细研究网络发表的这篇文章，发现它给芝麻"打顶摘心"时间过早，一般打顶在芝麻收获前 35 天进行，保证上部蒴果有 35 天左右的灌浆成熟时间，打顶的方法是选择晴天用手摘除植株顶端 2 厘米左右（这是文章中的原话）。然而，芝麻一生的生长期最短只有 90 天，一般 120 天左右，收割前 35 天"打顶摘心"严重影响了芝麻生长后半程。而我严格按照"农历节气"操作，因为我们当地农民一般选择"夏芝麻"，4 月下旬或 5 月上旬

（立夏前后）种植，8月底前（处暑时节）收割。因而，我选择立秋后每隔5天给芝麻"打顶摘心"，旨在寻找到给芝麻"打顶摘心"的最佳时间。

5.实验的收获和体会

（1）今年立秋日，也就是8月8日，芝麻长得已经很高了，按照年初的计划，是我第一次给芝麻"打顶摘心"的日子，我约上奶奶一起，挑选了八棵大小相等的芝麻"打顶"后做上了标记。到了8月13日，即立秋后的第五天，是我给第二实验组"打顶摘心"的日子，与第一次实验相同，也挑选了八棵大小相等的芝麻"打顶"后做上了标记。这样到了8月23日，即立秋后的第十五天，是我最后一次给芝麻"打顶摘心"实验。五天后，大部分芝麻荚开始变黄，植株上的叶也开始掉落，没"打顶摘心"的芝麻也开始枯萎。于是，在8月28日，我和奶奶商量决定，我们把芝麻全部收割起来，我负责收集做过标识的五类芝麻，准备五个小袋，分别打包装起来，拿回家。然后分别放置在家里的阳台上晒着，约一个星期后，等到所有的芝麻壳全部晒干，里面的芝麻粒全部掉落出，将其按标识去除杂质后分别装入小型保鲜袋，并分别在电子天平上称重。参与这次实验全过程，让我知道了科学研究的严谨性。

（2）经我在网上查询相关资料后知道了，芝麻是我们主要的农作物，也是我们主要的食用油料作物之一，自古以来就有许多用芝麻或芝麻油制作的食品和美味佳肴，经常食用，能滋补养生，补血养肾，养发护发，会有降压减脂、延缓衰老等很多功效，具有很大的营养价值。随着生活水平的逐步提高，人们的健康意识也在不断增强，所以我相信芝麻及其制品的消费量必然会呈增长态势，社会需求会不断扩大。

（3）在我国，芝麻产区主要集中在江淮流域，其中河南省的种植面积占全国的1/3以上，且如今河南地区也无人研究与我类似的实验，一直沿用传统方法种植芝麻，想提高产量只是用"中耕除草""培土防倒""花期追肥"等传统方法。因此，我认为，我的这一想法，如能进一步被农业相关部门考证确认，我的这一发现具有很大的推广应用价值，可以将此方法运用到中国芝麻产区，乃至世界芝麻产区，一定会显著提高芝麻总产量，从而带来更多的市场规模和经济效益，造福人类。

（4）这次有益的种植实验，得到了如此明显的结果，也使我有了更多更深层次的感想，机缘学校推出的研究性学习课程，遇到了一位鼓励我大胆尝试"做科学实验"的好老师，才"碰巧"发现了大自然中的奥秘和规律。因此，作为未来的知识型、科研型的新兴农民，我认为现有许多较为落后或固化了的传统农作方法，可以通过改进、创新等手段也许会取得"意想不到"的效果。国宝级的农科专家袁隆平，由于其发现了"野生稻"，引发了一系列水稻科研，推动了整个世界的粮食生产格局，多养活了几亿人。

（5）应该说类似这样的研究性学习项目是较多的，只要我们处处留意身边事，注意观察，善于思考，一定会有很有意思的项目出现。另外，我们应该抓住每一次机会，一旦有这样的项目出现，立即投身实施，这样既能够增加自己综合能力的同时，也为国家的科研做出属于自己的一份微薄的力量。

附3-24 洪炉体育节——"曙光杯"校园足球联赛

一、活动主题

活力足球　阳光生活

二、活动背景

贯彻教育部《关于开展校园足球活动的通知》和市教委《关于青少年校园足球活动的实施意见》精神，以增强学生体质，培养青少年拼搏进取、团结协作的体育精神为宗旨，坚持"健康第一，以球健体"的原则，以校园足球为载体，通过广泛开展校园足球活动，培养高中学生足球兴趣，形成具有我校特色的曙光足球文化，让足球成为广大曙光学子终身受益的体育锻炼方式，促进学生身心健康发展。

三、活动目标

1.养成学生积极主动的体育锻炼习惯，提高学生的思想道德素质、文明礼仪素质、身体素质和心理素质，进一步推进校园体育文化建设。

2.让学生有选择地参与、学习、享受体育，激发学生的运动兴趣，发挥学生的学习积极性和潜能。

3.促进师生间、生生间的和谐关系，提高学生的合作、竞争意识和交往能力。

4.丰富校园文化生活，营造积极向上的学风。

四、活动内容

1.年级足球联赛。

2.师生友谊赛。

3.校友足球邀请赛。

4.足球嘉年华活动：（1）足球高尔夫；（2）瓶盖大闯关；（3）一球成名。

附3-25 洪炉体育节——冬季长跑达标活动

一、活动主题

强身健体 砥砺向前

二、活动背景

全面贯彻落实《中共中央国务院关于加强青少年体育增强青少年体质的意见》精神，加强学校体育课程建设与提高德育工作实效、促进和谐校园紧密结合，养成学生积极主动的体育锻炼习惯，提高学生的思想道德素质、文明礼仪素质和身体健康素质，进一步推进校园体育文化建设。

三、活动目标

在"双减""双新"背景下，学校以提升学生身体素质和意志品质为宗旨，落实"生命—和谐"教育理念和阳光体育行动，全面实施素质教育，培养德智体美劳全面发展的社会主义建设者和接班人，学校开展冬季长跑达标活动，磨练学生的意志品质，培养良好的锻炼习惯，有效提高学生体质特别是耐力素质水平，进一步掀起阳光体育运动的新高潮。

四、活动内容

1.项目组成：

级别	男子	女子
挑战级	5公里	3公里
进阶级	3公里	1.5公里
基础级	1.5公里	1公里

2.挑战级路线图：

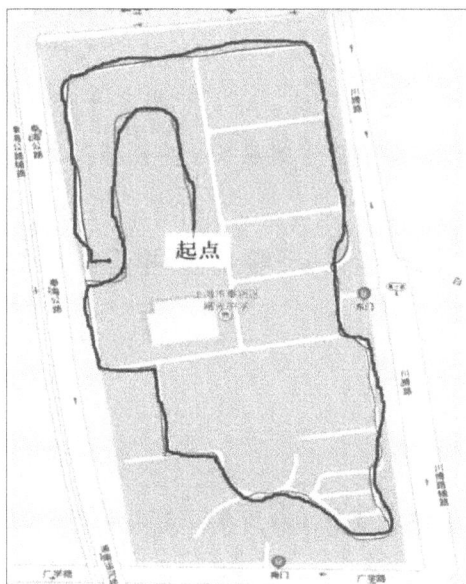

5000米：主一广场出发，完成校园跑4圈，终点即为起点。

3000米：主一广场出发，完成校园跑3圈，终点即为起点。

1500米：大操场跑道。

1000米：大操场跑道。

3.活动说明：

本次达标活动按年级组织进行，在去年的基础上有所提高，是首届活动的升级版，具体如下：根据参赛人数按比例进行授奖，每个项目的5%一等奖，10%二等奖，10%三等奖，规定时间内完成的获完成奖，超过规定时间的不授奖。

（1）各级别的规定时间：5000米35分钟，3000米（男）25分钟（女）30分钟，1500米（男）10分钟（女）15分钟，1000米（女）10分钟。（2）各路口年级部安排教师做好监督和纠察工作。（3）体育组负责起点和终点工作。（4）具体活动时间：待定

4.报名要求：（1）班主任做好宣传，本项目除体育免修、近期因伤不能运动的同学外，全校学生都必须参加。（2）在规定的时间内跑完固定路程。相应的级别在规定的时间内完成会有不同层次荣誉证书（具有纪念价值）。（3）班主任只要统计不能参加的人员和报名参加"挑战级""进阶级"的学生即可，请在纸质名签上分别标注"免修""挑战""进阶"即可，本周班会课结束后交教导处。（4）根据自身能力选择一个级别报名，所有报名参加的同学需要签署"健康安全承诺书"，承诺书周一交教导处。

附3-26 洪炉美育节——"曙光杯"中小学生红色故事演讲大赛

一、活动主题

百年征程 百年初心

二、活动背景

2021年是中国共产党成立100周年，是实施"十四五"规划，开启全面建设社会主义现代化国家新征程的第一年。为深入学习贯彻习近平新时代中国特色社会主义思想，全面贯彻党的十九届五中全会精神，引导广大青年学生积极学习党史，厚植知史爱党、知史爱国的理想信念，让红色基因、革命薪火代代相传，学校举行"百年征程 百年初心"第二届奉贤区"曙光杯"中小学生红色故事演讲大赛。

三、活动目标

以红色故事演讲形式为载体，激发中小学生的爱国热情和圆梦动力，深化培育红色文化素养。在丰富校园生活同时，引导他们树立正确的人生观、世界观和价值观，激发民族自尊心、自信心和自豪感。

四、活动内容

比赛的作品须符合中国共产党建党100周年主题，内容围绕红色故事、红色人物、红色事迹、时代先锋、感动人物、模范榜样等素材，深入挖掘整理蕴藏于其中的感染人、教育人、鼓舞人的红色故事，创作新的作品，让红色文化活起来、动起来。

五、活动分享

革命烈士李主一

（2023届 黄硕）

尊敬的老师们，亲爱的同学们：大家好！

在奉贤这片热土上，有着许多红色遗迹，流传着许多可歌可泣的英雄故事。今天我为大家介绍的就是我们奉贤的革命烈士：李主一。

1927年注定了是腥风血雨的一年。蒋介石发动了四一二反革命政变，在这个白色恐怖时期，上海组织委派李主一、刘晓以学校为掩护创办曙光中学，也就是1927年8月中国共产党在奉贤的第一个支部——曙光中学特别支部在奉城诞生了。这儿便是大革命时期时奉贤革命的重要基地，是全县党的地下工作中心。

曙光中学创始人李主一，1892年出生于奉城洪庙，少年时代就读于奉城小学，后参加革命。1927年建立了奉贤县委第一支部，也就是曙光中学。创办学校后，李主一先生把希望放在了孩子们身上。正如其诗所云：

布置洪炉铸少年，

年年春夏诵和弦。

载成桃李浓阴遍，

文化中心岂偶然。

他秉着"布置洪炉铸少年"的决心将革命的知识传播给每一位曙光学子。从此，曙光中学犹如一把革命的火炬，熊熊燃烧在东海之滨、杭州湾畔这片大地上。

然而，曙光中学的革命地位和轰轰烈烈的革命活动，引起了反动政府的极度恐慌，他们妄图扑灭这革命的火种。1928年4月，学校遭到了国民党淞沪警备司令部的查封。更可怕的是，由于上海的小沙渡一号秘密交通机关被破坏，李主一在去送县委文件时被守候在那里敌人抓获了。

在狱中，他作诗《夹竹桃》，把自己比作夹竹桃，一生虽短暂，却也要绽放出灿烂无比的生命之花。

君子品，美人妆，

体态风流晚节刚。

不与凡花争俗艳，

芳姿个个倚幽篁。

1928年6月李主一先生光荣就义了，但他死得其所的英雄气节却永远留在了我们的心中！

先烈回眸应笑慰，擎旗自有后来人。

明镜照形，古事知今，一代人有一代人的使命，

回望来路，

一串串脚印，愈发显得清晰，

一幕幕记忆，深深烙在心坎，

登高望远，

喜看红色基因，流淌在实现中国梦的伟大征程！

1924—1927

（2023届 金佳贤）

大家好，我带来的分享是1924到1927的国民大革命。

1924年发生的第一件大事，是中国国民党第一次全国代表大会召开。

中国国民党第一次全国代表大会确立了联俄、联共、辅助农工的三大革命政策。而共产党员李大钊、谭平山、毛泽东、林伯渠、瞿秋白等十人当选为中央执行委员会委员或候补委员，约占总数的四分之一。

同时它标志着第一次国共合作正式形成。此次合作实现后，以广州为中心，汇集全国的革命力量，很快开创出反帝反封建的革命新局面。其中就包括了1925年的五卅运动。其起因是英国巡捕在上海枪杀工人代表顾正红等人。中国共产党在领导此次运动过程中得到很大发展。1925年底，党

员人数增加到一万，一些原来没有党组织的地方建立起党组织。到了1926年，随着北伐的开展，共产党为实现北伐，在上海发动第一次工人武装起义，建立"上海市民自治政府"。军阀对工人、市民进行镇压，工人100余人被捕。多位共产党员被杀，最后，起义失败。

时间来到了1927年。

漫长的1927年首先到来的是四一二反革命政变，以蒋介石为首的国民党新右派大肆屠杀共产党人。于是在7月中旬，中共中央临时政治局常委会决定了三件大事：一是将党所掌握和影响的部队向南昌集中，准备起义，也就是著名的南昌起义。由周恩来、贺龙、叶挺等人率领，虽然最终以失败告终。但它打响了武装反抗国民党反动派的第一枪，标志着中国共产党独立领导革命战争、创建人民军队和武装夺取政权的开始。二是组织湘鄂赣粤四省的农民，在秋收季节举行暴动，也就是秋收起义。三是召集中央会议，讨论和决定新时期的方针和政策。

毛泽东作为中央特派员到湖南领导秋收起义。但是大家都知道，秋收起义最终以失败告终。进攻长沙受阻后，改变原定部署，到敌人控制较弱的山区寻求立足之地，随后进行了著名的三湾改编。

10月7日，毛泽东率部到达江西宁冈县，开始了创建井冈山革命根据地的斗争，这为认识中国革命发展的客观规律，走出一条符合国情的革命道路做出了突出贡献。同时也为各地起义部队实行"工农武装割据"树立了榜样，并且在革命者的心中燃起了新的希望。

同为1927年的上海奉贤，在李主一等共产党人的带领下，在奉贤县东乡秘密组织农民协会，发动当地农民、盐民和渔民积极开展各种斗争，召集当地党员召开代表大会，开办奉贤县暑期党化训练班，进行秘密教育和培养积极分子的工作。8月，在上级党的要求下，私立曙光中学秘密成立了。在中共曙光中学特别支部委员会成立后不久，中共奉贤县第一个县委也在此诞生。他们编写了革命校歌，组织了读书会等进步团体，发动青年开展各种革命活动，使当时的曙光中学成为上海浦东地区的一个革命中心。

最终的最终，在帝国主义干涉镇压，国民党右派的破坏与叛变以及陈独秀的右倾投降主义错误之下，国民大革命以失败告终，但是它仍沉重打击了帝国主义和封建主义的统治势力，扩大了中国共产党在中国人民中的政治影响，宣传了党在民主革命阶段的纲领，使中国共产党经受了一次大革命的洗礼，积累了初步的革命历史斗争经验。是迎接未来革命胜利的一次伟大演习。正是在这个时期，中国共产党人初步提出了无产阶级领导的、人民大众的、反帝反封建的新民主主义革命的基本思想，并且从大革命的失败中汲取了严重的历史教训，开始懂得进行土地革命和掌握革命武装的重要性。中国共产党开始掌握了一部分革命武装。所有这些，为把中国革命推进到一个新的阶段——土地革命战争阶段准备了必要的条件。

我们出生在和平年代，但革命的精神不能抛弃，它依然是我们在社会主义建设中的制胜法宝，我们要把自己的人生目标与祖国、时代的命运联系起来，树立远大理想，培养良好品德，发扬创新精神，掌握实践能力，勤奋学习，立志成才，共同谱写新世纪社会主义事业建设的崭新篇章！我的分享到此结束。

附3-27 洪炉美育节——红歌合唱活动

一、活动主题

筑我曙光梦 走进新时代

二、活动背景

在新中国成立70周年之际，社会各界正以各种形式共同回忆光辉峥嵘岁月，缅怀革命先烈，感恩新时代的美好生活。学校积极响应党中央发展红色教育的号召，唱响红色歌曲，接受红色教育，让同学们感受革命先辈带给我们的革命精神，领略红色经典歌曲中那些最为曼妙，最有魅力的存在，更让同学们在歌唱中感悟，在感悟中成长，传唱经典，缅怀先烈！

三、活动目标

为了进一步弘扬爱国主旋律，提高学生的爱国意识、增强爱国情感、陶冶爱国情操，从而激发全体师生的爱国情怀，曙光学子以红色的青春激情唱响祖国颂歌，用实际行动打造向真、向善、向美、向上的校园文化，也展示了学生热爱党、热爱祖国的精神面貌。

四、活动内容

各班根据自身情况，挑选一首革命歌曲，进行表演。演奏过程需要完整背唱完歌曲，伴奏自备，MP3格式。

比赛按照班级顺序进行；上场3、4排先上；下场1—4排依次下，时间限制5分钟左右，过程中鼓励班主任以及任课教师积极参加。报名表及伴奏请提前上传至政教处相应报名文件夹。

各年级奖项设置：金奖1名；银奖2名；铜奖3名；优胜奖4名。

参考曲目（鼓励原创）：《没有共产党就没有新中国》《歌唱祖国》《祖国颂》《我的祖国》《党啊，亲爱的妈妈》《我爱你，中国》《我和我的祖国》《今天是你生日，中国》《共和国之恋》《这就是我的祖国》《中国朝前走》《我属于中国》。

五、活动分享

这一次的红歌大合唱活动让当今的我们明白了我们身边虽然没有弥漫的硝烟和连天的炮火，但现在世界正在进行激烈的竞争，总向我们提出了更加严峻的挑战，所以我们仍要向先辈学习，学习他们不畏艰险、不畏强权、团结奋进的爱国意志，学习他们废寝忘食、坚韧不拔、永不言弃的战斗精神。每一首歌都蕴涵着爱国主义的热情，每一句歌词都凝聚着英雄主义情怀，永恒的旋律唱出对祖国和人民的热爱，对伟大理想的追求。（2020届　杜柳剑）

"中国，中国，鲜红的太阳永不落"，唱出了人们的声音，世世代代的中国人为了建设祖国而奋斗着。士兵们的血汗不会白流。历史告诉我们的不是流泪，而是充满斗志，更加奋进。我们这一代龙的传人感谢这块养育着我们的土地，我们为它奋斗，使它辉煌起来。表达了我们共同美好的愿望，为生活在这样强大的祖国而骄傲。《唱支山歌给党听》唱出了在中国被西方列强掠夺时，中国人民为了赶走侵略者而奋斗的历史，唱出了中国

共产党在人民前进的道路上播放光明的种子。（2020届　夏原）

唱红歌，怀念过去，只是让我们感受过去革命者为祖国的一腔热血。而我们必须把握现在，唯有我们不懈努力才能创造更美好的明天。歌唱的声音虽已停止，但奋斗的精神将永不落幕。让我们团结一心，一起走过世纪的风雨，一起走进世界的神奇。用我们的真诚拥抱祖国，用我们的歌喉歌颂祖国，用我们的真挚祝福祖国，愿我们的祖国明天更加美好。（2020届　何欣钰）

附3-28 洪炉美育节——红色诗词群诵大赛

一、活动主题

初心薪火相传 使命永担在肩

二、活动背景

《中小学德育工作指南》指出"要精心设计、组织开展主题明确、内容丰富、形式多样、吸引力强的教育活动，以鲜明正确的价值导向引导学生，以积极向上的力量激励学生，促进学生形成良好的思想品德和行为习惯"。处在新时代的中学生，承担着成为社会主义现代化建设接班人的使命，他们是祖国的未来、民族的希望。在新的时代背景下，更要让学生传承红色基因，养成良好习惯，才能做合格的社会主义建设者和接班人。

三、活动目标

为了进一步推进"红色精神培育"特色高中创建，在全校努力营造浓厚的红色文化学习氛围，学校开展以"红色诗词"为内容的群诵活动，引导学生参与诵读，增进学生的爱国主义情感，传承红色精神，促进学生形成正确的人生观、世界观、价值观，培养学生良好的习惯。

四、活动内容

各班以班级为团队参赛，要求30人及以上组队参赛。创作集体诵读作品，参赛作品时间必须控制在3—6分钟以内，不符合将酌情扣分。作品可通过音乐、服装、吟诵等辅助手段融合展现诵读内容。

作品内容：朗诵作品必须按方案选取朗诵内容，内容符合主题，给人以积极的思想教育和启迪。

语言表现：普通话标准，语言准确，吐字清晰，朗诵技巧娴熟，基调恰当，感情真挚饱满，富于表现力和感染力。

表现形式：对作品的理解准确，衣着与朗诵内容相协调，姿态、表情等态势语言与经典内涵表达相得益彰，表演与朗诵融为一体。

创意创新：朗诵形式独特新颖、表现手段丰富多样，舞美设计和节目编排能增强经典诵读的感染力

奖项设置：金奖1名；银奖2名；铜奖3名；优胜奖4名。

参考篇目（鼓励原创）：《少年中国说》《我是中国人》《我爱这土地》《祖国啊我的母亲》《可爱的中国》等。

五、活动分享

一寸山河一寸血，一杯热土一杯魂。一封封直指心灵的家书、一个个感人肺腑的故事、一张张昂扬向上的老照片，让我深深懂得，每一个普通的共产党员都是祖国建设这部机器上一颗永不生锈的螺丝钉，英雄不是高不可攀，榜样就在身边。中国今天这一片片发展的热土，是昨天一个个烈士用热血换来的。我们将铭记历史、不忘初心，继承先烈遗志，凝聚前行力量。（2019届 尤雯叶）

红军不怕远征难，万水千山只等闲。是啊，整整二万五千里的长征，漫长的征途，我们的红军战士又要经历何等的艰难困苦呢？诚然，广大红军指战员以大无畏的英雄气概，一路上披荆斩棘，克服了常人难以想象的困难，用自己的血和泪谱写了这二万五千里的动人篇章。

面对山高邻秃，朔风凛冽，冰雪覆盖的高山，战士们团结一致，齐心协力，用超乎想象的毅力和艰辛为部队探索出一条前进的道路。这不仅仅是一条磨炼意志的艰难之路，也是一条生命之路。遇到开阔美丽的草原，本以为有了希望，谁又能想到里面蕴藏着意想不到的困难。很多战士就这样倒下了，没有一句怨言，当他们把自己交给党的时候，就早已把生死置之度外了。然而，面对粮食的短缺，环境的恶劣，战士们又何尝不是风雨

前进，风餐露宿呢？

顽强拼搏的精神并不是生来就有的，也不是轻而易举就能具备的。而是需要经过持久的刻苦磨炼，才能逐步形成。通过本次的活动，我从红军长征中收获了坚强、智慧、勇敢、自信、顽强、团结，不忘革命初心，我将把自己的成长、成才同祖国的前途命运紧密地联系起来。立爱国之志，成报国之才。（2019届 陈思佳）

附3-29 洪炉美育节——红色经典剧场

一、活动主题

演绎红色经典 致敬百年风华

二、活动背景

《中小学德育工作指南》中指出"引导学生深入了解中国革命史、中国共产党史、改革开放史和社会主义发展史，继承革命传统，传承红色基因，深刻领会实现中华民族伟大复兴是中华民族近代以来最伟大的梦想，培养学生对党的政治认同、情感认同、价值认同，不断树立为共产主义远大理想和中国特色社会主义共同理想而奋斗的信念和信心。"为纪念中国共产党建党100周年，加强中学生的教育引导工作，让学生在校园内深情回顾党的奋斗历史，继承和发扬党的光荣传统和优良作风，坚定理想信念，激发历史责任感。

三、活动目标

秉承创校先烈的遗志，厚植红色基因，将民族精神教育与现代公民素质培养有机整合。学生通过亲身参演红色剧本，深入了解革命先烈的英勇事迹，从革命历史中汲取中华民族精神的源头活水，培养爱国主义精神和奉献精神，明确自身责任，成长为具有深厚文化内涵的时代新人。

四、活动内容

参赛班级可以依据中国共产党建党100周年以来的艰苦岁月及光辉历程，选择适合班级的红色经典短剧作品进行模仿表演。表演类型可以为话剧、舞台剧、小品等。参赛作品时间为5—10分钟。

参考剧目（鼓励原创）：

革命类：《人面桃花》《江姐》《曙光中学校史》等。

抗日系列：《洪湖赤卫队》《卢沟桥》《八百壮士》《三江好》等。

长征：《万水千山》《天边的红云》《金色鱼钩》等。

革命战士：《通道转兵》《霓虹灯下的哨兵》《风声》等。

五、活动分享

《初心》剧本

（2024届（8）班）

背景：1917年俄国十月革命的胜利给中国送来了马克思列宁主义，让中国的先进分子找到了救国救民的真理。

1921年7月23日，中国共产党第一次全国代表大会在上海召开。出席会议的除毛泽东、董必武、李达等13名代表外，还有共产国际代表。由于法租界巡捕突然搜查会场，会议最后一天是在浙江嘉兴南湖一艘游船上进行的。

嫂子（张老师）：各位先生此处便是狮子汇渡口了，前日啊，这里刮了大风，吹翻了南湖里好几艘船呢，今天知道你们要来，这天公作美，给了个难得的好天气。

毛润之（陆俊堡）：这南湖可非同一般啊，杨柳依依，秀水泱泱，难怪宋代诗人苏东坡三过嘉兴，留下了"闻道南湖曲，芙蓉似锦张，如何一夜雨，空见水茫茫"的佳句啊。

嫂子（张老师）：是啊，清代学者朱彝尊对这南湖，也是情有独钟，曾一连写下一百首《鸳鸯湖棹歌》呢，只可惜，现在民不聊生，好景难在。

毛润之（陆俊堡）：是啊，中国的好景还需要寻找光明的摆渡人呐。

李达（李海洋）：来，润之，我们先进去吧。

毛润之（陆俊堡）：好。

嫂子（张老师）：各位先生，你们就在此处开会，我去船头为大家把风，为了安全起见，万一有什么意外的话我就敲门，对了，我还为大家准备了麻将，到时候啊，你们假装打麻将就可以了，不会有问题的，那你们先开会，我先出去了。

毛润之（陆俊堡）：有劳了。

张国焘（朱江源）：今天，最后一天会议的议程，是要通过党的纲领和实际工作决议，投票选举党的中央领导机构和成员，在完成这一系列议程之后，我们就可以宣告党的成立了，接下来，我们先来讨论党纲，请润之宣读。

毛润之（陆俊堡）：中国共产党第一个纲领，我党定名为中国共产党，我党纲领如下：革命军队必须与无产阶级一起推翻资本家阶级的政权；承认无产阶级专政，直到阶级斗争结束，即直到消灭社会的阶级区分；明确提出要把工人、农民和士兵组织起来，并确定党的根本政治目的是实行社会革命。中国共产党第一个纲领宣读完毕，请大家举手表决。

张国焘（朱江源）：我宣布全票通过，接下来我们开始讨论，我党当前中心工作的决议草案，诸位，接下来我们开始投票选举，党的中央领导机构及其成员，无记名投票，陈独秀，李达，张国焘，陈独秀，张国焘，李达，李达，张国焘，李汉俊，这李汉俊是谁投的啊？

瘦子（吴君欢）：是我投的，争论归争论，李汉俊先生有学问有贡献，我敬佩他。

张国焘（朱江源）：说得好啊，这才是我们中国共产党人应该有的样子，诸位，投票结果已经统计出来了，陈独秀为书记，张国焘和李达分管组织和宣传工作。

李达（李海洋）：李达深知肩上重任，誓不辜负诸位重托。

张国焘（朱江源）：张国焘亦如是。

毛润之（陆俊堡）：今天，我们中国共产党在嘉兴南湖的这艘船上诞生了，这是中国历史上开天辟地的大事变，中国的革命面貌从此必将焕然一新。

马甲男（冯鲲）：是啊，今天我们58位中国共产党人，终于有自己的组织了。

戴帽子（黄子越）：今天，我们这58个人将是58颗火种，在不久的将来就是五百人，五千人，五万人，我相信，只要我们心中有百姓，百姓将永远站在我们这边。

瘦子（吴君欢）：今天，历史将记住这难忘的一天，这只船将和我们一起冲进这片激流，驶向远处的光芒。

李达（李海洋）：今天这么重要的日子，不妨大家以茶代酒，共敬一杯如何。

合：好啊好啊。

张国焘（朱江源）：鹤鸣的这个提议好啊，我们更应该好好敬一敬，这个即将改变的世界，同时，我也想问一问在座的诸位，我们还应该再敬一敬谁呢？

瘦子（吴君欢）：我这一杯，先敬一敬马克思、恩格斯二位先生，是他们，在这混沌一片的世界中给我们创造了那个幽灵，让这个幽灵带来了新的希望，让我们看到了新的方向。

马甲男（冯鲲）：那我这杯，就单独敬一敬陈望道先生吧，是他，告诉了我们真理的味道非常甜，也正是他带我们看见了那个幽灵。

黑西装（黄骏诚）：我这一杯敬未能到场的陈独秀、李大钊二位同志，南陈北李，相约建党，让这个飘荡的幽灵找到新的家园。

中山服（叶冠依）：我这杯敬一敬我们58位中国共产党人，在这条注定血雨腥风的路上，我们不知道前路是什么，但是我们相信，我们中国的未来一定会焕然一新。

长袍（周梓非）：我这一杯敬一敬我们受苦受难的同胞吧，或许现在的日子苦了些，但是相信我们，未来可期。

胖子（陈宇）：那我这杯就该敬一敬我们的敌人吧，正是因为有了他们，我们才变得更加强大，有朝一日，我们必将一决高下，而我相信，胜利终将属于我们。

李达（李海洋）：那我这杯就得敬一敬我们的朋友了，前进的道路坎坷泥泞，感谢所有不怕牺牲，不怕流血，心存良知的勇士。

戴帽子（黄子越）：我这一杯敬天和地，君子立于世，必无愧于天地，今日，我等便以茶代酒，为天地立心，为生民立命，为往圣继绝学，为万世开太平。

毛润之（陆俊堡）：那我这杯就敬一敬在座的诸位，也想请大家做一个见证，看一看我们新中国的未来，也看一看我们这颗炽热滚烫的初心，干。

合：干

宣言朗诵（黄骏诚）：同志们，我想朗诵一段《共产党宣言》来表达我此刻激动的心情。共产党人从来不屑于隐藏自己的观点和意图，他们公开的宣布，他们的目的就是要通过暴力的手段，来推翻全部现存的社会制度，才能够达到。让统治阶级在共产主义革命面前发抖吧，无产者在这个革命中失去的只是锁链，获得的将是整个世界。

毛润之（陆俊堡）：全世界无产者，联合起来！

合：全世界无产者，联合起来！

毛润之（陆俊堡）：全世界无产者，联合起来！

合：全世界无产者，全世界无产者，联合起来！

合唱：（起来，饥寒交迫的奴隶，起来，全世界受苦的人，满腔的热血已经沸腾，要为真理而斗争，旧世界打得落花流水，奴隶们起来，起来，不要说我们，一无所有，我们要做天下的主人，这是最后的斗争，团结起来到明天，英特耐雄耐尔，就一定要实现，这是最后的斗争，团结起来到明天，英特耐雄耐尔，就一定要实现。）

旁白：

一艘红船扬清波，何时还家国；

三江翻涌惊雷起，四海天地阔；

九州道路无豺虎，万家烟灯火；

百年丹心犹未改，昂首镇山河。

今天的中国，不再是外国人口中的"东亚病夫"，她迎着朝阳，迅猛发展着。

砥砺前行，不忘初心，中国人民不会忘记为我们抛头颅洒热血的革命先烈们。

何其有幸，生于华夏。

何其有幸，长于盛世。

何其有幸，见证国威。

附3-30 洪炉美育节——红色书画展

一、活动主题

回顾峥嵘岁月　对话红色经典

二、活动背景

《中小学德育工作指南》中指出"引导学生热爱中国共产党，深入了解中国革命史、中国共产党史、改革开放史和社会主义发展史，继承革命传统，传承红色基因，深刻领会实现中华民族伟大复兴是中华民族近代以来最伟大的梦想，培养学生对党的政治认同、情感认同、价值认同，不断树立为共产主义远大理想和中国特色社会主义共同理想而奋斗的信念和信心。"为庆祝中国共产党百年华诞，弘扬爱国主义精神，践行文化初心，彰显"红色精神培育"的办学特色，学校举办"回顾峥嵘岁月　对话红色经典"红色经典绘画作品展。

三、活动目标

学生通过创作红色主题美术绘画作品，深入了解革命先烈的英勇事迹，从革命历史中汲取中华民族精神的源头活水，培养爱国主义精神和奉献精神，明确自身责任，成长为具有深厚文化内涵的时代新人。

四、活动内容

1.手绘作品。作品画种不限，绘画材料不限，中国画：不大于四尺整张（竖式），不小于四尺三开；版画：纸张大小为50×70cm，其中画面大小为4开；其他画种均为4开（40×60cm）。作品背面右下角用铅笔注明作品名称、作者姓名、电话。

2.数字绘画作品。以原创性为主要标准，创意特色鲜明，形式感强，制作精良。投稿作品为电子文件，A3幅面、300dpi、JPG格式，以原图大小（最高像素）进行上传。

以革命历史事件的时间轴为主线，分为"峥嵘岁月""同心筑梦""时代风华"板块，反映不同时期的经典片段场景。

板块分类	板块内容
峥嵘岁月	反映建党建军、中国新民主主义革命、抗击侵略、保家卫国等主题。表现中国人民在中国共产党的领导下经过艰苦卓绝的斗争取得革命胜利的伟大历程
同心筑梦	反映中华人民共和国成立后，中国人民在党的领导下自力更生、发奋图强建设社会主义新中国，以表现社会主义建设和改革开放以来各个时期杰出人物和典型事件为主
时代风华	反映祖国壮丽的自然风光、人民温馨的生活和新世纪优美的都市风光的作品，体现对时代、社会、人生的新感悟与新思考以及对艺术文脉的创新精神

附3-31 洪炉劳动教育节——生存训练营

一、活动主题

学会生存 挑战自我 奉献社会 帮助他人

二、活动背景

联合国教科文组织为21世纪提出的教育口号是"Learning to be"——"学会生存"！"学会生存"被列为教育的四大支柱之一。从某种意义上说，教育归根结底也就是在培养学生适应生活的生存能力。学会生存顾名思议就是在社会中生存，要有奋斗不止的意志和豁达的乐观精神。

三、活动目标

为了增强学生综合素质，重点培养学生具备高度社会责任感、诚实守信、人格健全、良好职业素质和较强的生活自理能力、沟通能力、团队能力、系统的适应与调控能力，学校决定举办以"学会生存 挑战自我 奉献社会 帮助他人"为主题的"曙光中学学生生存训练营"活动。

四、活动内容

学生入营后，将进行抽签组建成三支团队，选出团队队长。团队组建后，将共同完成各项培训任务，直至本期培训结束。

各项训练内容分为生活技能比拼、分享交流、活动策划、团队拓展等环节。考核在培训的各个环节中进行。最终评选出优胜团队及若干名优秀学员予以表彰。

训练内容为情景式教育+生存技能训练+团队竞赛+团队辅导的方式，使参与程度、体验程度和收获程度最大化。训练期间学员将与大自然亲密接触，身心放松，回归自然。在团队合作中，学员可以了解自身与同伴的力量、局限和潜力。

通过生存训练，让学员拥有独立生存的意识，战胜生活和学习中的困难，改变旧的生活习惯，具备成功心态，直达目标。

同时训练营活动过程中将参与公益课题，激发学员志愿奉献，服务他人的社会责任意识。

五、活动分享

共享酸甜苦辣

（2021届 芮峥嫒）

为了生存，我们得首先满足生理上对于能量的需要，也就是吃饭。于是我们的活动就以搭灶头拉开了序幕。旁人看来路边散乱的砖头和建成后的小灶头或许有些简陋，但经过我们一块砖头一块砖头运过来，搭上去的汗水过滤后，小灶头显得格外温暖可爱。在搬砖过程中，我们通过不断的技术升级使一件辛苦的事变得快乐：起初是自顾自搬砖，然后是协作用桶提砖，最后是小推车运砖，效率在改进，自豪感也慢慢发芽。

解决了灶头，就到了解决柴火的时候了。起初几个女孩子在路边顶着火辣辣的太阳看着那扎手的干草和隐形的昆虫不敢动手，但看到男孩子们果断地行动，也就没什么顾忌了，拎着手上的干草，拔着地里的干草，一顿忙活完后，衣服上，裤子上，鞋子上，无不留下了劳动的痕迹。捞了几把干草回去后，得知几根枯枝只够那么一把火，碰巧报告厅在装修，就提着桶有样学样地捡起废弃木头来，比较长的就用脚踩着掰断了拿走。捡柴还能顺便观摩修建报告厅的过程，蛮有意思的。

午饭时间最令我印象深刻的，是本来并不熟悉的人凑在一起后各司其职，有条不紊。"黄酒在哪？""那个凳子上。""拿个盐来。""来了。""这个怎么烧？""我来。"声音此起彼伏，虽然各忙各的，但又紧密联系着。这便是团结的味道吧。水饺出锅后，我们不忘给门卫叔叔和宿管叔叔阿姨送上一份，看着他们一次次惊喜的笑容，我觉得之前的努力值，太值了！

下午有关于红色课程的研讨会，邱王睿同学淡定地上台，生动而具体地为我们讲述了红军长征的故事。看似毫无准备，实则胸有成竹这样的人才，在活动中发现的并不少，有人拿起柴就知道怎么生火，有人拿起铲刀就会烧菜，有人闲不下来见到活就干，有人洗个碗都很仔细……

美哉，我中国少年！

生存训练营的两天内，我们团结在一起，磨炼了自己的意志，提高了生活自理能力、沟通能力和团队协作能力，这不仅仅是一次活动，更是一场人生的洗礼。

附3-32 洪炉劳动教育节——曙光小厨神

一、活动主题

甘旨肥浓·人间至味——线上厨艺大比拼

二、活动背景

教育部印发《大中小学劳动教育指导纲要（试行）》中指出"劳动教育是新时代党对教育的新要求，是中国特色社会主义教育制度的重要内容，是全面发展教育体系的重要组成部分，是大中小学必须开展的教育活动。将劳动观念和劳动精神教育贯穿人才培养全过程，贯穿家庭、学校、社会各方面。注重让学生在学习和掌握基本劳动知识技能的过程中，领悟劳动的意义价值，形成勤俭、奋斗、创新、奉献的劳动精神。"居家学习期间，学生有更多的时间体验生活，学习家务劳动，因此号召同学们争做"曙光小厨神"，动起手来施展才华，为家人分忧，与家人共享人间百味。

三、活动目标

为促进亲子交流，提升居家学习的乐趣，培养学生正确劳动价值观和良好劳动品质，形成勤俭、奋斗、创新、奉献的劳动精神，学校将举行亲子活动——"线上厨艺大比拼"，鼓励学生积极参与，在家长的指导下共同烹饪一道菜，一起分享亲子互动的快乐。通过制作居家美食，感受劳动的艰辛和收获的快乐，养成热爱劳动、孝敬父母的良好行为习惯。

四、活动内容

活动面向全体学生。

活动须知：

1.作品需包括：（1）照片：美食制作过程照+成品特写+我（和家人）与成品的合照，至少3张照片；（2）文字：菜名+制作心得+一句话描述菜的味道（附在一个word文档中）。

2.本次活动的优秀作品将在学校公众号上展示，并根据参与情况评选出"曙光小厨神"若干名（预计30名），获得学校曙光熊一只！

五、活动分享

牛肉蛋包饭

（2024届 苏宇健）

制作心得：平日里，我便喜欢在家琢磨美食的做法，但此前都是在父母的协助下完成的。借此次机会，我第一次独自一人准备食材并完成了这道菜。由于母亲是护士，疫情期间，工作十分繁忙，我想能在家中多做些家务为母亲分忧解难。希望疫情能早日过去，待到春暖花开之际，愿大家能一起品尝我亲手做的美食。

可乐鸡翅

（2023届 王方圆）

制作心得：制作菜肴前，心里要知道每一步要做什么，只有这样才能够顺利完成一道菜。要是在做某一步骤时忘记下一步该做什么，那么，我们往往会手忙脚乱，导致结果不尽人意。所以，无论是学习还是做菜，一定要在我们做该事之前做好充足准备，只有这样我们才能顺利地完成。吃自己做的菜，可以切身体会到劳动所得幸福；与父母一起分享自己做的菜，可以体会到分享的快乐；自己经历做菜的过程，可体会到父母的辛苦——自己做的菜吃出来的不仅是美味，更是一种成长。

酸辣土豆丝

（2024届 高若蓝）

制作心得：做好一个菜不容易，做好一件事固不容易。我平时难得进厨房煎个荷包蛋，在基本没有刀工基础下，这次挑战做了一个对刀工有着一定要求的酸辣土豆丝，也是我家常烧的家常菜。连续两天，一天一个土豆，自己慢慢摸索门路，并在网上寻找方法，可事实并不如意，第一次我甚至不能切出一片完美的土豆切片，第二次有所进步，但土豆丝又大小不一，甚至没控制好火候，油到处乱溅，还在忙乱中忘记了放盐。接连两次失败，我的信心受到打击，原来做每一件事都是不容易的。物资中土豆一共只分配了三个，若最后一个没有成功，我只能另辟道路。但我并不想浪费两天以来的练习，因此，我冒着要重新选择菜品的风险，进行最后一次也是唯一一次的拍摄。那天早上因为特殊情况，我要一个人完成制作酸辣土豆丝的拍摄，并做的早饭。为了节省时间，我冒险尝试两锅同开。这对我处理事务的前后顺序以及分配时间能力提出了很大的要求。在准备充足后，我开始制作，每一分每一秒我都屏气凝神，生怕出了差错。虽然整个过程还是有点手忙脚乱，但最终还是完成了所有的任务。过程中，我出乎意料的发挥不错，最后的菜品我也十分满意。但这并没有结束，我需要洗干净用过的碗、盆、锅、碟、还有菜板、刀、筷子，还要擦拭桌面，东西归位。我深刻体会到了家长平时做菜的艰辛。这也告诉了我，不能草草了事，一定要完善后续工作，否则接下来的工作将会无法开展。就像在厨房，不收拾上次用的东西，就无法继续做菜。通过深刻的反思，我认识到，做菜不仅仅讲究料理，更是有着多方面的考究，我相信下次定能更上一层楼。

四、实践育人——打造红色教育视角下行规养成的实践高地

实践是人类存在和发展的基本方式，人们不仅通过实践来认识世界，更通过实践来改造世界。学校要围绕实践开展育人工作，挖掘红色资源，凝练红色文化，通过红色教育实践达到入耳、入脑、入心的效果。

(一) 实践育人对红色教育具有促进作用

首先，实践是认识的来源，在红色教育中进行实践育人就是要让青少年学生了解和认识中国共产党带领中国人民进行革命、建设、改革的历程，掌握红色知识。其次，实践是认识发展的动力，实践育人是让青少年学生在红色实践活动中将感性认识上升为理性认识，掌握红色真理。最后，实践是检验真理的唯一标准，在红色教育中进行实践育人最终还是要回到实践，回到红色教育的目的，用红色真理影响、引导青少年学生树立伟大的理想、坚定伟大的信念，为实现中华民族伟大复兴中国梦、建设社会主义现代化国家而奋斗。

(二) 实践育人内涵与行为规范养成的内在关系

实践育人的关键在于通过实践来达到育人的目的，其内在属性即达到形成和发展个体的思想品德并提升个体行为规范的目的。

1.实践是个体行为规范形成的源泉和动力

行为的规范不是天生就有的，是通过后天在外部环境中的学习而逐渐

形成的。各种实践活动是外部环境的主要组成部分，是个体行为规范形成的源泉。个体通过各类实践活动获得对于思想品德的认知，并在实践中经过领悟和转化，再通过社会实践检验、修正，变成实际的思想品德。

个体要形成良好的思想品德必须要实现两个转化：一是将一定的社会道德思想内化成个体的道德信念和思想观点；二是个体的思想道德信念和观念外化为实践的规范行为。实践是个体思想品德外化为行为规范不可或缺的必要环节。

2.实践是个体行为规范提升的重要手段

学生行为规范的形成过程是学生道德认知从低到高、由简到繁的运动过程，体现了知、情、意、行互相作用与共同发展的结果。在这一过程中，学生能在实践活动中主动地体验、认知和践行，把道德规范内化成自己的道德认知，进而发展成自身一定的思想品德，并外化为自身的行为规范。

在红色教育过程中，青少年学生仅靠被动接受、单向灌输是不够的，被动式地接受很难将外在道德规范、价值观念内化，只有通过实践体验、互动交流，才能有效内化。实践育人的关键在于发挥青少年学生的主观能动性，推动青少年学生主动参与红色教育实践活动，促进知行合一。

（三）实践育人的特点

1.体验性高

实践育人是通过组织和引导学生积极参与各类实践活动，在丰富的实践活动中亲身体验，通过产生情感促进学生对事物理解，最终达到领悟并生成意义的效果。这不仅能加深对理论知识的理解，而且可以在实践中理解做人做事的基本准则，进而领悟健康的道德品质，并转化为良好的行为习惯。所以说，在实践中的体验教育是锻炼学生多种能力和养成行为规范的重要途径。

2.参与性广

在实践活动中，学生能作为主体，积极、大范围地参与到丰富的社会生活之中，围绕特定的实践任务、实践目的，与教师、家长通过沟通和合作，全身心地共同参与到实践活动中，不断积累社会生活的经验，从而不断地去体验、认知、理解、感悟社会的精神文化、制度文化和物质文化。

3.主体性强

在实践育人中，学生在教师的指导下，积极主动地参与实践过程，并在此过程中持续地受到感染、得到启发，从而积累阅历，获得能力。此外，"实践是检验真理的唯一标准"，作为实践的主体，学生在实践中验证某一理论时，能充分发挥主观能动性，使学生的主体性地位得到保障。

（四）实践育人的路径创新

1.建立红色教育实践基地

上海有着丰富的红色文化资源，学校以共建单位的形式建立社会实践教育基地，如中共一大会址、上海龙华烈士陵园、陈云纪念馆、李白烈士故居、上海淞沪抗战纪念馆等。蕴含红色文化资源的社会实践是中学生行为规范养成教育的第二课堂，对学生良好道德品质形成意义重大。当学生参观红色场馆时，可以感受到共产党人不畏强敌、不惧风险、敢于斗争、勇于胜利的风骨和品质，无须老师的引导，也会被革命先烈那顽强的意志、艰苦奋斗、自强不息，将党和人民的利益置于首位的精神所折服，有利于培养学生的爱国主义情怀、集体主义观念以及艰苦奋斗、开拓创新的优秀品质。

2.项目化学习

学生在项目化学习的过程中，通过对真实、复杂问题进行项目探究，其综合素养得到明显提升，在解决问题、团队协作、自主学习等方面表现突出，在情感态度价值观方面也得到了发展，更愿意思考自我、理解他人、面向社会。以项目化学习的方式开展红色教育社会实践，不但能更系统连贯地进行教学设计，同时也可以借助项目化学习中形成性评价与终结性评价相结合的策略，更有效地对红色教育的教学效果进行评价。

学校团委积极鼓励学生加入红色资源讲解队伍，引导学生积极参加志愿者活动。这不仅能够使志愿者讲解队伍得到充实，能使得学生的思想道德素质得以很大的提升，更有利于促进学生审美、交际等方面能力的提高。这不仅仅加深了学生对当地红色文化资源的了解，而且有利于将红色文化资源的内涵价值融入学生的血脉，净化学生的灵魂，真正实现"内化于心，方能外化于行"。

学生自主设计了"惠农新思路·精准助农师"项目，与学校农耕基地所在地的白衣聚村结对，通过实地访谈、问卷调查、专家寻访等方式深入调查奉贤农民的生活现状，帮助当地葡萄种植农户增产增收。他们用实际行动诠释了责任，以奉献彰显新时代中学生的担当。

附3-33 行规养成项目化学习设计案例

"红色讲师"项目化学习设计
上海市奉贤区曙光中学 朱祎

项目介绍

习近平总书记提出，无论是"雄关漫道真如铁"的过去，还是"人间正道是沧桑"的今天，抑或"长风破浪会有时"的明天，中华民族始终有着民族复兴的梦想。而青年则是民族复兴的希望，正值中国共产党建党100周年，这是一个觉醒的时代，这是一个承前启后的年代，革命岁月历久弥新，那一段红色的光荣岁月不应被遗忘。党的十九大报告强调："文化是一个国家、一个民族的灵魂。文化兴国运兴，文化强民族强。没有高度的文化自信，没有文化的繁荣兴盛，就没有中华民族伟大复兴。"少年强则国强，继承革命精神，传承红色基因，提升青少年文化自信是促进中华民族伟大复兴的重要举措。近年来，全国各地传承红色文化的活动开展得如火如荼，曙光中学红色讲师项目立足学校红色校史，打造了一支以宣扬红色精神为主，兼宣讲、培训于一身的学生红色讲师队伍，以此培养学生的责任感与团队合作精神。

项目名称	红色讲师		
适用年级	高一	课时	4
涉及学科	政治、语文		
核心问题	本质问题	如何在中小学群体中更好的宣传红色精神?	
	驱动问题	红色精神如何更好做到入耳入心?	
目标设计	表达素养:通过上台演讲的方式增强学生综合表达能力。 社会责任:在参观过程中,感悟革命烈士为理想为人民抛头洒热血的高尚品格,激励自身传承先辈荣光,承担时代责任。 政治素养:通过整理红色故事,挖掘红色精神,坚定学生政治态度和理想,增强对国家政策的认知和理解。		
成果设计	成果形式	过程性:活动感悟 最终:微视频	
	展示方式	课堂录像、教学案例	
评价设计	过程性评价	学生完成心得体会	
	终结性评价	结合实践所学,学生撰写项目研究报告	
任务设计	第一阶段:可行性分析 通过社会调查、资料查阅以及学生访谈,分析社会上对红色精神培育讲师的需求程度,以及现在社会上对红色精神培育的重视程度。分析高中生进行红色精神培育宣讲的可行性与可能操作路径。 第二阶段:集体备课 通过分组讨论确定各小组备课主题,各小组分别开展集体备课活动,通过寻访爱国主义教育基地、前往革命圣地开展社会实践、聆听专家讲座、寻访烈士后人等活动,深入了解红色文化,传承红色基因。 第三阶段:寻找受众,开展宣讲 主动联系社区居委、中小学校、社会企业等场所,开展红色精神宣讲活动,过程中根据受众不同调整授课内容,做到常讲常新。在宣讲同时锻炼学生沟通能力。 第四阶段:录制微课,开启线上教学 在实地上课后总结课堂经验,反思并改正不足,对教案进行调整,而后以小组为单位录制微课视频。		
项目资源	场地:洪炉馆、龙华烈士陵园、中共一大纪念馆等。		

第一课时 红色精神代代相传

教学目标

通过社会调查，资料查阅以及学生访谈，分析社会上对红色精神培育讲师的需求程度，以及现在社会上对红色精神培育的重视程度。分析高中生进行红色精神培育宣讲的可行性与可能操作路径。

教学过程

宣扬和传承红色文化，延续红色基因，符合我国社会主义核心价值观，能够引领人们在多元文化的复杂交织中增强文化自信，是新时代增强文化自信的有效途径。

提问：如今红色精神培育是一个热门话题，那我们做这个项目是否可行，能否得到社会的支持与认可呢？

（小组讨论）

回答：红色文化属于我国主流意识形态，有利于增强文化自信，红色文化的宣传和教育受到党和政府的高度重视。中共中央办公厅、国务院办公厅印发的《国家"十三五"时期文化发展改革规划纲要》中，第四大点的培育和践行社会主义核心价值观有对红色文化提出具体要求——"发扬红色传统、传承红色基因，用好革命历史类纪念设施、遗址和各类爱国主义教育示范基地等红色资源。"2018年3月，政府工作报告中指出，"要弘扬中华优秀传统文化，继承革命文化，发展社会主义先进文化"。

在党中央和政府的倡导下，各地政府都给予了适合当地红色文化产业发展的支持政策。红色遗址管理提升和免费开放、红色文化传播、红色教育基地打造、红色志愿服务行动等。

教师小结

我国的红色文化深厚，红色教育资源丰富，社会大众对红色文化的支持度、接受程度和传承意识越来越高。我国的历史文化底蕴深厚，有着悠久的革命历史和丰富的红色资源。这些资源是爱国主义教育、革命理想信念教育中不可替代的教材，为我国红色教育的素材寻找提供了优越的资源条件。近年来在大力倡导和宣扬红色文化的氛围下，社会大众对红色文化的接受程度和认可度逐步升高，尤其是青少年群体对红色文化有一定的深入学习，红色文化传承意识提高。

提问：那么现如今，红色文化宣传还有哪些短板吗？

现如今，红色精神宣讲往往还是以往的讲座+参观形式，形式单一，往往是在特定的时间地点通过学校组织来完成，频率较低，效果不佳。而现在"互联网+"背景下微课教学应用的快速发展、微信公众号运营技术日趋成熟，为提高红色教育培训的质量和红色文化的广泛传播提供了技术支持，有利于打造"互联网+红色宣讲培训"的全新发展模式，增强红色文化传播优势。

同时，红色教育培训行业随着红色旅游的迅猛发展以及国家提倡"不忘初心，牢记使命"的导向而倍增式发展，红色教育培训行业在快速发展过程中难免就出现了部分问题，如部分培训机构发展过快且规模小经验少、培训机构人才结构性供给不足以及培训产业链短、形式单一等诸多市场现象。随着单一的红色教育学习需求呈现多元化的发展趋势，这就需要挖掘本身的资源特色，丰富教育培训形式，争取达到最佳的红色文化宣传效果。在此情况下，政府主动导向性参与，学校与政府联合管理，加快红色教育培训所需人才的培养和课程设计的输出尤为重要。

第二课时 东方曙光

教学目标

青少年作为一个特殊、重要的群体，是未来社会的创造者，他们的德育状况对自身成长成才具有很大的影响。通过曙光中学的红色校史，引导同学们知校、爱校，感悟那段峥嵘岁月中革命先辈抛头颅洒热血、甘愿为国为民牺牲一切的高尚革命气节。

教学过程

提问：红色精神是非常宝贵的文化资源，对当代青少年成长成才具有极其重要的意义。但现如今，很多同学对于革命时期或更悠久的历史不太了解，去爱国主义教育基地也是走马观花，不懂得教育基地的真正意义。

对于成长于新时代的青少年来说，红色精神似乎显得有点遥远，有点过时。祭扫烈士时心不在焉神游物外，参观革命景点时捧着手机走马观花，看过算过，这样的现象在同学们身边并不少见。反观我们的祖辈，面对国旗面对烈士，他们是那样的尊敬，面对苦难面对挫折，他们是那样的刚毅，我们这一代人缺了什么？

（学生讨论）

回答：红色精神是中国共产党带领中国人民在追求民族独立和解放、捍卫国家主权与维护人民利益的社会实践中孕育形成，在社会主义革命、建设和改革进程中传承发展，以爱国为民为核心内涵，反映共产党人科学信仰、品质与精神的文化资源。

提问：我们刚刚所说的红色精神有没有具体的例子呢？

（学生讨论）

回答：红色精神是指中国共产党人、先进分子和广大人民群众在革命战争年代，经过艰苦奋斗，一同创造的中国特色革命文化，既蕴含着伟大的革命精神，又积累着深厚的历史文化。红色精神大致可分为三个历史时期，一是中国共产党领导全国各族人民进行的新民主主义革命时期，创造并发扬着井冈山精神、长征精神、延安精神、西柏坡精神等。二是在我国共产党人经过艰苦卓绝取得新民主主义革命胜利之后，在建设和改革开放时期形成的"两弹一星""载人航天"等精神，是新民主主义时期形成的红色文化的传承与发展。三是跨入新时代后国内国际形势发生了深刻变化，中国共产党带领全国各族人民在实现中华民族伟大复兴中国梦的征程上涌现出的新时代红色精神，"一带一路精神""伟大抗疫精神"等。

提问：我们学校的校史中也有革命烈士的身影，让我们一同学习校史走进烈士，了解曙光中学的创校精神。

（采访校史馆讲解老师）

提问：老师好，我们学校"布置洪炉铸少年"的创校精神中，"洪炉"二字有什么含义吗？

回答："洪炉"，这里喻指陶冶和锻炼人的环境。其二字出自我校创始人李主一先生在建校之初的诗篇"布置洪炉铸少年"，校史馆以此为名，显示了我们对先辈精神及其办学理想的继承与坚守，"洪炉"也成为新时代曙光中学的代名词。

提问：我们知道学校创校先烈是李主一烈士，但是他创立学校的原因是什么呢？

回答："四一二"反革命政变后，整个上海一片腥风血雨，笼罩在白色恐怖之中，当时地下党员李主一，根据上级的要求，利用合法身份，请来了刘晓等革命志士，一起到奉城，创办了私立曙光中学，自任校董，校址就设在潘公祠，（回指门口潘公祠照片）那就是当年的学校。当时的曙光仅设3个班级，百余名学生。

学校取名"曙光"，昭示着光明的来临，寄予了革命先辈对于未来的无限憧憬。同年，中国共产党奉贤县的第一个支部和第一个县委就在曙光中学相继诞生，并由刘晓任书记，李主一任组长部长。从此，曙光中学犹如一把革命的火炬，熊熊燃烧在东海之滨、杭州湾畔这片大地上。展示地下党组织在曙光中学召开秘密会议的图片，这是当时一些宣传革命思想的读物，为了不让国民党发现，曙光中学的地下党员把这些读物藏在红角中，供学生和教师参阅。

由于曙光中学的革命地位和轰轰烈烈的革命活动影响日盛，引起了国民党当局的极度恐慌，他们妄图扑灭这革命的火种，1928年4月，曙光中学遭到了国民党淞沪警备司令部和国民党奉贤县党部的查封。李主一也因叛徒出卖而被捕。在狱中，敌人对他用尽了酷刑，但他丝毫不畏惧。在被枪决前，他嘱咐前来探视的妻子，如果我死了，你不要哭泣。我为革命而死是光荣的，不要为我多花钱。要替我在曙光中学后面买两亩田，就把我葬在那里，坟墓旁立一块碑，碑上题"死得其所"四个字，这样我虽死犹生。1928年6月21日，李主一烈士被反动派枪杀上海龙华监狱中。

教师总结

回顾几十年来，曙光中学所经历的风风雨雨，从创立初期的革命圣地，到现在充满书香的校园，是"沐曙光，循大道"的精神引导无数学子成长，是"布置洪炉铸少年"的决心激励无数老师进步。站在历史、现实与未来的结合点上，我们敬仰革命先辈的光辉思想，弘扬曙光中学的光荣传统，潜心探求办学之道、为师之道、成人成才之道，相信，我们必能将先辈前贤在曙光这块圣地上播撒的一抹"曙红"铺展成无限丰富之灿烂。

第三课时 宣讲内容准备

作为高中生，虽然每天都在教室中上课，但是上台讲的机会并不多。每一堂课都要精心准备，针对不同年龄段的同学做不同的调整。同时挖掘红色资源，学会站在学生的角度同时学习演讲的技巧。

教学过程

1.宣讲对象：对红色宣讲活动有兴趣的、有需求的6—16岁学生群体。

2.服务内容：

红色文化教育课程：中共党史、革命烈士故事、革命基地故事、红色知识。

演说宣讲培育课程：宣讲稿撰写、宣讲培训、仪态课。

红色文化教育课程，主要针对青少年群体开展，根据不同层次需要分为不同主题，分别为"狼牙山五壮士""寻找身边英雄""红色之旅""铅笔橡皮GDP""长征精神永放光芒"等，从不同维度针对青少年开展红色文化教育，激励新生代青少年延续红色精神，为国贡献自己的热血青春。如"寻找身边英雄"旨在激发青少年寻找平凡英雄的信心，鼓励他们在日常生活中留心身边，在点滴中发现伟大，于平凡中创造激情。"狼牙山五壮士"通过讲述当年狼牙山上革命前辈浴火奋战的英雄事迹，以情动人，来让新生代青年对老前辈的默默奉献肃然起敬，在熏陶中感受红色情怀，缅怀革命前辈的同时坚定理想信念，传承革命精神。

红色宣讲课堂旨在追求"梦想+扶志"，以此唤醒红色记忆，传承红色基因。项目组成员将赴全国各大红色圣地实地搜寻红军前辈历史资料，访谈革命先烈后代，收集整理打造出红色革命故事集，按时间线索进行排列，根据真人真事进行故事的二次创作，用党史串联可歌可泣的革命故事，挖掘其背后的精神内涵与文化底蕴，激励现代人不忘来路，铭记初心，在新百年里延续红色文化基因，传承红色革命精神。

3.宣讲技能培训课程。宣讲源于演说，却远远高于演说，这是一项集读写讲演四位一体、融通红色文化与革命教育思想的全方位技能，培训课程将从四个方面训练学生，使他们能够逐个击破红色宣讲的重难点，为将来走出学校、走到红色宣讲岗位打下坚实基础。

（1）宣讲稿撰写。稿件撰写是宣讲前期准备的重头戏所在，宣讲效果的优劣很大程度上取决于讲稿的质量。红色宣讲课堂紧紧围绕红色文化精髓，根据宣讲稿的特殊性质，邀请上海师范大学马克思主义学院教授作为项目指导专家，给学生进行专门训练，从立意、选材、结构布局及内容编排等方面入手，围绕红色文化主题，让学生有所思，有所悟，并写出声情并茂、有思想深度、有文化意蕴的宣讲稿件。

（2）发音吐字训练。很多人都认为宣讲的重点在于内容，实则不然。发音标准与流利程度同样对于宣讲具有很大影响。学生培训前将会收到学校下发的学习资料包，先自行准备练习，上课时老师将会针对资料包里的发音材料进行详细讲解与辅导训练，用专业技巧教学发音，一对一纠正不准确发音，课后继续跟踪练习，及时反馈并提供有效的针对性建议，从而使学生达到吐字清晰、发音准确、说话流利的效果。

（3）肢体形态训练。宣讲作为一项综合性的演说，不仅考验宣讲者的语言表达能力，其肢体语言与形态训练也不容忽视。红色宣讲课堂将针对学生进行形态培训，提升学生综合素质，从走路、站姿、手势等方面全方位对学生进行指导，使学生由内而外地培养红色宣讲的整体气质。

（4）表情与神态管理。在宣讲中，恰到好处的眼神交流互动能够极大地拉近宣讲者与听众的距离，从而达到最佳的效果。针对稿件性质、稿件具体内容与宣讲场合，教师辅导学生进行恰当的表情管理，使学生在实际宣讲中能有收放自如之效。

第四课时 线上课程平台搭建

红色文化宣讲课程、宣讲技能培训课程等线下面授课将同步录制成微视频的形式，并打造分享平台，通过线下引流、线上回流的方式，面向全社会有志于传承红色文化基因的各方人士开放学习。

教学过程

提问：各位同学，现阶段传统的红色精神宣讲主要通过场馆教育与讲座，这种形式有什么缺点吗？

回答：现有的红色公益项目大多落点于革命历史博物馆、纪念馆、红色教育基地等，并以此为核心向四周小范围扩散，或是吸引目标客户远道而来在此地进行服务，这存在地域局限性、缺乏可持久性、服务群体狭隘化等问题，故该红色公益项目覆盖面较小。

提问：在"互联网+"的时代大潮下，红色教育逐步从线下扩大至线上，"互联网+红色"势必是红色文化宣传的新趋势。我们如何利用好新媒体资源增强我们的影响力呢？

回答：除了线下课程体系以外，我们要积极抓住"互联网+"时代机遇，依托各种便捷的多媒体平台，同步研发线上产品，积极打破地域限制，使得本地以外的学生也能参与课程、共享课程，让红色文化与革命教育走得更远、传播得更好。

曙光中学红色讲师项目将与各大爱国主义教育基地、高校、中小学进行合作，线下深入服务群体中开展调研，收集红色革命故事，面向广大人民群众尤其是青少年学生群体进行红色宣讲，发挥项目成员"读写演讲"的专业特长；线上依托丰富的多媒体平台，以微课、喜马拉雅、vlog小视频等多种形式，实现红色教育的资源共享化。以声音传递红色情怀，以故事生动讲述红色经典，这样可以有效扩大本项目的覆盖面。

附3-34　行规养成项目化学习案例

"精准助农"项目化学习设计

上海市奉贤区曙光中学　陈嘉康

项目介绍

在新农村建设和全面建设小康社会的伟大社会背景下，精准助农师项目与白衣聚村结对，通过实地访谈、问卷调查、专家寻访等方式深入调查农民面临的问题，让学生了解我国农村广大农民的生活现状，以及在增收过程中存在的一些问题，一同分析现象背后的原因，增强学生家国情怀及社会责任感。

项目名称		精准助农师	
适用年级	高一		课时	5
涉及学科	政治、地理、劳技、信息科技、数学			
核心问题	本质问题	如何为沪郊农民增加收入？		
	驱动问题	如何更合理种植农作物？ 如何利用网络帮助销售农产品？		
目标设计	信息素养：利用大数据分析调查农产品销售情况，助力搭建多样化销售渠道。 家国情怀：身体力行参与生产劳动，助力家乡建设，号召同学们把自己的理想同国家的前途、自己的人生同民族的命运紧密联系在一起，立志奉献国家。 社会责任：通过调研农民生活情况来发现社会中弱势群体所面临的困境，在帮助他人的过程中学会感恩，学会关爱他人，主动服务社会，促进社会和谐。		
成果设计	成果形式	过程性：活动感悟 最终：课题研究		
	展示方式	项目报告		
评价设计	过程性评价	学生完成心得体会		
	终结性评价	结合实践所学，学生撰写课题研究报告		

任务设计	基于驱动性问题解决可能需要经历的探究过程: **阶段一——启动阶段** (1)教师提出问题 长久以来,面朝黄土背朝天一直是我们心中农民的印象,辛苦的劳作带来的收获其实并不稳定。教师引导学生分析其中的原因。 (2)教师明确任务 科学技术是第一生产力,同样的一块田地,不同的种子,不同的种植方法带来的结果是千差万别。教师通过举例来帮助同学们打开思路,寻找能够帮助农民增产增收的方法。最后一同得出项目中所需要解决的任务:实地访谈了解农产品销售的现状;对利润较好的农产品做统计调查;咨询农科院,了解相应种植技术;帮助农民调整种植结构、种植方法;挖掘多样化销售渠道助力产品推广。 **阶段二——开展阶段** (3)学生构建小组 学生根据自身情况进行分组,针对不同的问题成立不同的工作小组,自主设计开展实地调研。 (4)学生明确方案 在教师的指导下,学生需要进行资料搜集,进行组内与组间头脑风暴,确定最终的活动方案。 (5)学生具体实施 为了解决实际问题,学生需要通过实地走访、设计调查问卷、联系专家、访谈调研、动手实验等手段来完成任务。遇到难以解决的问题时老师进行指导。 **阶段三——成果检验** (6)形成合作协议 通过项目团队调研、实验、磋商等一系列过程、助力白衣聚村村委会与当地商超、农科院所、政府部门之间形成合作协议。 (7)设立销售点位,帮助农户在家门口更好售卖蔬菜瓜果。
项目资源	场地:白衣聚村、上海市奉贤区曙光中学农耕实践基地

第一课时 农民增收面临什么问题

教学目标

通过对我国农村普遍存在的问题进行分析,让学生了解我国农村广大农民的生活现状以及在增收过程中存在的一些问题,一同分析现象背后的原因。在新农村建设和全面建设小康社会的伟大社会背景下，帮助农户更好的从事农业生产，促进农民增收和农民生活水平的提高，农业生产结构和经营模式的转变，有利于促进农村经济发展意识的改观和农村经济的发展。

教学过程

问题：长久以来，面朝黄土背朝天一直是我们心中农民的印象，辛苦的劳作带来的收获其实并不稳定，是什么原因导致了这种现象的发生呢？

（学生查阅资料，头脑风暴）

回答：因为好的收成不仅仅是靠勤劳的田间管理，也要看种植期间的老天爷的"脾气"，在收获前的一场大风或者暴雨有时候就会让一年的努力付之东流。即使今年风调雨顺，大丰收之后摆在农民面前的销售问题也十分棘手。农产品滞销、卖不出好价格的话题在生活中屡见不鲜。

问题：我们如何通过自己的力量来帮助农民更加科学有效的开展农业生产活动，并且帮助他们解决后期的售卖问题呢？

（头脑风暴）

回答：现阶段，如何更合理种植农作物是摆在我们面前的第一大问题，同时帮助销售出更好的价格也是我们需要解决的，我们可以从这两方面入手，开始我们的任务。

第二课时　农民增收计划制定

教学目标

针对分析出来的问题，提出解决问题的可能途径，同时由于农村问题的复杂性，各个农村面临的问题各不相同，以白衣聚村为例来研究。

访谈：邀请白衣聚村村支部书记来为我们介绍发展状况。

目前村里的农户基本都是以种植水稻、葡萄、番茄、青菜等为主，其中水稻与葡萄是作为主要经济作物，其他蔬菜瓜果一部分用于自用，如有多余也会进行售卖。主要产销模式是自产自销，从种植到销售都是由农户自己负责。同时缺乏专业人员和技术，十余年来的种植模式从未改变，存在"靠天吃饭"的现象。

我们可以通过以下途径设计任务：实地访谈了解农产品销售的现状；对利润较好的农产品做统计调查；咨询农科院，了解相应种植技术；帮助农民调整种植结构、种植方法；挖掘多样化销售渠道助力产品推广。

第三课时 社会调查实践

教学目标

通过社会调查实践，获取第一手资料和信息，在理论研究的基础上分析现象背后的原因，从而提出科学合理的解决问题的建议。培养学生的社会责任感、社会担当精神、奉献精神。

教学过程

问题：农产品供给关系到千家万户，农产品质量高低直接关系到广大人民日常生活质量之高低。近年来，随着广大人民收入水平的不断提高，人们对农产品的质量有了越来越高的要求。如何对市民的需求进行统计，让农民种出更加符合市场需求的产品呢？

回答：通过设计调查问卷，对白衣聚村周围的居民购买农产品的情况做统计调查，发现城乡居民对农产品的消费需求正在从"吃得饱"向"吃得好、吃得安全、吃得营养健康"快速转变，人们对农产品的多元化、个性化需求显著增多。但是，目前当地农业生产大而不强、多而不优的问题还比较突出，很难快速满足人们对农产品多元化、个性化的需要。一些优质商品如地理标志产品、地区名优商标等品牌作物往往更加受欢迎，价格利润也相对较高。

教师小结：质优价廉是消费者对商品的永恒追求，但质优和价廉却是相互矛盾的统一体。做到质优，必然会消耗相对较多的人、财、物等资源，必然会使成本相对较高，很难做到价格低廉。同等质量情况下，居民不愿意掏更高的价格购买，这就要求生产者在做到质优的前提下尽量降低成本，争取以质优和价格相对低廉去满足消费者需要。

问题：现在社会上怎样的产品算得上是绿色产品呢？白衣聚村的农产

品如何更好发挥绿色产品的优势增加销量呢？

回答：随着人们对"吃好、吃得安全、吃得营养健康"的饮食理念的不断深化和健康固化要求，人们对餐桌食品绿色化要求越来越高，靠农药、化肥长大的农产品越来越不受人们欢迎。白衣聚村的农产品正是绿色有机的产品，但由于没有更加有效的宣传手段，与一些包装好的产品相比没有竞争力，难以吸引顾客购买。

第四课时　农业生产研究

教学目标

通过农科院专家指导，了解葡萄、水稻等农作物的种植技术，用科学方法指导农业生产。同时结合书本上的地理生物知识，分析科学种植为什么会带来品质与产量的提高。让学生深刻领会科学技术是第一生产力。

教学过程

提问：科学技术是第一生产力。白衣聚村农民没有专业的科研人员指导，种植过程基本靠经验，虽然能保证产量，但是不能有效保证品质。请问可以通过哪些渠道帮助农民获得相应的指导？

考察农科院

实践报告：白衣聚村的农户缺乏相关知识和专业的技术指导。通过咨询农科院所来帮助设计相关种植模式。可以考虑作物与作物交替种植模式，利用植物间的共生关系，按照各自最佳生长要求，把两种或两种以上的农作物合理地混种在一起，使之产生最大的经济效益。利用喜阳的高层作物与耐阴的低层作物相混种，深根性的作物与浅根性的作物相混种等，既可充分利用土地和立体空间，又可增加产量。

以白衣聚村种植较多的葡萄为突破口，尝试高质量的优秀品种。葡萄的品种多种多样，不同的品种有其不同的特性，所以葡萄的种植想要高产，选择适宜的品种是关键。首先要考虑的是高产稳产、品质优良、抗病能力强，又符合市场喜好的品种，其次还需要根据当地的环境条件以及各个品种不同的特性来对其进行筛选。若是环境适宜葡萄的生长，则可以选择高产早熟的品种，以获取更大的经济效益，若是环境不适合葡萄的生长，则可以选取一些适应力强、对环境要求弱的品种。

葡萄对于土壤的要求并不算高，在各种土壤中均可种植，不过不同的土壤种植出的葡萄产量及品质都有所不同，其中以壤土和细砂质壤土为宜。在建园时可以选择土壤肥沃、土层深厚、保水保肥能力强的壤土种植。建议农户种植地不能设置在风口、洼地等易滞留空气的地区，要保持园内空气流通，同时也要保证园内光照的充足。在光照充足的环境下生长速度更快，产量也会增加，相反阴暗环境产量会明显下降，甚至造成零产量的情况。

葡萄对于水分的要求较高，严格控制好土壤中的水分含量是种好葡萄的一个前提。葡萄在生长初期或营养生长期时需水量较多，生长后期或结果期，根部较为衰弱需水较少。在葡萄的浇水灌溉时应注意葡萄不同生长阶段的需水量，科学浇灌，避免发生一次性大量灌溉造成土壤中水分含量过大。同时葡萄忌雨水及露水，雨季频发的年份易造成日照不足，光合作用受限制，过多吸收水量易引起枝条徒长及湿度过高，极易引起各种疾病，如黑痘病、灰霉病等。应做好园内的排水防涝工作，及时清理堆积的雨水。

葡萄与大多数作物相同，生长过程中对营养物质的需求是很大的，主要以氮磷钾三种微量元素为主。在施肥过程中要注意适度适量，以及三种元素的合理搭配，施肥时配以有机肥一起施撒，可以有效地增加葡萄生长发育所需的养分。营养补充多数采取基肥、追肥、叶面施肥三种方式，基肥为冬眠或采收后使用。追肥为开花后利用雨后或浇水后撒施化学肥料，pH值6.0以下的土壤可追施白云石粉或石灰。同时联合学校开发堆肥技术，使用有机肥料代替化肥，更有利于葡萄的生长。

葡萄能够高产对于葡萄种植者来说是好事，但如果果实成熟后颗粒太多太紧密的话，也会发生葡萄相互挤压后大范围破裂，所以在葡萄成熟坐果后应当及时疏松果实，以避免果实太过密集造成的裂果。

加强农产品质量安全检测，提高消费者信心。从源头上规范农业生产资料的制、售、用行为，保障高端农业投入品使用的安全、科学，全面实施标准化生产。加强质量安全思想教育和监管力度，增强高端消费群体的信心，培养忠诚度。同时，还要加强对流通过程中批发市场和超市的安全监管，定期发布质量安全情况通报。建立和完善高端农产品质量追溯体系，为高端农产品建立起相应的履历记录，扩大可追溯的范围和深度。通过专家的指导和帮助，增加农作物品质与产量，是帮助农民增收的关键。

第五课时　拓展销售渠道

教学目标

广袤的乡土大地作为希望的田野，承载着农民们对美好生活的向往和追求。对于农民而言，丰收了固然让人喜悦，接下来的销售也是不小的考验。一方面，农产品要卖得出去，不能滞销。另一方面，农产品要卖出一个好价钱，让农民的付出得到更多的激励和回报。通过制定多样的销售模式，帮助农民更快更好地卖出产品，从而提升学生社会责任意识。

教学过程

提问：农民热衷进城售卖农产品，一方面是为了加快农产品销售，毕竟农产品具有很强的时令性，时间不等人。另一方面，由于中间商层层赚差价，农民的劳动价值在物流环节被摊薄，而自己亲力亲为销售可以多挣一些钱。我们能不能尽自己所能帮助农户拓宽销售渠道，更快更好地售卖自己的农产品呢？

（分组讨论，头脑风暴）

回答：可以与本地商超对接，在奉贤地区的生鲜超市，叮咚买菜等线上线下销售网点是最近兴起的农产品销售模式，具有极大的发展潜力。加强"农超"对接，提高农产品进入超市的比例。通过组织"农超对接"活动，加大"农超对接"实施范围，扩大本地农产品的销售。寻找流通企业参与"农超对接"，到农产品基地直接采购，扩大农超对接政策效果，提高订单农业比重。通过互联网等现代流通技术，建立农超对接和产销衔接的网上交易平台，以提升农超对接水平。降低当地特色鲜活农产品进入超市的门槛，稳步提高农产品农超对接比例。直接进城销售农产品有助于减少中间环节，让消费者以更低的价格购买到更新鲜的蔬菜瓜果，既丰富了市民的"菜篮子""果篮子"，也让农民解决了销售难题，实现了增产增收。

积极与城管大队沟通，以"便民利民、定点实验"为原则在川博路口定时定点划定多个设置白衣葡萄售卖点，指引果农前往指定地点摆摊。统一制作广告牌，吸引市民前来选购，同时积极与交通大队沟通，设立临时停车位与引导牌，方便开车路过的市民停车选购。

提问：卖得快可以通过以上手段，那我们如何让农产品卖出一个更好的价格呢？

回答：帮助挖掘高端农产品精神文化内涵，提高产品品位。在高端农产品满足消费者文化品位需求方面，高端群体的分歧较大，似乎难以达成共识，具体来说以下几方面的要求较多地被提及：蕴含高端科技，融合绿色环保理念，包装精美独特，有地域特色，富有品牌内涵，产品具有历史故事等。可以看出，人们对文化品位的理解和要求存在较大差异，充分反映出当今文化多元化发展的这一基本现实。因此，要充分运用文化生产力，围绕农产品的生产环境、产品特征、生产工艺、营销方式、品牌特色等，挖掘或赋予农产品和农业资源一定的文化内涵。

附3-35 以实践促行规养成的案例

情系大山，携手逐梦——高中生扶贫公益行动

上海市奉贤区曙光中学 诸丹萍

一、案例概述

2018年，曙光中学20名学生4位教师开展了为期6天的红色之旅研学活动暨"情系大山，携手逐梦"高中生扶贫公益行动。一方面，通过参观遵义会址、红军烈士陵园等爱国主义教育基地的研学活动激发学生的爱国情怀；另一方面，通过开展与务川自治县龙潭小学的公益助学项目以及帮

助奉贤对口扶贫县务川自治县仡村味绿色农产品产销平台推广当地特色农产品，帮助他们在奉贤打开市场。通过一个公益课堂，一次爱心走访，一个高中生扶贫项目，让高中生在能力所及范围内，感受付出与奉献带来的快乐，提升社会责任感。

二、思路与目标

创建于 1927 年的曙光中学，作为奉贤县委、奉贤第一个党支部诞生地，是奉贤革命的"红色摇篮"，学校以"传承红色精神，培育时代新人"为育人目标。基于此，学校在每年暑假组织学生带着课题或是公益项目有效开展红色之旅研学活动。研学与公益相结合的实践活动，能开阔学生视野，提高学生人文历史知识，进一步提升其思想境界，培养其公益意识，养成公益态度，从而达到培育具有"革命气节、家国情怀、责任担当、实践创新"时代新人的学校育人目标。

此次"情系大山，携手逐梦"高中生扶贫公益行动旨在让学生动手与动脑并行，理论贯穿实际行动，在实践活动的过程中，强化思想道德素质的培育，带着问题去探究，通过团队协作去解决，在发现问题和解决问题中调动学生求知的积极性，通过一个个可行、可操作的爱心小举动，实现社会责任、道德品质成长的大目标。

知识拓展：通过对爱国主义教育基地的寻访探究和与当地小学的互动，了解当地的历史、地理与人文知识，拓展学科知识范畴。

能力培养：前期，通过自主筹建团队、设计公益教学内容、设计互动方案，提升学生团队合作能力。过程中，在与务川自治县龙潭小学互动中拓展沟通交往能力，提升学生发现与探究的能力。活动后，通过开展团队小结，学会评价反思，提升思维境界，锤炼个人素质。

责任意识：通过参观遵义会议会址等爱国主义教育基地，开展公益助学、公益扶贫项目，达成公益意识、公益态度，提高学生的社会责任感以及家国情怀。

三、过程与方法

1.在"微小"中蕴藏善举的公益课堂和爱心走访。

了解学情：了解位于务川县龙潭村有一所村小——龙潭小学。在那所学校里有一群阳光天真、可爱动人的学生。虽然他们处在风光秀丽的龙潭，但他们却很难接受到如城镇小学一般的教学教育，他们在活动范围不大的校园里生活和学习，2018年全校1—6年级学生228名，学前班学生100名，其中有30名左右的贫困、特困的学生。

充分准备：活动前期，为帮助龙潭小学当地贫困生，学校组织全体学生开展美食节公益义卖活动，各班将盈利的一部分捐出作为贫困生助学金。由于校美食节开展得顺利，募集爱心基金6000元，将此作为助学金捐赠给了龙潭小学30位贫困生和特困生。正式出发前，20位学生自主筹建5人一组的团队，各组组长通过政教处、团委等部门与龙潭小学校长取得联系，商定活动细节，了解学生学情，核定资助对象和家庭情况，进一步确定爱心走访的对象，并将情况及时反馈给组员。而后，每组确定各自的支教主题，进行教案设计、试讲，并在校内广泛宣传，集思广益，最终确定公益助学的教学内容。

有序实施：来到务川的龙潭小学后，4个小组根据前期确定的方案，针对不同年级分别开展趣味手工类、人文历史类等两大课程。课后，每个小组对特困学生进行家庭走访，共计走访了10户当地特困家庭。同学们走上从未走过的山路，将大米和食用油送至孩子们家中，与他们的家人交流，了解他们的生活情况，为后续长期关爱做好准备。

总结反思：活动后期，每个小组开展总结反思，及时记录下自己的心得体会，并借助学校的微信公众号每日及时推送活动历程和自己的见闻、所思，希望借助信息平台的力量让更多人知晓并参与到这项有意义的活动中。

2.在"微小"中蕴藏善举的高中生扶贫项目。

务川县为奉贤的对口扶贫县，前期在与当地团县委沟通下，组员们还了解到当地贫困妇女在筹建一个叫作伬村味绿色农产品产销平台，她们急需打开市场，故组员们决定在公益助学的间隙走访该平台，在力所能及范围内，帮助平台推广当地特色农产品，为他们在奉贤打开市场提供一份助力。

前期，同学们充分调研该产销平台销售的农产品情况，确定产品清单，准备宣传传单，并在微信等网络平台进行项目的宣传，后在校内进行项目的宣传，分发传单、摆放展板等，筹集部分社会资金。在红色之路的过程中，同学们与平台发起人姚女士取得联系，考察了其他类似的电商扶贫平台，边考察边完善后续的推广方案。回到上海后，同学们走访了上海上塑控股集团及南桥镇文化广场进行推广，通过摆放展板，分发宣传单，对当地产品进行宣传，为仡村味绿色农产品产销平台争取到了部分订单。

四、成效与思考

1.创新实践过程，关注实践育人过程与效果的深度融合。

从德育工作实施途径和要求来说，学生参与社会实践能不断增强其社会责任感、创新精神和实践能力，最终达到有效提高学生的综合素质的目的，越来越多高校人才选拔的机制和政策与之一致，因而是不可或缺的。曙光中学是奉贤县委和奉贤第一个党支部的诞生地，是奉贤红色革命的摇篮，忆苦思甜，在当今和平年代，虽然远离炮火，但是作为曙光学子，其身上流淌着革命烈士传承的红色血液，所以和平年代重走红色路之路，让红色文化植根于曙光学子的骨子里，走进更多的爱国主义教育基地感受红色文化的熏陶，正是我们此行的重要目的之一。

那么，怎样让大众普遍开展的研学活动变得有意思有意义呢？此次结合"公益助学""高中生扶贫项目"的研学，正是在国家提出了"精准扶贫"的概念后，从学校和高中生层面，针对国家级贫困县务川自治县开展的一次有效探索。当代高中生不是温室里的花朵，他们能够关注时事，响应国家号召，在力所能及情况下履行社会责任的一种体现。龙潭小学地处山区，山路蹒跚，资源比较困乏，虽然高中生给予的经济上的支持是有限的，但是这一份"公益之心"是无价且可贵的。这样的探索让在校的高中生真正感受到，通过发挥自己的才智，通过小小的公益课堂和爱心走访，他们也能以的力量去帮助那些需要帮助的人，并且最终切实完成了一系列的行动，让这份公益之心、责任担当在心底留下烙印，为其今后投入社会开展更多公益实践活动打下基础，增加了高中生参加公益活动的内驱力。

2.注重实际成效，关注实践育人结果与效应的有效辐射。

为了完成此次红色之旅中的公益助学和高中生扶贫行动，学校团委、政教处等多部门联动，研究制定活动方案，学生又走向街头、公司，寻求物资的赞助。最终，通过学校"三五学雷锋"期间开展美食义卖，筹集资金6000元，并以每人200元的形式资助给了龙潭小学的30位家庭贫困的小学生。其实，这不是曙光学子第一次开展研学公益项目的探究。2017年的红色之旅研学实践中，他们策划了"青春践行长征路 爱心联结延长情"——曙光学子走长征路，助学延长县贫困小学公益项目。将在校筹集的5000元善款，也是以每人200元的形式资助给了南河沟小学的25位家庭贫困的小学生。通过多次走访上海凌安保安服务有限公司，最终他们还获得了单位支持，为南河沟小学全体学生发放了总价值2万余元的学习大礼包。今后，学校每年也会在校内以游园会、爱心义卖、义拍等寓教于乐的方式和走访社会企业寻求赞助的方式筹措每年的活动经费，为此类爱心助学活动提供长期有效的经费支持。

几年来，在师生们的积极探索中，涌现出了一大批具有榜样示范作用的学子，他们用自己的行动，引领身边同学投入更多公益实践活动中。如在区级美德少年、新时代好少年的评比中，项目组成员王龙杰被授予"正直勇敢奖"；热心奉献的王玄浩被授予"热爱劳动"好少年；在奉贤区世贤学子的评选中，曾参与过项目的蔡彦敏同学被授予"贤识"学子称号。曙光学子们不仅走出去，还将公益助学对象请进校园，他们设计"藏汉一家 爱心住家"公益项目，将四川省甘孜州牦牛小学的孩子请到了上海，让大山里的藏族孩子们能够走出家乡看看外面的世界，激励他们读书求学，用知识改变命运。

青少年阶段是人生的"拔节孕穗期"，最需要精心引导和栽培。曙光中学始终坚持搭建平台，引导广大学生投入到各类实践活动中，落实立德树人的目标。一批批曙光学子将家国情怀转化为回馈社会的行动，开阔了人生境界，丰厚了人文历史底蕴，原本有些薄弱的实践能力也得到了进一步提升，在回馈社会的过程中，培养"公益之心"，培育和落实社会主义核心价值观。

实用主义教育家杜威认为，真理和生活需要分不开，探求真理不能脱离实践经验。"做中学"是他倡导并从哲学的认识中得出的推论，也是他对社会实践重要性的著名论断。社会实践不应该只是流于形式的参观访问，而应该成为让学生走出校门、走向社会、接触社会、了解社会、投身社会的良好途径。此次以"公益助学、高中生扶贫"为主题的实践行动，锻炼了曙光学子各方面的能力，充分发挥了他们的积极性、主动性和创造性，是一次真正的拓展学习和走进社会课堂的实践体验。实践育新人，因为实践活动，曙光的学子们建立了良好的道德品质、健康的个性心理、远大的志向抱负与完善的人格素养，继承了创校先烈的志向，他们也将不断用行动做胸怀使命、肩扛责任、手握智慧、脚踏实地的新时代学子。

五、管理育人——构建红色教育视角下行规养成的管理体系

管理育人与立德树人具有密切的内在关联。育人的根本在于立德，管理育人与立德树人具有相同的育人旨归，管理育人是学校落实立德树人的重要抓手。管理育人包含几个要素：管理育人的主体、任务、内容和过程，覆盖学校行政管理、学生管理、教育教学管理、安全管理、校园管理、财务及资产管理等方面的内容。除了专业教师、思想政治教育工作者，还应包括学校各级管理者、教辅人员、校外社会实践基地人员等，是施教主体，对立德树人目标的实现具有传导性作用。管理者在执行和贯彻学校规章制度、开展管理活动的过程中，同时也应履行对学生进行思想政治教育的职责，同样也承担了培养学生良好的思想作风和行为规范的功能。

（一）科学架构

为了进一步加强和规范行为规范教育工作，由家委会代表、学校班子成员、社区代表共同组成了行为规范教育领导小组与行为规范教育工作小

组，明确各部门的岗位职责和目标。

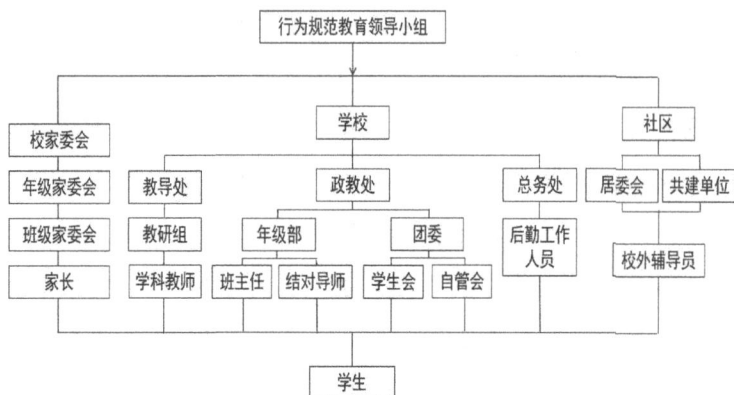

图3-12　奉贤区曙光中学行为规范教育组织机构图

行为规范教育工作小组由校长、书记负责，分管副校长具体执行；分管副校长协调各部门，通过开拓校外资源、邀请校外辅导员开设行规讲座，并对行规偏差生进行个案辅导；政教处通过年级部、团委具体实施，并牵头对学生行为规范进行评价，将专业团队的评价反馈给学校行为规范教育领导小组；教导处指导全体教师在学科教学中渗透行为规范教育；总务处组织后勤工作人员为行为规范教育工作做好后勤保障。家委会协助学校进行家庭教育指导，从而通过家庭教育提升学生的行为规范素养。

行为规范领导小组每学期制定行为规范教育计划，定期召开行为规范教育工作研讨会，共同分析学校行为规范教育工作的现状，指出存在的问题，探讨解决问题的途径、方法和策略，确定下阶段工作目标。运行机制如下图：

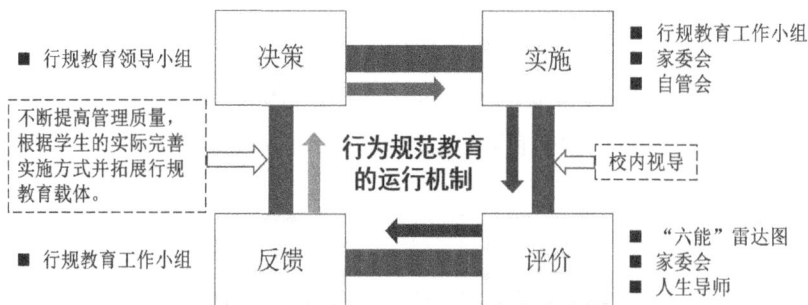

图3-13　奉贤区曙光中学行为规范教育运行机制图

（二）完善制度

学校注重顶层设计，对行为规范教育定位准确清晰，将其融入学校红色教育中，并纳入学校的育人目标，即将行为规范育人元素中的"严律己""明责任""乐奉献""善思考""严律己""会合作"融入其中。在2017年到2020年学校三年规划中，明确了"加强行规教育，创建上海市行为规范示范校"作为学校重点项目内容；在2020年到2023年学校三年规划中，将"优化行规教育评价，提高行规教育实效"作为学校重点项目内容。

学校制定了一系列行为规范教育和评价的相关制度，确保行为规范教育的有效落实。如《曙光中学学生行为准则》《曙光中学学生一日常规》《曙光中学学生宿舍管理制度》《曙光中学课程常规制度》《曙光中学学生考勤与请假制度》等，作为每届高一新生行为规范学习的必修内容；制定《曙光中学全员导师制度》《曙光中学谈心制度》等相关制度，为行规偏差生的帮教转化工作做好保障；通过《曙光中学学生多元评价制度》《曙光中学星级行为规范示范班评比制度》《"曙之光"优秀志愿者、"曙之光"优秀志愿者服务队评选方案》等制度与方案，评选星级班级与"洪炉"六星好少年，让同学们在"行规示范生""行规示范班"的引领下，遵守规则，养成良好的行为习惯。

（三）队伍建设

只有建设一支思想政治强、师德师风好、综合素质高的学校管理队伍，才能在管理工作中时刻突出育人导向，"给学生心灵埋下真善美的种子，引导学生扣好人生第一粒扣子"。首先，高度重视管理队伍建设，提升管理人员立德树人的意识与能力。通过加强管理队伍培训，帮助管理人员正确认识自身所肩负的立德树人使命，自觉地将育人职责与要求有机融入日常管理工作中。其次，加强师德师风建设。通过树立典型、考核奖惩、建章立制等方式，引导管理人员以良好的品行为学生树立榜样。

（四）全员育人

学校重视全员育人，推进"曙光中学全员导师制"，全体教师积极参加，从学习习惯、生活习惯等方面助力学生健康成长。此外，通过行政巡视、早自修、午自修、晚自修等日常管理，让学生养成良好的学习习惯；通过宿舍管理，培养学生独立自主的生活习惯。学校还坚持开展行规偏差生结对帮教活动，落实行政、党团员教师、班主任与行规偏差生的一对一结对帮教工作。

学校积极挖掘家长资源、社会资源，形成了以学校为主体，家校社融合互动的行为规范教育网络，形成家校社协作机制，着力构建三位一体的育人格局，共同关注学生行规养成。

附3-36 曙光中学全员导师制实施试行方案

一、指导思想

为深入贯彻中共中央、国务院《关于全面深化新时代教师队伍建设改革意见》、国务院办公厅《关于新时代推进普通高中育人方式改革的指导意见》等文件精神，全面落实上海市教委《关于推行中小学全员导师制的试点工作方案（讨论稿）》等文件要求，按照对学生"思想引导、心理疏导、生活指导、学习辅导"的总体要求，进一步加强学生发展指导，发挥教师队伍基础作用，提高我们学校教师的育德能力和家庭教育指导能力，课堂教育与课外教育相结合，共性教育与个性教育相结合，严格管理与言传身教相结合，落实立德树人的根本任务，促进每一个学生的新时代新成长。

二、工作目标

1.发挥教师的人格魅力，增强教师对学生的亲和力，发现每个学生的闪光点，提升学生的自信心、进取心。

2.以教育教学为中心，以学生的个性发展为主线，充分挖掘学生的潜能，使学生德智体美劳得到全面发展。

3.提升教师的教育教学理念，提高教师教书育人的艺术水平，促进教师的全面发展，促进教育的可持续发展。

4.调动全体教师教书育人的积极性，创建一种个性化、亲情化的"全员育人，全面育人，全程育人，全方位育人"德育工作新模式。

三、工作原则

1.全员性原则。一是学校的全体教师都是育人者，为每一位学生配备导师，实现"教师人人是导师，学生人人有导师"的结对目标。做到"教书育人，管理育人，服务育人"。二是指教育要面向全体学生，使每一个学生都得到发展。让学生的才能得充分发挥，个性得到充分张扬，潜能得到充分挖掘。

2.全面性原则。每一位导师既是学生学业的辅导者，也是学生生活的引领者，思想心理的疏导者，也是学校与家庭的联系者，使每个学生的身心都得到全面、健康、和谐的发展。、

3.发展性原则。导师必须以培育学生发展的核心素养为目标，在全面了解学生实际的基础上，师生共同讨论协商确定符合学生实际的长远目标、阶段目标。

4.双向性原则。学生和导师是双向选择的，学校在为学生配导师时，充分尊重学生的自主权和选择权。师生配对过程中，每位导师与学生之间的配置比例原则上不超过1∶10。

5.倾向性原则。针对个别有特殊需求的学生，学校将为其配备导师团，采用科任老师、年级部、政教处三对一方式配备导师。

四、实施步骤

学校建立工作机制，加强过程管理，注重工作实效。

1.组织领导。学校成立全员导师制实施领导小组，全面负责全员导师制工作的领导、实施、评估工作。政教处和年级部具体负责导师制实施的日常工作，做到领导到位，分工到位，目标到位，责任到位。

2.宣传发动。召开教师会，宣传全员导师制的意义、实施方案、操作

细则。组织教师学习有关教育学、心理学理论，查找分析学生弱势的原因，统一思想，提高认识，确保全员导师制认识到位、管理到位，落实到位、责任到位。全体教师要充分认识全员育人导师制对学校科学管理、增强学生自信心和成功感及促进学生全面发展的重要意义。

3.实施对策。成立全校教师为成员的导师库，并向学生公布。班主任是班级导师组组长，是班级导师制工作的组织者和协调者。召开"全员导师制"班级主题班会，让学生充分了解"全员导师制"的含义、原则和方法。班主任要充分了解学生的兴趣爱好、学习优势、弱势、个性特点、家庭背景等情况和学科教师的教育教学特点，尤其要特别关注学困生、困难生、行为偏差生、单亲家庭等方面的特殊学生，在学生和导师之间双向选择基础上，经合理调整，以班级为基本单位确定导师。每位导师要承担5—10名分包学生思想、学习、生活、心理、家校联系等诸方面个性化的指导工作。导师在工作中要如实、及时填写《曙光中学学生发展指导手册》。

4.阶段总结。每位导师根据导育学生的实际，制订计划，提出工作设想和目标，期末总结、交流。班级每月召开一次导师会，交流情况。年级部要抓好全员导师制的落实和督查，及时总结工作中取得的成功经验和存在的不足，提出改进措施，协助班主任解决遇到的实际问题。政教处每学期组织一次全校范围内的经验交流，推广典型经验。

五、工作职责

（一）班主任职责

1.负责本班导师与学生结对工作。

2.承担协调班内各位导师之间的工作。

3.建立班级任课老师全员育人工作网络。

（二）导师职责

1.主动积极地接受学生的申请，或者学校的委托，全面深入地了解结对学生的兴趣、个性和特长及其家庭背景。

2.根据结对学生的学业情况个性化制定学业辅导计划，在学习时间安排、学习态度、学习方法、学习纪律、学习习惯、学习过程等方面向所联系的学生提供帮助，引导学生自主探究性学习，做学生的良师益友。

3.指导学生合理安排课余生活，积极参加社会实践活动，激发他们刻苦学习、勇于实践的激情，提高他们的组织能力、动手能力和创新能力。

4.关注并掌握学生的思想动态、品德、行为表现过程，通过与学生深度交流，将正确的思想观念和成功的生活经验传授给学生，帮助、指导学生形成良好的思想道德和心理素质，促进学生身心健康发展。

5.加强与学生家长的联系，每学年进行一次家访，每月通过电话或微信、钉钉等形式与家长交流一次。

6.每月与学生进行一次深度谈心并形成书面记录，全面了解学生在各方面的表现，帮助学生解决生活与学习方面的困难。

六、考核评价

全员导师制采用多元化评价、发展性评价、过程性评价原则。看学生思想品德、心理素质与个性发展情况。同时在学习上看学生主动学习、有计划学习情况。

1.学校建立导师考核评价激励机制，每学年开展一次优秀导师评选活动，学校颁发荣誉证书，并记入教师业务档案。

2.导师的工作列入学校常规管理的一部分，导师的全部活动都要认真做好记录，每月年级部、政教处检查。

附3-37 全员导师制下的探索与反思

精度·温度·深度

上海市奉贤区曙光中学 徐婷

"双减"背景下全员导师制的推进，让我们关注到当前的教育不仅要减轻青少年的学业负担，更需落实学生的综合素养和全面发展。长期以来，德育工作被视作是班主任的工作，全员导师制突破原有的班主任受限于班级人数众多的教育瓶颈。导师不同于班主任基于班级为单位的管理，学校全体教师按照一定机制与每一个学生匹配，通过导师与学生建立良师益友的师生关系、与家长建立协同合作的家校关系，对学生进行全面发展指导和开展有效家校沟通。

由于家庭教育以及学生自身的生理特点等因素，老师发现学生出现问题时，不能只看表面去处理，而需要去倾听、去理解、去共情，去了解其背后产生的原因。因此，导师更加注重学生成长中的个性需求，深化对结对学生的全面了解，精准指导，融入人文关怀，做有温度的教育教学，成为"思想上的引领者、学业上的指导者、生活上的帮助者、心理上的疏导者、生涯上的规划者"，营造有深度的、多样化的师生交流，实现人人皆导师助力家校共育，使每位学生在成长过程中受到充分地关爱，健康快乐成长。

近日发生的一次事件让我深刻体会到了教学与德育的力量，导师并非仅仅是"传道授业解惑"的教书匠，更有可能成为对学生个人成长发展有影响和引导作用的指引者。某一天早上我收到了导员A同学家长的QQ消息，在聊天中我得知了小A昨天十分伤心，中午和晚上在电话中与妈妈偷偷哭诉。而导致小A情绪失控的触发点是在课堂上的师生问答环节中，老师的问题触碰到了她敏感的心事。我才恍然大悟，这个孩子回答问题时不说话，并非回答不出，我仅把这个课堂上的小插曲归因为该生平时性格腼腆，语文学科较为薄弱，以后要多鼓励她发表观点。整堂课教学正常推进，而我并未察觉到小A的情绪波动。若非家长出于对我的信任，及时与我沟通，可能就错过了解开心结的最佳时机。

原来，学习《边城》一文时，我请同学们交流文中让你觉得温暖的情节。抽到小A回答问题时，她简短地回答了"翠翠和爷爷"便不愿多说，我尝试引导她完整表达，两三次无果后，请其他同学补充。这看似平常的一个课堂交流环节，实则生发了学生内在情感与文本的跨时空交流。沈从文塑造的少女翠翠与疼爱她的爷爷两人相依为命，描摹的祖孙情平淡而真挚，"每一句都'鼓立'饱满，充满水分，酸甜合度，像一篮新摘的烟台玛瑙樱桃。"当翠翠在石码头等候爷爷时，她想到了一个古怪的想法，"爷爷死了呢?"心有戚戚焉,翠翠心底的恐惧与衰伤翻涌起了小A深埋的思念。与小A的好友小B沟通中我了解到,小A的爷爷在一个月前因意外离开了人世,小A从小与爷爷一起生活,爷爷格外疼爱孙女。家里人避而不谈此话题,而课堂中的机缘巧合却"引爆"了小A一个月来的衰痛。而小A认为她曾经向我请过丧假,我应该了解情况,却还在课堂上让她回答这一题,更让她感到气愤。

从家长、同学处了解并核实完情况后,面对初次处理此类事件,我怀着复杂的心情,决定要尽力帮助小A走出阴影,找到更好的缅怀方式。这一年龄阶段的孩子,他们习惯了父母亲人的呵护,对亲人有较强的依赖心理。一旦亲人去世,他们外在的支撑力量会严重弱化甚至消失,内心就会产生恐慌和无助。但在老师和同学面前,他们又认为自己已经成熟,必须在别人面前显得坚强,往往表现得若无其事。内外对立的强烈反差加剧了他们心理的煎熬,对他们以后的学习和生活会产生较大影响,也会无形中淡化他们对生命的敬畏之感和对亲人的感恩之心。尽管多数家长和老师会做一些安慰工作,但仍有不少学生事后变得敏感、内向、孤独,对周围的人和事漠不关心,对学习和生活缺少热情,心态显得压抑郁闷,不论是学业还是价值观念都会受到影响。因此,首先我需要化解小A对我的误会,甚至对语文产生的抵触情绪。我郑重向小A解释了抽到她回答问题绝非老师有意而为,并向她道歉在她请假时,未了解具体情况,忽视了她这段时间心里的煎熬。而她在课堂上未回答出问题,老师并不会责备她,这次特殊情况,反而证明她对文本有更深刻的体悟。进而和学生一起展开生命意义的思索。对于丧亲之痛,我选择用空椅子方法,借此机会,宣泄情感,释放悲伤,认同她充分宣泄,哭泣或诉说,无法释怀,都是人思念和缅怀的过程,并不羞耻。逝者已逝,生者如斯,不妨将这次误会看作是念念不忘的回响,爷爷换了一种形式陪伴在她身边,期盼着她的成长。

之后,我和家长继续保持联系,关注学生的情绪动向,并建议家长周末可以和孩子一同观看电影《寻梦环游记》。除此之外,我还意识到一生一案，建档保存的重要性。档案中不仅要记录学业成绩，还需要清楚地了解每一个学生的性格、气质，家庭基本情况，社交网络，突发事件，更可以开设导师的"解忧杂货铺"，以信件、日记的形式交流学业与生活上的喜怒哀乐。在此基础上，学校亦可探索融合更多元素，延展导师与学生的互动空间，如邀请导师加入初中部各年级社会实践活动，开展电影、读书分享会，师生同行的城市文化探访活动，通过丰富多样的活动增加师生多维度的互动交流。

每学期重要考试前后、学生生活发生重大变故或情绪明显波动、学生取得个性发展进步等关键时间节点，"班主任家访为主"向"教师全员参与家访"的转变，由班主任或联合导师与学生进行一次谈心谈话或开展家校沟通，密切家校沟通，共筑德育防线。

如今的"网生代"学生普遍具有网络思维、数据思维，他们大都思想敏锐，有很强的政治、道德是非辨别能力，拥有开放、猎奇和勇于尝试等性格特点，我们的教育，我们的校园也在更新素质教育的要求和人才培养目标的转变。全员导师制的出现与深化，契合时代发展，针对"网生代"学生的性格气质特点。他们注重尊严，追求时尚，追求个人价值的实现，因此也会显示出比较自我，常常以个人为中心；比较自恋，动辄展示自我形象；有时比较自闭，在个人生活中设置各种边界，在社会交际中容易陷入沉默，等等。这要求教师们必须用发展的眼光看待他们、认识他们、理解他们，要坚信，长江后浪推前浪，一代更比一代强，他们将会给中国社会的各个方面带来巨大的变化。导师要关注引导学生科学规划生活学习，以积极健康的姿态迎接成长，成长为心系天下、胸怀感恩、勇于担当、超越梦想的新时代学子。

六、协同育人——共建红色教育视角下行规养成的育人机制

《中小学德育工作指南》中指出，要积极争取家庭、社会共同参与和

支持学校德育工作，引导家长注重家庭、注重家教、注重家风，营造积极向上的良好社会氛围；要加强家庭教育指导，建立健全家庭教育工作机制，统筹家长委员会、家长学校、家长会、家访、家长开放日、家长接待日等各种家校沟通渠道，丰富学校指导服务内容，及时了解、沟通和反馈学生思想状况和行为表现，认真听取家长对学校的意见和建议，促进家长了解学校办学理念、教育教学改进措施，帮助家长提高家教水平；要构建社会共育机制，主动联系本地宣传、综治、公安、司法、民政、文化、共青团、妇联、关工委、卫计委等部门、组织，注重发挥党政机关和企事业单位领导干部、专家学者以及老干部、老战士、老专家、老教师、老模范的作用，建立多方联动机制，搭建社会育人平台，实现社会资源共享共建，净化学生成长环境，助力广大中小学生健康成长。

长期以来，在学生养成教育中，学校和教师一直充当着教育主体角色，家庭忽视、社区漠视的情况普遍存在，大大影响了教育效果。因此，我校努力构建"三位一体"育人模式，将各个教育主体联系起来，统一认识，齐抓共管，共同培养学生的良好品格。

（一）家校社协同育人中养成教育的内涵

教育主体包含家庭、学校和社区，"三位一体"的养成教育方式指的是三个主要教育主体之间形成教育合力，以学校教育为龙头，家庭教育为基础，社区提供教育平台的教育模式。"三位一体"养成教育中各教育主体承担着不同的责任。

家长是孩子的启蒙老师，是孩子的教育者和行为的监督者。家庭教育对学生良好习惯的养成具有重要影响。在"三位一体"养成教育中，家长需要充分了解自身的教育地位，为孩子做出表率，并与其他各教育主体达成共识，对孩子行为习惯进行强化和监督，给予孩子积极鼓励和有效引导。

社区为学生提供了社会生活环境，学生行为习惯的养成离不开环境因素的影响。社区教育中，需要发挥出每个公民的教育作用，从而为养成教育提供可靠的平台。

学校是"三位一体"教育模式中的龙头,教师在学生养成教育中,需要与学生构建新型师生关系,在教学中实现德育和人文教育的渗透,积极组织和开展各类教育活动,从而促进学生良好行为习惯的养成。

综上所述,家校社协同育人的内涵可以概括为:协调家庭教育、学校教育和社会教育为共同的育人目标,通过加强交流、密切合作,形成教育合力,实现最佳育人效果的教育活动,而这为学校的行规规范养成教育提供了切实可行的途径。

(二)家校社协同育人中养成教育的特点

协同育人在促进行规养成教育的特点上表现为:第一,家庭教育、学校教育和社会教育在协同育人中的主体地位是平等的,不存在从属关系。第二,要实现家校社的协同,就要把三者的行动都统一到"行为规范养成"这一育人目标上来,形成三维立体、全方位育人的格局。第三,家校社的协同是通过加强交流、密切合作、形成教育合力来实现的。从三者合作的形式来看,可以分为家校协同育人、校社协同育人、家社协同育人和家校社协同育人四种形式。第四,家校社协同育人的落脚点是实现全员育人、全面育人、全方位育人的素质教育目标,培养学生个体的行为规范素养,实现个体的全面发展。

(三)家校社协同育人中养成教育的实施策略

1.完善管理制度,夯实行规养成基础

(1)组织架构。学校建立了以校长为组长的家校社协同教育工作领导小组和工作组对学校家校社协同教育工作进行整体规划与协调统筹。

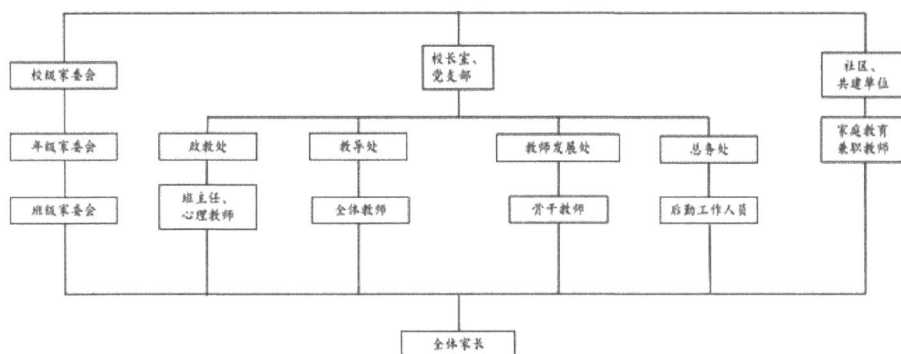

图3-14 家校社协同教育工作领导小组

学校还成立了由校长书记任组长的学校家校社协同教育实施骨干团队。组长宏观指导家校社协同教育指导工作，领衔学校各部门定期总结、反思、推进学校家校社协同教育工作。副组长（德育副校长）牵头家校社协同教育年度工作计划，担负起指导和推进学校家校社协同教育责任，积极探索学校家校社协同教育新途径、新手段和新模式，帮助家长树立正确的家校社协同教育理念，掌握科学的家校社协同教育方法。政教处落实家校社协同教育的计划，积极开展调查研究和理论研讨，为指导家校社协同教育工作提供理论支持和决策依据，利用各种形式广泛宣传家校社协同教育知识和方法，宣传家校社协同教育成功实践和经验。心理研究中心针对心理咨询过程中存在的家校社协同教育突出问题，开展家庭心理健康教育活动。年级部抓好年级家长委员会的建立和巩固工作，主持召开年级学生家长会，组织各种社会力量加强本年级的家校社协同教育工作。总务处保障家校活动开展中的硬件完备。发展处做好家校社协同教育工作方面的科研、课题、论文引领，鼓励教师们加强家校社协同教育科研方面的能力。

（2）制度建设。学校在征求校家委会意见的基础上制定了《家教指导工作》三年发展规划，其中有明确的家校共育的目标内容、工作任务、措施方法等，并把家校社协同教育指导工作列入学校章程、三年发展规划和学校工作计划中，每年还将此项工作作为德育工作的重点项目，凸显了家校社协同教育的重要地位。通过家长问卷，以家长需求为导向，每学年学校都会根据当学期实际，制定适合详细的家校社协同教育指导工作计划、工作总结和重点推进内容，为家校社协同教育工作的稳定发展提供相应保证。

好的管理制度能够有序推进家教工作长期稳定，为了进一步提升家长的育人水平，为家长传递更科学的家校社协同教育理念，提升家校合力，共同探索科学育子、让孩子成才的实践，目前，形成了多项支持家教工作的制度。如《曙光中学、家庭、社区"家校社协同教育"三方协作共建机制》等。《家委会章程》继续深化三级家委机构，进一步明确家委职责，充分发挥家委机构的作用，真正地让家长参与学校管理。完善配套的《曙光中学家长志愿者办公制度》《曙光中学家长志愿者"微型课程"制度》《曙光中学家长社团制度》，规范每周家长志愿者办公流程，周日家长晚自修值班，让更多家长走进校园、走进班级、走上讲台。完善《曙光中学家长学校课程实施指导意见》，通过量化的问卷，收集家长在家校社协同教育方面的困惑，并以此为依据，以学年为单位，通过专业的教师团队，循序渐进，按照特定的时间节点，给家长带来科学有效、符合当下家长需求的课程。

（3）三级家委会。学校基于要建设依法办学、自主管理、民主监督、社会参与的现代学校制度建设的需要，由学校主导发起建立学校、年级、班级三级家长委员会。

家委会团结全校学生家长，密切学校与家庭的联系，充分发挥家长对学校教育、教学工作的参谋、监督作用，是学校完善自身管理体系的一个重要组成部分。目前，我校各级家委会主要分为课程开发部、宣传策划部、协调咨询部、服务保障部和信息评估部等五个部门。

家委会成员参与学校管理、监督依法办学是确保学校办学公平、公正的重要环节，各级家委会有明确的职责和权利。校级家委会对学校的教育教学行为、规范收费、招生入学以及后勤服务等加以监督，使学校的各项工作阳光运行。年级家委会主要承担年级层面的家长学校工作，向校级家委会提出建议，主动牵头落实校家委会的工作安排，积极与年级组长保持沟通联系，协助年级组长组织家校活动。班级家委会主要协助班主任组织、参与班级各项家校活动，统筹班级资源，做好本班家长和班主任以及任课老师之间的沟通协调工作等。三级家委会齐心协力，通过参与学校管理，监督学校办学，做好学校与家长间的协调、沟通工作，组织开展各类家校交流活动，提高家长知情权、参与权和监督权，促进家校社协同教育与学校教育协调一致。

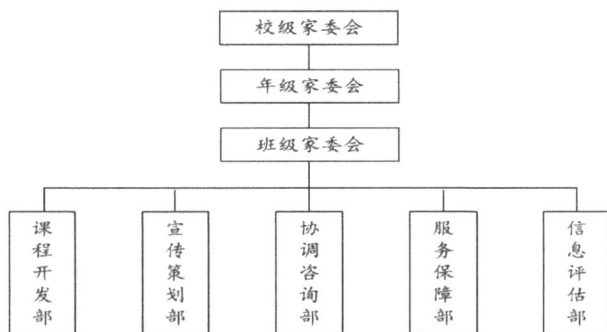

图3-15　曙光中学三级家委会构架图

2.开设家长学校，构建课程体系

家长学校在设计课程时，遵循高中阶段孩子的身心发展规律，立足新时代发展背景和学校独有的红色文化资源，将社会主义核心价值观教育、红色精神培育落实于家庭教育指导活动中，引导家长掌握科学的育子方法，促进家长和孩子共同成长，逐步形成家庭、学校、社区三方联动的家长学校课程。课程构建分普适性必修课程和个性化选修课程，分学段、分层次、分模块化实施。每学期利用开学初、期中和期末的家长会同步进行普适性必修课程，保证每学年至少有6次必修的家庭教育指导和实践活动，家长参与率基本达95%以上。具体有红色精神培育篇、亲子关系沟通篇、生涯规划指导篇和家庭心理健康篇四大模块。

表3-3　曙光中学家长学校课程目标

年级	家长学校培育目标
高一	引导家长认同学校;向家长全面系统讲授学生身心发展特点及规律,给予孩子合理定位,和孩子共同做好初高中学习生活衔接;提升家长生涯规划启蒙能力,初步形成健康的家庭教育心理品质

续 表

年级	家长学校培育目标
高二	引导家长走进学校;提升家长对孩子学习习惯、生活习惯、职业体验、实践活动的指导能力;推动家长履行家庭教育的职责,进一步掌握科学的教育方法和技能,营造和谐的家庭教育氛围
高三	引导家长充分信任学校;推动家长科学育子观念提升,推动学习型家庭建设;提高家庭文明水平,助力学生的健康成长,树立科学的育人观念

表3-4 曙光中学家长学校普适性必修课程

年级 内容 模块	高一	高二	高三
红色精神 培育篇	校史教育 《校史课程:东方曙光》	红色精神教育 《基因课程:长征精神》	信仰教育 《基因课程:时代强国》
亲子关系 沟通篇	指导家长做好初高中衔接 高中寄宿生活管理 青春期亲子有效沟通	提升家长和谐关系 亲子关系认识 家庭沟通模式	提升家长科学育子潜能 冲突管理 激励技巧
生涯规划 指导篇	提升家长生涯启蒙意识 职业梦想解读 加三选科指导	提升家长职业规划意识 职业体验 社会实践	提升家长专业填报指导 水平 探索专业 志愿填报
家庭心理 健康篇	提升家长心理适应能力 情绪管理 合理期望	提升家长逆商指导能力 挫折教育 成功教育	提升家庭心理健康 压力管理 生命教育

表3-5 曙光中学家长学校个性化自选课程

序号	实施主题	实施形式	实施计划
1	我们怎么做高中生家长?	讲座	每年9—10月
2	有效解决孩子青春期困惑	团体辅导	每年11月
3	提升孩子抗压能力	团体辅导	每年12月
4	如何指导孩子生涯规划?	讲座	每年10月

续　表

序号	实施主题	实施形式	实施计划
5	觉察自我,改善亲子沟通	团体辅导	每年2月
6	提高学习效力,营造良好心态	讲座	每年3月
7	考试前后,如何缓解压力	团体辅导	每年4—5月
8	如何指导孩子科学选科?	讲座	每年5月
9	全力奔跑,勇敢追梦	讲座	每年6月

表3-6　曙光中学家长学校自主学习课程

年级	推荐书目
高一年级	《爸爸的高度决定孩子的起点》谈旭著 《让孩子像孩子那样长大》钱儿妈著
高二年级	《妈妈的情绪决定孩子的未来》谈旭著 《正面管教孩子100招》徐望华著 《我们仨》杨绛著
高三年级	《自由教育的72个法则》黄志坚 李建勇著 《不负我心》刘墉著 《从小读到大》尹建莉著

3.借助家校社资源,拓宽养成教育空间

（1）家长驻校办公模式。这是我校加强家校联系、共建和谐校园的新举措。为增强家长对学校教育的关心程度,落实家长对学校教育教学的知情权、参与权、评议权和监督权,激发广大家长参与学校工作的积极性,更进一步拉近家校关系,配合学校完成教书育人的重任,共同办好家长满意的学校。在学校的保障支持下,家委会和学校共同商议开发家长驻校办公模式。每周五,在家委会的领导下进行家长轮流驻校办公,每两名家长为一组,利用一天时间进驻学校办公。驻校家长须佩戴标识在学校巡视,参与学校日常管理的全过程,参加学校例会、随堂听课、检查食堂、值日护校等活动,督查学校教师上课、办公、学校活动、校园环境卫生、安全隐患以及协助学校处理突发性应急事件等,并做好办公记录,完成"五个一"工作,即一次校园巡视、一次家校沟通、一次课堂观摩、一条改进建议、一份详实记录。

(2)校友、家长宣传活动。校友作为教育的宝贵资源,既是学校办学成果的重要体现,也是学校协同育人的重要力量。校友资源具有丰富的人才资源、教育资源、公共关系资源、信息资源和物质资源,将会在学校人才培养方面发挥重要作用。曙光校友是学校"红色精神"的实践者,更是"红色精神"的宣传者;家长是孩子的终身导师,更是学校"红色精神培育"的支持者。校友成长经历是曙光教学质量的最好体现,校友的高尚品德和不俗业绩是母校重要的德育素材。

学校组织开展"曙光校友、家长宣讲活动",邀请曙光校友、家长结合自己的专长或人生经历,以班级为单位开设讲座。宣讲主题要与时代性和前瞻性相结合,突出学校行规表现的六要素:明责任、乐奉献、健身心、善思考、严律己、会合作。

附3-39 部分校友、家长宣讲活动分享

王菊锋,1995届曙光校友。作为奉贤公安局二支队支队长,他以《做一个正能量的人》为主题,为同学们做了一场精彩的宣讲。他回顾了自己的工作经历,围绕"责任和担当、认真和敬业、正义和爱心、自控和感恩"向学生分享了如何做一个传递正能量的人。

杨卫莲,1993届曙光校友。大学毕业后重新回到曙光任教。她用一张张老照片,以及自己的亲身经历,为学生讲述了曙光复校以来的巨大变化,讲述着自己与曙光的不解之缘。杨老师说,曾经的曙光,条件艰苦,如今的曙光,各方面设施均已完善,希望新一代的曙光学子能继承红色精神,做到生于斯,长于斯,奋斗于斯,充盈于斯。

潘少东,2000届曙光校友。作为一名人民警察,他向同学们分享了自己在警察岗位上的经历,告诉大家做警察必须有绝对的专业与热忱,以及吃苦耐劳的精神。更重要的是一定要热爱国家、热爱党、关注百姓,在必

要时刻挺身而出。他勉励同学们一定要吃学习的苦，未来为社会做贡献。

刘昊玮，2018届曙光校友。为学生带了一场以"告别·相遇——安龙一中支教经历分享"为主题的宣讲，讲述了自己的支教经历。她从自己在贵州省安龙一中两个月的支教经历作为导入，跟大家分享支教生活的酸甜苦辣，不同地区教育资源的区别和学生学习状态的差异。她还结合自己的学习经验，对学弟学妹们现在遇到的困惑，提供可行的建议，鼓励大家在高一阶段找准目标，坚定信心，勇往直前。

陆建国，2023届学生家长。为同学们带来了一节别开生面的文化素养课《中西方政体演变漫谈》，系统地讲述了中西方历史上政治制度体系的差异。本节课着眼于总统与皇帝的差别，以近代欧洲的政治联姻为引子，从不同语言词根上追溯西方国家元首头衔的源头，介绍了三权分立的溯源与发展，并将此与我国政治制度的演变做对比，让大家对自己国家的政治制度与文化有了更深刻的认识与思考。大家还亲身上台体验了东西方不同的士兵服饰，都乐在其中，受益匪浅。

佘治国，2023届学生家长。佘先生是上海松井机械有限公司的一位优秀员工，在负责一汽丰田长春汽车厂的项目过程中，面对寒冷的气候，与甲方日本负责人交流产生的文化碰撞、沟通困难等问题，他努力克服，出色完成任务。他向同学们娓娓道来项目过程中的点点滴滴，启发同学们要以坚忍的意志，耐心的沟通，理论与实践相结合的灵活应用能力，坚定信念，培养抗压能力，最终实现自我价值。

（3）"智慧家长"读书会。家庭教育是人生整个教育的基础和起点，对人的影响最为持续而深刻，家庭教育对个人和社会发展有着非常重要的意义。父母如何提升家庭教育的水平显得尤为重要，而阅读便是其中一项重要的途径。2020年起，学校以班级为单位建立"智慧家长"读书会，通过读书活动，培养家长的阅读习惯，形成家长之间交流教育子女经验、方法的氛围，提升家长家庭教育的能力。

附3-40 家长征文分享

疫情期间良好亲子关系重塑
（2024届 鲍薇儿家长）

疫情期间，如何处理好亲子关系这样一个当前热门话题。疫情期间的居家学习，对于良好亲子关系的重塑，既是挑战也是契机，

鲍薇儿是一个个性外显，天真善良，好强有责任感，但是又非常敏感、情绪自我调控能力相对较弱的孩子，一遇到与自己认知范畴有冲突或者背离的事情，她非常容易激动，甚至会钻牛角尖。因此，跟这样的孩子做心理建设，更需要智慧和策略。虽然每个孩子有个体差异性，但是在教育思想和行为上，还是有共通性的，下面是我在这次疫情期间的几点做法，供大家参考。

第一，沟通上与孩子共情。共情的重要内容之一就是学会倾听，我的做法之一就是重复孩子最后一句话。疫情第一天，鲍薇儿在我手机里看到我与一个朋友的聊天记录，朋友说要在家里装一个摄像头，这样孩子在家她上班放心点。没想到鲍薇儿义愤填膺的对我说：这样孩子在家一点隐私也没有，这样做不尊重孩子，某阿姨是个没有人性的家长。要是以前，我一定会说阿姨出发点是为了孩子好，怕孩子不能自觉而浪费时间。而现在，我会说：是吗？你觉得阿姨没有人性啊！然后鲍薇儿说了句：我觉得在这件事情上有一点，但是其他方面，阿姨人还是挺好的，妈妈，你可不能在家装摄像头啊！然后就回房间做作业了。大家试想一下，如果我采取第一种方法，道理讲个不停，孩子马上就会跟你据理力争。所以，请你不要过度回应，你只要倾听就好。当你每次都这样做的时候，你会发现，孩子总有事情跟你讲，因为你会跟他在情感上同步，而且完全没有威胁性。

第二，行动上与孩子共振。疫情期间，孩子居家学习，脱离班级集体和校园环境，容易造成目标感的缺失，导致孩子的焦虑感上升。为了减少居家学习带来的弊端，我把单位的电脑也搬到了家里，然后和孩子达成协

议。你在学习的时候，妈妈除了家务也在写材料，我们每天要求自己完成三个小目标。大家注意，这里的主语是"我们"，"我们一起学习，一起完成三个目标"比"你可以去学习了，你要完成这三个目标"顺耳多了，"我们"意味着是共同体，孩子的心理防御少多了，接受起来也轻松多了！所以建议家长与孩子说话多用"我们"少用"你"。行动上的同频共振第一是为了给孩子营造一个学习氛围，第二为了减少孩子的孤独感。因此，不管是孩子还是家长，学习永远在路上。如果孩子在学习，你总是捧着手机，很容易把孩子带进"沟"里，因为你都控制不了，更何况孩子呢？

第三，思想上与孩子共鸣。结合当前的疫情，引导孩子学会思考和感恩。疫情期间的亲子陪伴，也让我与孩子有了深入探讨的机会。高中的孩子自身的道德以及理智感处于不断提升的状态，内心体验逐渐深刻。而这次疫情的卷土重来，我认为是一个很好的生命与道德教育契机。疫情让我们关于生命、关于敬畏、关于担当有了更多的思考和感悟。我们能为疫情做些什么？作为社会人应该承担什么样责任，探讨自然与人的关系，培养孩子收集信息、理性分析问题的习惯，提醒孩子，提醒自己在人生道路上类似的危机事件还可能发生，我们可以吸取什么经验。这次核酸检测在我们小区做了两次，中午休息的时间，我让孩子也出来做志愿者，让她在志愿践行中感悟真善美。引导孩子的注意力从物质到精神，从个人和社会，从过去到未来的更大主题中去，用更加厚重和博大的人生命题来激励他持续探索，我想这也是曙光红色精神的传承与延伸。

亲爱的家长们，没有一段路会白白走过，我相信每一位家长都会从这次的经历中有所学习和获得，在共情、共振、共鸣中实现共赢。孩子真正陪伴我们的时间不多了，让我们珍惜这段难得的居家亲子时光，平稳过渡，再次迎来美好的校园生活。

爱的阳光——《家长的革命》读后感
（2022届 陆屠懿家长）

在人的一生中，有些事情是我们自己可以掌握的，如果把握的好，我们就拥有成功的机会，读了《家长的革命》这本书，让我知道如何引导子女走向成功之路。

有什么样的父母，就有什么样的孩子，父母对自己的孩子，其责任不仅仅是先天的血脉传承与抚养，更重要的是后天的教育、影响与关怀，本书中崔宇老师讲述了许多发生在自己身边的事，生动、幽默、警醒，以不拘一格的形式将教子的方法以浅显的语言深刻地表达出来，其中许多孩子身上的缺点和问题也体现在我们自己的子女身上，我们要怎样改变孩子身上存在的问题呢？这就要从我们做家长的自身做起，试想一个没有读书环境和氛围的家庭又怎能让孩子去喜欢读书和学习？一个自私自利的家长又怎能培养出一个心胸豁达、乐于助人的孩子？太多太多的毛病和缺点都是首先体现在家长身上的，熟语说"近朱者赤，近墨者黑"。家长都不能勇于改变自己，又何谈去改变子女呢？正如崔宇老师所言，家长要学习，要进步，不能指望"船到桥头自然直"的天然教育，也不能滥用血缘关系的"权威"实施强迫与偏激的教育——正如印度大文豪泰戈尔所言，"爱的阳光"，父母的爱与教育要像阳光一样，既包围着孩子，却又给他"光辉灿烂的自由"，孩子应该拥有另一片天空。

一、言传身教用心交流

家庭氛围要和谐，重在身教，作为孩子的第一任老师，父母的一言一行都在潜移默化影响着孩子，所以说从孩子出生起，家校社协同教育相伴终身。孩子在家学习的时候我们也多学习。家长可以提前开始了解大学，了解专业，了解高考变化带来的影响，对待孩子更要以建议和沟通的态度，引导孩子进行自己的未来规划。除此之外，还可以学习一些心理知识，注意分析孩子的情绪、行为变化，应对孩子出现的各种问题，每一次和孩子的交流都要认真准备，尽量避免说出不恰当的话给孩子带来负面影响。另外要注意保护孩子的自尊心，帮助孩子树立自信心，教育孩子学会理解人、关心人，这样孩子会有良好的人际关系，有一个和谐的学习环境。注意孩子的心理发展，让孩子在有困惑的时候能和你交流，就算成功一半了。

二、等级科目用心支持

高二这学期面临着等级考，如何选择小三门作为等级考至关重要，从高一开始我们就在慎重思考了。作为家长的我们从学业压力的角度对孩子说，"选择地理和生物就能在高二考掉两门"，而孩子说，"地理和政治，更喜欢政治，并且我会好好学"。我们在一起经过了多次讨论之后，理解并尊重孩子的决定，这就意味着高二我们只考一门生物等级考，高三的学业压力会比其他同学更重些。而我听到孩子最多的一句话就是，"自己喜欢的就要坚持"，看到她的努力，生物成绩有所提高，我们很欣慰。

三、家校沟通用心合作

老师是孩子成长路上的领路人，家校沟通，作为家长有时遇到问题不能解决时，我只得求助班主任，了解孩子在校状态，学习态度是否端正？人际关系的相处，等等，老师通过和孩子谈心，不仅问题得以解决而且能及时调节学习状态。不要等考完试看到成绩差了才去找老师，平时也要常问孩子在校情况，保持家校沟通顺畅。高中阶段的学习模式和初中不太一样，要求孩子更加自律，更加自主，自己安排自己的时间，不仅是学习上的更是生活上的，这样才能有效地学习。作为家长，我也是积极配合，积极参与学校志愿者活动，因为我相信只有家校配合，再加上孩子的努力，才会事半功倍。

教育孩子的方法有许多，但要做一位合格的高中生家长还要付出很多，所以，勇于改变自己的家长，才能去改变孩子的一生。"革命"尚未成功，父母仍需努力。

孩子的"立"源于父母的"立"

（2023届 陆双怡家长）

《立》是池莉积淀了二十四年的情感，将自己与女儿共同生活、成长的点滴，用细腻的文笔呈现在大众面前。细腻的笔触却掩盖不了思想的犀利，直指当前的教育环境以及家长的教育观念中存在的问题，并用自己女儿的真实成长经历向传统教育"宣战"。

爱是最好的教育，池莉是一个"溺爱"自己孩子的母亲，她无条件地相信甚至崇拜自己的女儿。但放任自由的背后，是一个母亲用自己理性的独立思考和生活的全部心血为女儿营造一种更为亲密、自由、独立、平等且相互尊重的成长模式。

赢在起跑线上

我实在太喜欢池莉用一种发乎天性的"护犊子"的状态去培养她的女儿。尽管她在书中扬言"千万不要让孩子输在起跑线上——这纯粹是一个完全不能够成立的狗屁逻辑"。而我恰恰觉得，亦池之所以能展现出非同一般的人格魅力，活的漂亮又潇洒，其根本原因在于她婴幼儿时期，池莉对她的"教育"。吕亦池（池莉女儿）是一个真正赢在起跑线的孩子。

在吕亦池上幼儿园的时候，池莉就感受到了铺天盖地的教育压力，她也不是没有动摇过，带着亦池去咨询早教机构。但是，她仍能保有自身的判断："望子成龙原本是父母对孩子爱的心意，应该是父母在孩子成长过程中，不断用自己爱的举动和行为，同时还需要孩子心甘情愿地接受并且慢慢转化成为他们自己的主观意识。怎么眼下变成了如此急功近利的社会现状呢？""绝大多数的父母似乎无法从流行的教育观念和模式中突围出来。潮流的力量太强大了，几乎人人都被潮流裹挟，身不由己跟着跑。大家都在逼迫自己的孩子学习，用超大量的课本知识全部侵吞孩子自然生长的生命知识和生命快乐。"

由此，为了女儿，她和丈夫对抗，和家庭对抗，甚至和整个社会的大趋势对抗。但是，这并不代表着她就完全采用散养的态度，她凭着独立的思考和执着的毅力，硬生生为女儿撑起一片不一样的天空。

"怎么溺爱孩子，是我最小心翼翼的行为"

"我们就是始终和孩子在一起。不离开她，自己去打麻将打牌，一玩玩一天；不把她丢在爷爷奶奶家里，自己一出差一个月乃至几个月；不离开她，据说是为了她的将来去做做不完的生意赚不完的钱……就这样，和她在一起，发现她的能力，惊叹，表扬，鼓励，开心。"

最主要的是，池莉从小养成阅读的习惯。

池莉家里别无长物，清水白墙，只是书籍在日益增多，多得占满了两个房间还不止。她和亦池一起看、一起笑、一起乐，十分开心。她们家书房就是小亦池的游戏室，书籍就是她的玩具。坐拥书城的家庭环境和充满书香的家庭空气，在她看来，人在这种空间里，可以宁静致远，心驰神往，是很惬意的。

而且，她清晰的明白"溺爱"和"滥爱"的区别，并时刻注意自己的言行，小心践行着"身教重于言传"的信条："我以为太过随意的滥爱，会损害孩子正常的心智发育。做妈妈的在孩子出生后，更有责任急需帮助孩子完成她的发育，直至她适应社会，适应生存竞争。因此，怎么溺爱孩子，是我一直都最放不下的心思，也是我最小心翼翼的行为，因为我非常明白我自己本身就有许多致命弱点，许多不恰当的行为会害了孩子。""我开始注意检讨自己，要求自己力戒急躁，力戒脾气大，力戒在争论的时候容易冒出来的强势。"

池莉的行为让我想起前段时间因为《诗词大会》爆火的武亦姝的家长曾说过，当他们发现孩子开始对手机更加感兴趣的时候并没有像一般的家长一样，仅仅是对孩子提出要求并不断指责，而是从自己开始做起。武亦姝的爸爸妈妈自觉放下手机，拿起书本，和孩子一起看书，一起背古诗。久而久之，武亦姝也受其感染，沉入了诗歌的世界。

孩子的"立"源于父母的"立"，我们总在要求孩子，却忘记了要求自己。所谓"立"，原来是双方的，甚至父母更甚于孩子。

长大后的吕亦池，独立、有主见、善于和人交往，生命丰富又有质量。她并不是一个典型化的成长模型，但是独一无二的很光彩夺目。我觉得这一切都和她婴幼儿时期接受到熏陶，母亲给予的价值观密不可分。

我非常喜欢这本书，是因为越来越发现原生家庭之于一个人的重要性。我现在很多想要克服的莫名的情绪和行为，其实很多都可以从我幼儿时期的经历，以及我父母的相处模式中找到蛛丝马迹。我们从不去质疑父母的爱，只是感慨，"爱"虽然发乎天性，但仍需要花一辈子的时间去学习。

而最主要的，通过这本书，我不再盲目对自己的孩子提出要求，而是从改善自身来影响孩子。

（4）校外实践。学校积极整合社会资源，借助校友、共建单位、社会场馆、实践基地，为行为规范教育提供了多元渠道与载体，提升行为规范教育的效力。学校先后同上海市社会主义学院、上海青年管理干部学院青年研究中心、华东师范大学、华东理工大学、上海师范大学、上海应用技术大学、上海市农科院等高校、院所签订合作协议，聘任专家、教师35名，共同开发和实施"旗帜（A FLAG）"特色教育，指导学生开展相关研究型课题。除此之外，学校与龙华烈士纪念馆、中共二大会址纪念馆、中共四大纪念馆、海湾女子民兵哨所等红色场馆签订共建协议，为学生实践探究提供平台。

表3-7　校外场馆资源

	场馆	课程
区内	奉贤博物馆	《英雄的奉贤》
	奉贤区档案馆	《红色奉贤》
	奉贤少年军校	《军营体验》
	上海知青博物馆	《红色记忆》
	生态四季园贤园	《i奉贤 贤文化》
	赵天鹏烈士教育实践点	《东方曙光》
	庄行烈士暴动纪念碑实践点	《历史丰碑》
	海湾女子民兵哨所	《大国国防》
	潘公祠	《东方曙光》
	驻奉空军某部队	《大国国防》
	场馆	课程
市内	上海中共一大会址纪念馆	《红色上海》之开天辟地
	上海中共二大会址纪念馆	《红色上海》之党章史话

场馆	课程
上海中共四大纪念馆	《红色上海》之复兴之路
上海龙华烈士陵园	《红色上海》之英雄无畏
孙中山纪念馆	《中国革命史》
陈云纪念馆	《红色上海》之伟人印象
东方绿舟	《大国国防》
李白烈士故居	《红色上海》之红色密码
上海淞沪抗战纪念馆	《红色上海》之热血护城

附3-41 融合校内外资源 探索行规教育新实践——以曙光中学红五月采火仪式篝火晚会为例

上海市奉贤区曙光中学 陈嘉康

一、案例背景

在上古时代，火，以它最原始的形态体现着光明，将人类从一片混沌的世界中解救出来，从此拥有澄明的天与坚实的地。在千万年的历史演变中，火，又代表着除旧革新的力量，以燎原之势将一切丑恶与黑暗摧毁，照亮新的时代。

在曙光中学，每年的五月都会燃起一堆堆洪炉之火，它感召着一批又一批的曙光学子继承先烈遗志，发扬红色精神。根植于曙光人体内的红色基因将随着这火种，代代相传，烈士不朽，丰碑永驻，以此培养学生的家国情怀，提升学生的社会责任感。

二、案例描述

活动主题：革命之火传承不熄，红色足迹遍历心田。

活动地点：龙华烈士陵园、奉城第一小学、四团中学、洪庙小学、曙光中学。

活动实施

1.采火仪式

学校采火队伍由高一高二学生代表组成，分为4组，分别来到四个红色精神培育联盟校及联盟点位进行采火仪式。

采火流程：主持人宣布采集火种仪式开始→奏国歌→红色精神培育联盟点位领导致辞→曙光中学领导致辞→曙光中学学生代表诗词连诵（夹竹桃、布置洪炉铸少年、龙华远眺）→主持人宣布曙光中学篝火晚会火种采集开始→红色精神培育联盟点位领导走至取火器前→红色精神培育联盟点位学生代表向红色精神培育联盟点位领导递交火炬→红色精神培育联盟点位领导接过火炬，将其伸至取火器取火→火炬点燃后，双手高举火炬示意→红色精神培育联盟点位领导手持火炬，将火炬递交曙光中学学生代表→曙光中学学生代表接过火炬后示意→曙光中学火炬护卫队开始接力传递火炬流程（奉城一小）→曙光中学学生代表接过火炬后示意，用火炬点燃火种盒（其余点位）→主持人宣布火种采集仪式结束→曙光中学火炬护卫队在校门口将火炬传递给校长→校长用火炬点燃火种盒。

革命之火——奉城第一小学

奉城第一小学内有一座著名的祠堂——潘公祠，在这里诞生了我们奉贤第一个县委，第一个党支部，这里是我们奉贤革命之火的源头。同时也是曙光中学的诞生地。

第一采火分队徒步来到了奉城一小，在潘公祠旁举行了庄重的采火仪式。奉贤区教育学院院长、曙光中学老校长蒋东标老师在现场传递火种并致辞，他希望同学们传承红色精神，继承先烈遗志。

奉城第一小学党支部书记张伯葵老师也上台致辞，希望同学们继承红色基因，传承革命圣火。

重回曙光诞生地，曙光中学党支部书记杨旻上台说了自己的感受，也希望我们的同学能够做到革命自有后来人，能铭记历史，砥砺前行。

曙光中学和奉城一小的学生代表带来了李主一诗词朗诵。慷慨的诵读声在操场上空回荡。

在奉城第一小学乔流英老师的手中，象征着希望的火把被聚焦的光线引燃，点燃了火炬。革命之火不断传递，最后到了曙光学子手中，徒步传火正式开始，同学们一个个的接力，一次次火炬的交接，仿佛是精神的延续，是信仰的传承，传递火炬最后一棒的是曙光中学老校长林春辉老师，他将这革命之火亲手传递到曙光中学校长程立春手中。

不屈之火——龙华烈士陵园

龙华烈士陵园素有"上海雨花台"之称，前身为血华公园，新中国成立前，国民党淞沪警备司令部位于公园西侧，数以千计的革命志士曾被关押于此并慷慨就义，其中就有我们的创校先烈李主一，"丹心碧血为人民"烈士们的英勇不屈感召着一代代中华儿女。

第二采火分队来到了龙华烈士陵园。同学们在无名烈士长明火前肃穆站立。初夏的烈士陵园内庄严肃穆，柏树青翠挺拔。在沉重低缓的哀乐声中，礼兵们全身戎装，抬着花篮，缓缓走上无名烈士长明火前，向烈士献上花篮。全体学生三鞠躬表达对烈士的缅怀之情。

龙华烈士陵园的笪馆长致辞：在艰苦卓绝的中国革命斗争历程中，无数的共产党人为争取民族独立和人民解放，进行了百折不挠的英勇斗争，很多优秀儿女献出了宝贵的生命，充分展示了共产党人无所畏惧、一往无前的豪迈英雄气概。他希望我们要铭记历史，弘扬民族精神，继承革命优良传统。

我校党支部书记杨旻老师上台讲话，"饮水思源，才知道幸福的来路；感恩奋进，幸福才能久远"。我们唯有秉承先烈遗志，传承革命精神，才能真正表达对我校创校先烈李主一和其他烈士的缅怀与尊敬。

曙光学子们用铿锵有力的朗诵，献上了对李主一烈士的缅怀。

最后，笪馆长用无名烈士长明之火点燃了火炬，不屈之火就此燃烧。

义勇之火——四团中学

第三采火分队来到了四团中学，采集义勇之火。

由曙光中学学生代表以及四团中学学生代表组成的方阵庄严肃立，中午12时，伴随着嘹亮的国歌，五星红旗冉冉升起，仪式正式开始。

四团中学姚志强校长上台致辞，勉励我们应该"抚今追昔，饮水思源"。在天鹏广场上曙光中学学生代表齐声诵读李主一诗词，缅怀先烈。姚志强校长在取火器前点燃了象征英勇不屈的义勇之火，并将它传递到曙光学子手中。

今天的四团中学是赵天鹏烈士牺牲的地方，他为党和人民的利益，为祖国的解放事业英勇献身。巍巍银杏是历史的见证，始终不忘烈士英名。在四团中学校园里，赵天鹏烈士的高大形象，永远流芳百世。

开创之火——洪庙小学

第四采火分队来到了洪庙小学，采集开创之火。上海市奉贤区洪庙小学前身为竞成小学，是由革命烈士李主一创办，具有光荣的革命传统。

在采火仪式上，随着国歌响起，国旗的缓缓上升，仿佛蒸蒸日上的祖国，学子们心中都充满了骄傲。洪庙小学党支部书记夏雪官老师为曙光与洪庙小学的学子们做出了慷慨激昂的演讲，讲述我们革命先辈的红色精神与遗志传承。

我校的学生代表也带来了李主一烈士的诗词。听着朗诵人员有力的声音，大家都暗下决心要为祖国效力，为家乡建设做贡献。

最后的采火环节，伴随着庄重的音乐声，夏雪官老师手中开创之火的火炬被聚焦的光线引燃，新生的火种传递到曙光学子手中，随后送入火种盒内，被大家一路护送到曙光中学内，为篝火晚会献上了这开创之火。

英雄如火，烈士如歌，让我们为先烈们感到自豪。相信英烈们在天之灵，一定会为如今繁荣富强的中国感到无比欣慰。先烈虽逝，英魂永存。中华儿女继往开来，定不负先烈事业！

2.篝火晚会

5月21日晚，曙光校园洋溢着欢声笑语，同学们纷纷来到操场绿茵地，这里即将上演精彩的曙光中学传统节庆——2019年红五月篝火晚会。活动的主题为：革命之火传承不息，红色足迹遍历心田。

上午从各处采集的圣火汇聚在这里。火种均采集自红色精神培育联盟校和红色精神培育实践点，有来自龙华烈士陵园的不屈之火，有来自四团中学的义勇之火，有来自洪庙小学的开创之火和来自奉城第一小学的革命之火，这些红色火种在曙光合而为一，高三年级部主任胡容鹰老师与家长代表共同点燃了高三主会场的熊熊篝火。

紧接着学生代表把火种向着高一高二集合地依次传递，各年级部主任与家长代表一同点燃了分会场的篝火。

燃烧的篝火，闪烁的彩灯，真诚的笑脸，温暖的问候，共同构成了曙光中学的华彩之夜。

焰火飞扬，晚会正式拉开了帷幕。当雄壮的音乐响起时，全体师生起立，回响的曙光校歌《东方曙光》嘹亮而富有激情。激扬的歌声道出了曙光人立志肩负责任，传承洪炉之火的决心。创校先烈李主一的诗歌《夹竹桃》的朗诵声也娓娓传来，婉转悠扬，寄托着曙光学子铭记历史、缅怀先人的情思。

各班还精心准备了班级节目，合唱、舞蹈、相声、小品等精彩的演出博得了现场师生的阵阵掌声，让大家尽情投入，开怀大笑。穿插其中的小游戏更是考验了伙伴之间的团结协作，使得现场气氛热烈空前。

最后，师生围绕篝火集体跳起了兔子舞，掀起了晚会的高潮。伴随着动感的音乐节奏，同学们一个个搭着同伴的肩膀，面带着开怀的笑容，欢快地蹦跳、转身，跳跃中充满了曙光学子青春的活力。

三、案例反思

学校传统德育中，"以说教为主"和"形式主义"的现象严重，情感培养少，缺乏方法手段的多样性和有效性。

本次红五月采火仪式以及篝火晚会教育活动有赖于学校的周密安排，政教处、团委等多部门的得力组织、学生的积极参与和家长的大力支持，取得了令人满意的教育效果，学生们学会了尊重烈士、感恩烈士。培养了学生对自己、对家庭、对学校、对社会的责任感。以寓教于乐的方式使学校的红色教育落地生根，培养了学生的家国情怀，促进大家做有责任担当的新时代学子。

在活动过程中融合了学校本身红色精神培育的优势，结对市域内的优秀场馆，以活动为纽带，形成德育合力。但是在与家庭的合力育人层面上还有待提高。家长是教育的重要一环，学校定期举办家长开放周、家长接待日等活动、建立教师家访制、家校定期对话制、教师家长共评制、优秀家长及学习型家庭评选制等一系列制度，组织家长看校容校貌、随堂听课、评教风学风、议学校管理这些举措都有助于学生与学校的发展，拉近了家校距离，密切了家校关系，形成了德育合力。家长在本次活动过程中参与了点火仪式，点燃了各年级的篝火，但是未参与采火的过程，参与程度不够，同时各班各年级邀请的家长代表数量也较为有限，参与面有待提高。

第四章　红色教育视角下行规养成的评价体系

教育评价，就是要树立德智体美劳全面发展的育人观，引导各级教育机构和学生在加强品德修养上下功夫，教育引导学生培育和践行社会主义核心价值观。思想品德评价对学生的发展具有重要的意义，需要我们构建以行为规范养成教育为导向的评价体系加以匡正。红色文化资源具有浓厚的爱国主义色彩，是集坚定的理想信念、高尚的道德情操、深厚的爱国主义于一体的社会主义核心价值体系的重要内容，是世界观、人生观和价值观教育的重要资源，红色教育的开展能引导中学生行为的转化。红色教育视角下行规养成的评价体系应遵循客观性、实践性、整体优化、发展性等原则；应坚持以人为本的评价理念，确立切合实际的评价目标，建立协调互动的评价运作机制。

一、指导思想

（一）深化新时代教育评价改革总体方案

2020年6月30日，中央全面深化改革委员会第十四次会议审议通过了《深化新时代教育评价改革总体方案》，10月13日由中共中央、国务院正式印发。《总体方案》针对教育评价改革的核心问题，首次提出了"改进结果评价，强化过程评价，探索增值评价，健全综合评价"的"四个评价"新理念。

以习近平新时代中国特色社会主义思想为指导，全面贯彻党的十九大和十九届二中、三中、四中全会精神，全面贯彻党的教育方针，坚持社会主义办学方向，落实立德树人根本任务，遵循教育规律，系统推进教育评价改革，发展素质教育，引导全党全社会树立科学的教育发展观、人才成长观、选人用人观，推动构建服务全民终身学习的教育体系，努力培养担当民族复兴大任的时代新人，培养德智体美劳全面发展的社会主义建设者和接班人。《总体方案》中的重点任务指出要改革学生评价，促进德智体美劳全面发展。

1.树立科学成才观念

坚持以德为先、能力为重、全面发展，坚持面向人人、因材施教、知行合一，坚决改变用分数给学生贴标签的做法，创新德智体美劳过程性评价办法，完善综合素质评价体系，切实引导学生坚定理想信念、厚植爱国主义情怀、加强品德修养、增长知识见识、培养奋斗精神、增强综合素质。

2.完善德育评价

根据学生不同阶段身心特点，科学设计各级各类教育德育目标要求，引导学生养成良好思想道德、心理素质和行为习惯，传承红色基因，增强"四个自信"，立志听党话、跟党走，立志扎根人民、奉献国家。通过信息化等手段，探索学生、家长、教师以及社区等参与评价的有效方式，客观记录学生品行日常表现和突出表现，特别是践行社会主义核心价值观情况，将其作为学生综合素质评价的重要内容。

3.强化体育评价

建立日常参与、体质监测和专项运动技能测试相结合的考查机制，将达到国家学生体质健康标准要求作为教育教学考核的重要内容，引导学生养成良好锻炼习惯和健康生活方式，锤炼坚强意志，培养合作精神。中小学校要客观记录学生日常体育参与情况和体质健康监测结果，定期向家长反馈。改进中考体育测试内容、方式和计分办法，形成激励学生加强体育锻炼的有效机制。

4.改进美育评价

把中小学生学习音乐、美术、书法等艺术类课程以及参与学校组织的艺术实践活动情况纳入学业要求，促进学生形成艺术爱好、增强艺术素养，全面提升学生感受美、表现美、鉴赏美、创造美的能力。探索将艺术类科目纳入中考改革试点。

5.加强劳动教育评价

实施大中小学劳动教育指导纲要，明确不同学段、不同年级劳动教育的目标要求，引导学生崇尚劳动、尊重劳动。探索建立劳动清单制度，明确学生参加劳动的具体内容和要求，让学生在实践中养成劳动习惯，学会劳动、学会勤俭。加强过程性评价，将参与劳动教育课程学习和实践情况纳入学生综合素质档案。

（二）上海市中小学行为规范示范校评估指标体系

上海市行为规范示范校评估内容主要包括"管理保障""教育实施""学生行为表现""示范辐射"四个方面。学生行为表现分为生活习惯、学习习惯、人际交往、公共规范四个方面。

表4-1　上海市中小学行为规范示范校评估指标体系

一级指标	二级指标	指标要素
学生行为表现	生活习惯	1.养成营养均衡、科学运动、睡眠充足、具有健康审美追求、餐食不浪费等习惯。 2.锻炼身体，保护视力，学会自护，珍爱生命。 3.勤俭节约，合理消费，低碳环保。 4.生活自理能力强，生活方式健康。 5.合理使用电子网络终端产品，健康、文明上网。 6.热爱劳动，积极参加力所能及的家务劳动、志愿服务和公益劳动。
	学习习惯	1.养成良好的上课、预习、复习和作业习惯。 2.遵守考试规范。 3.讲究学习方法，注重课外阅读。 4.合理安排时间，提高学习效率。

续 表

一级指标	二级指标	指标要素
	人际交往	1. 言行举止文明，态度温和。 2. 诚信守诺。 3. 孝亲敬老，尊敬师长，友爱同学，团结互助，善待他人。
	公共规范	1. 爱党、爱国、爱人民、爱集体、爱社会主义。 2. 遵纪守法，具有国家安全意识和法治意识。 3. 遵守公共道德规范和社会公共秩序。

根据《总体方案》中"改革学校评价，推进落实立德树人根本任务"的要求和《上海市中小学行为规范示范校评估指标体系》中的学生行为表现，我校对学生日常行为规范制定评价方案，学校突出评价的发展性、激励性功能，立足于促进学生良好行为习惯的养成，在明确行为规范评价的目标取向的同时，更强调发展性评价的过程取向和主体取向，强调评价者、被评价者与具体情境在交互作用中共同构建意义的过程。

二、评价原则

（一）客观性原则

客观性原则主要是指坚持实事求是的态度。在构建学生行为规范评价体系的过程中，不能主观臆断，也不能掺杂个人情感，而要求真务实。评价指标不仅要依据新时代公民道德建设的要求，更要依据学生个体思想品德发展的需求及其内部结构进行构建。同时，要对行为规范在新时代中学生综合素质中所处的位置进行客观的评估，对行为规范的观测点（明责任、乐奉献、健身心、善思考、严律己、会合作）进行相应的赋值，在兼顾知情意行的同时侧重于行的测评，并且能够验证性地反观被测对象知情意行的情况。

（二）实践性原则

行为规范养成教育不仅包括其价值规范、价值判断与目的，还包括学生的行为事实。行为规范的评价旨在促进学生行规的养成，这意味着要坚持实践取向。学生思想品德的根本来源于社会生活，来源于其所进行的思想品德实践活动，并通过思想品德实践活动加以体现。这就需要行为规范评价既要以理性分析为依据，又要以学生的个体发展为依据，重视学生的情感在行为习惯养成中的重要意义。既要重视评价体系的价值性判断，又要重视评价体系的说明性判断、建议决策性判断。此外，评价体系要具有可操作性。

（三）整体优化原则

整体优化至少体现在以下两个方面：一是在逻辑上，行为规范评价体系的各个指标之间要遵循层次明晰、分类聚集、环环相扣、同级独立的逻辑结构，即各个同级指标之间的关系是平等、相互独立且不出现"缝隙"、联系紧密而不重复。如果统计指标逻辑不清晰，则会造成评价体系混乱，指标不独立，则会造成指标重复，致使评价体系繁琐庞杂；如果各指标之间关系疏松，则会导致评价内容不完备，降低评价体系的科学性、准确性。二是在内容构成上，指标体系应具体完备。完备的指标体系要尽可能全面、确切地反应评价对象的各个方面，既要有评价某一方面品质的局部指标和评价单方面品质的个别指标，也要有评价相互联系的几个方面甚至是整体方面综合性指标。

（四）发展性原则

发展性包含导向性、继承性和育人性三个方面。导向性是指行为规范评价体系必须贯彻党和国家的教育方针，与社会主义精神文明建设总目标相一致。在符合中学生发展规律和思想品德形成规律的基础上，以正确的方向引导人，以科学的方法指导人，以坚定的理想信念激励人，促进其自我完善。继承性是指在行为规范评价体系中，应充分吸收传统文化中有益的、能够体现时代特色的道德内容。育人性是指要把促进人的发展作为构建的出发点和归宿，作为评价结果运用的重要目的。

三、评价方法

（一）积分制管理

曙光中学在学生日常行为规范评价中实施积分制管理，充分体现以学生发展为本的教育价值观。通过红色教育，将"红色精神"真正的渗透到学生的一言一行中，内化为自己的品格。在红色文化资源融入行为规范养成教育的课程、活动、实践中，每学期以积分的形式对学生进行行为规范基础性评价。

积分制管理的根本目的在于充分发挥评价制度的功能，促进学生生活习惯、学习习惯、人际交往、公共规范的养成。其具体功能有导向和激励功能，注重学生之间的个体差异。学生在特色课程学习、校园活动、社会实践某一方面有突出表现，则可在这一方面获取较高积分。每学期的行为规范基础性评价积分又是学生评优的重要条件，通过积分制管理引导学生合理选择，发展自己，激励学生发挥潜能，发展特长。

（二）过程性记录

以学生为记录主体，结合学生提交实证材料，采用学生主动提交，相关负责人或部门审核等方式，按时间节点客观记录学生的行为规范养成教育的经历。

行规表现成长档案。学生根据《行规表现赋分参照》，自主填写行规表现成长档案内容，从明责任、乐奉献、严律己、健身心、善学习、会合作六大行规表现进行典型案例记录的描述，并进行自评、互评、师评，最后提交由班主任进行认定赋分。

（三）评价结果

1.洪炉"六星"好少年

学生的行规表现成长档案是学生自身发展的呈现。通过红色教育，培养学生的家国情怀、国际视野、集体观念、责任意识，帮助学生在日常的学习生活过程中养成良好的行为规范，并且能够实事求是的参与社会管理、服务社会。当学生某项行规表现赋分最终认定达4分及以上的，就可以点亮属于他的那颗"星星"，分别为责任之星、奉献之星、自律之星、合作之星、健康之星、学习之星。

2.行规表现"六能"雷达图

为发挥评价的功能，学校将红色育人元素融入行为规范评价中，实施"积分制管理"，从明责任、乐奉献、健身心、善思考、严律己、会合作六大方面，进行自评、互评、师评，最后提交由班主任进行认定赋分，并以"六能雷达图"的形式，记录学生在行为规范教育课程中的学习成长表现，真实反映学生的行规养成状况。

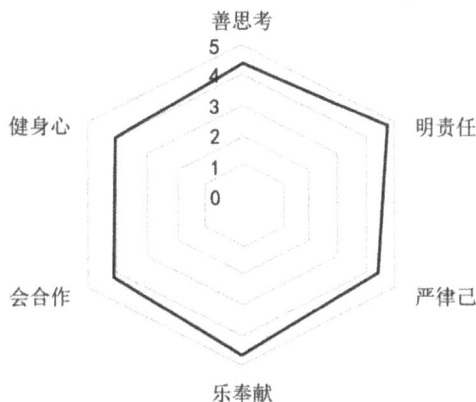

图4-1　行规表现六能雷达图示例（学生小C 高一年级）

四、评价内容

学生在行规课程学习中的表现由授课教师进行评价，共分为三档，A

档1.5分、B档1分、C档0.5分；学生在校园活动中的表现由带队教师进行评价，共分为三档，A档1.5分、B档1分、C档0.5分；学生在社会实践中的表现，由学生参照《奉贤区曙光中学行规表现特色项目赋分表》，主动提出申请，相关负责人和部门审核鉴定之后，作为本学期的行规表现特色项目积分。每学期学生的行为规范基础性评价得分将作为学期末曙光中学行规示范员评选的重要依据。

（一）学生行为规范基础性评价

表4-2 学生行为规范基础性评价（高一第一学期）

红色文化资源融入行为规范教育的课程、活动、实践		积分			课时
		A	B	C	
高一第一学期	红色基因课程群	《中国优秀传统文化》			
		1.5	1	0.5	2
		《东方曙光》			
		1.5	1	0.5	2
		《英雄史诗——长征精神》			
		1.5	1	0.5	2
	学科融合课程群	《红色丰碑——爱国奉献》			
		1.5	1	0.5	8
		《民族脊梁——古代篇》			
		1.5	1	0.5	2
	主题教育课程序列	高中生活 你准备好了吗			
		1.5	1	0.5	1
		我和我的班级			
		1.5	1	0.5	1
		敬畏自然 保护环境			
		1.5	1	0.5	1
		网络世界不简单			
		1.5	1	0.5	1
	校园活动	校园节庆			
		3	2	1	8
		仪式课程			
		1.5	1	0.5	2
		团辅课程			
		1.5	1	0.5	4
	社会实践	国防实践			
		农耕实践	行规表现特色项目积分认定		
		寻访实践			
		志愿服务			

表4-3　学生行为规范基础性评价（高一第二学期）

红色文化资源融入行为规范教育的课程、活动、实践		积分			课时
		A	B	C	
高一第二学期	红色基因课程群	《时代强国》 1.5	1	0.5	2
		《红色上海》 1.5	1	0.5	2
		《光荣之路——中国革命史》 1.5	1	0.5	2
	学科融合课程群	《红色丰碑——家国情怀》 1.5	1	0.5	8
		《民族脊梁——自强御侮》 1.5	1	0.5	2
	主题教育课程序列	无以规矩 不成方圆 1.5	1	0.5	1
		疫情中更显可爱的"你" 1.5	1	0.5	1
		珍惜自然资源 呵护美丽中国 1.5	1	0.5	1
		志愿者风采染红中国 1.5	1	0.5	1
	校园活动	校园节庆 3	2	1	8
		仪式课程 1.5	1	0.5	2
		团辅课程 1.5	1	0.5	4
	社会实践	国防实践			
		农耕实践	行规表现特色项目积分认定		
		寻访实践			
		志愿服务			

表4-4　学生行为规范基础性评价（高二第一学期）

红色文化资源融入行为规范教育的课程、活动、实践		积分			课时
		A	B	C	
高二第一学期	红色基因课程群	《世界的马克思主义》 1.5	1	0.5	2
		《关注民生——模拟政协》 1.5	1	0.5	2
		《依法治国——模拟法庭》 1.5	1	0.5	2
	学科融合课程群	《红色丰碑——责任担当》 1.5	1	0.5	8
		《民族脊梁——共和革命》 1.5	1	0.5	2

续　表

红色文化资源融入行为规范教育的课程、活动、实践		积分			课时
		A	B	C	
主题教育课程序列	我的大学我的梦	1.5	1	0.5	1
	合作带来共赢	1.5	1	0.5	1
	绿色环保 从我做起	1.5	1	0.5	1
	诚即天道 天道酬诚	1.5	1	0.5	1
校园活动	校园节庆	3	2	1	8
	仪式课程	1.5	1	0.5	2
	团辅课程	1.5	1	0.5	4
社会实践	国防实践	行规表现特色项目积分认定			
	农耕实践				
	寻访实践				
	志愿服务				

表4-5　学生行为规范基础性评价（高二第二学期）

红色文化资源融入行为规范教育的课程、活动、实践			积分			课时
			A	B	C	
高二第二学期	红色基因课程群	《红色中国》	1.5	1	0.5	2
		《大国国防》	1.5	1	0.5	2
		《大美中国》	1.5	1	0.5	2
	学科融合课程群	《红色丰碑——理想信念》	1.5	1	0.5	8
		《民族脊梁——追求曙光》	1.5	1	0.5	2
	主题教育课程序列	珍爱生命 远离毒品	1.5	1	0.5	1
		赠人玫瑰 手有余香	1.5	1	0.5	1
		青春同行 绿满校园	1.5	1	0.5	1
		我爱你中国	1.5	1	0.5	1
	校园活动	校园节庆	3	2	1	8

红色文化资源融入行为规范教育的课程、活动、实践		积分			课时
		A	B	C	
	仪式课程	1.5	1	0.5	2
	团辅课程	1.5	1	0.5	4
社会实践	国防实践	行规表现特色项目积分认定			
	农耕实践				
	寻访实践				
	志愿服务				

表4-6　学生行为规范基础性评价（高三第一学期）

红色文化资源融入行为规范教育的课程、活动、实践			积分			课时
			A	B	C	
高三第一学期	公共参与课程群	《国际政治研究》	1.5	1	0.5	2
		《公共关系》	1.5	1	0.5	2
	学科融合课程群	《红色丰碑——攻坚克难》	1.5	1	0.5	8
		《民族脊梁——当代篇》	1.5	1	0.5	2
	主题教育课程序列	我的私人订制	1.5	1	0.5	1
		年少须有为　遴友必方正	1.5	1	0.5	1
		倡导绿色生活　践行生态文明	1.5	1	0.5	1
		我的青春　与法同行	1.5	1	0.5	1
	校园活动	校园节庆	3	2	1	8
		仪式课程	1.5	1	0.5	2
		团辅课程	1.5	1	0.5	4
	社会实践	国防实践	行规表现特色项目积分认定			
		农耕实践				
		寻访实践				
		志愿服务				

表4-7 学生行为规范基础性评价（高三第二学期）

红色文化资源融入行为规范教育的课程、活动、实践			积分			课时
			A	B	C	
高三第二学期	公共参与课程群	《法学概论入门》	1.5	1	0.5	2
		《社会学概论入门》	1.5	1	0.5	2
	学科融合课程群	《THE RISE OF CHINA》	1.5	1	0.5	8
		《时代旋律 政治使命》	1.5	1	0.5	4
	主题教育课程序列	我的情绪我做主	1.5	1	0.5	1
		像一个集体一样去战斗	1.5	1	0.5	1
		低碳生活 我们在行动	1.5	1	0.5	1
		使命在肩 责任有我	1.5	1	0.5	1
	校园活动	校园节庆	3	2	1	8
		仪式课程	1.5	1	0.5	2
		团辅课程	1.5	1	0.5	4
	社会实践	国防实践	行规表现特色项目积分认定			
		农耕实践				
		寻访实践				
		志愿服务				

（二）学生行规特色项目评价

表4-8 奉贤区曙光中学学生行规表现特色项目加分申请表

姓名		性别		出生年月	
年级		班级		学号	
1.综述自己所认定的行规表现加分项目 2.佐证材料(可以是获奖证书、荣誉称号、相关单位证明,也可以是课题研究成果、调查报告等形式)					
个人申请积分					
班主任意见					

年级部意见	
最终评定积分	

表4-9 奉贤区曙光中学行规表现特色项目赋分表

板块	内容	赋分
自主管理	担任班委、团委、寝室长、心理气象员等班级职务并履行职责	0.5
	担任自管会、宿舍楼层长、学生会、团委会等职务并履行职责	1
活动实践	参与军政训练、军营体验	0.5—1
	参与学农实践、农耕基地实践、生存训练营等活动	0.5—1
	参与烈士后人寻访、红色场馆寻访、重走红色之路、红色征文、红色课题研究等活动	0.5—1
	公益活动（造血干细胞捐献、星星之家、红日宣讲团等）	0.5—1
	模拟人生项目（模拟法官、模拟政协、模拟馆长、模拟校长等）	1—2
行为规范荣誉奖项	获校级荣誉奖项	0.5
	获区级荣誉奖项	1
	获市级荣誉奖项	1.5
其他	与行规表现相关的内容（需认定）	0.5—1

（三）学生行规表现成长档案

表4-10 曙光中学学生行规表现成长档案

行规表现	内涵	典型案例记录	自评	互评	师评	得分
			1—5分			
明责任	集体观念责任意识等					
乐奉献	关爱他人服务社会等					
健身心	强健体魄热爱生活等					

续　表

行规表现	内涵	典型案例记录	自评	互评	师评	得分
			1—5分			
善思考	创新实践 课题研究等					
严律己	以身作则 遵纪守法等					
会合作	尊重他人 团队协作等					

第五章　红色教育视角下行规养成的阶段性成效

教育是培养人的事业，立德树人是教育的根本任务。素质教育的最终目标，就是要使政治原则、思想要求、道德规范、行为准则、知识结构等一些外部客体的东西，内化为学生内在的主体素质。要在中小学校中全面落实素质教育，就必须重视和加强对学生的行为规范养成教育。深入、持久、广泛地开展以行为规范为主要内容的养成教育，促进学生养成良好的行为习惯，为学生培养成为社会主义事业的建设者和接班人打下坚实的基础。

学校借助丰富的红色教育资源，对学生在生活、学习、人际交往、公共规范等方面的行规养成教育进行深入的探究。经过近几年的实践、探索与思考，学校的行为规范教育品质稳步提升，教师指导行为规范教育的能力有效提高，学生的行为表现与综合素养显著进步，学校在区域乃至市域的影响力、辐射力逐步增强。

一、学生成长

（一）学风优良，行为规范素养显著提升

在红色教育的熏陶和洗礼下，学生在生活习惯、学习习惯、人际交往、公共规范四个方面的行规表现有了显著提升，逐步成长为明责任、乐奉献、健身心、善思考、严律己、会合作的新时代曙光学子。良好的行为

规范，有助于学生学业的提升，学校综评上线率实现了飞跃，由原先的10.9%上升至44.3%，实现五年近四倍增长。

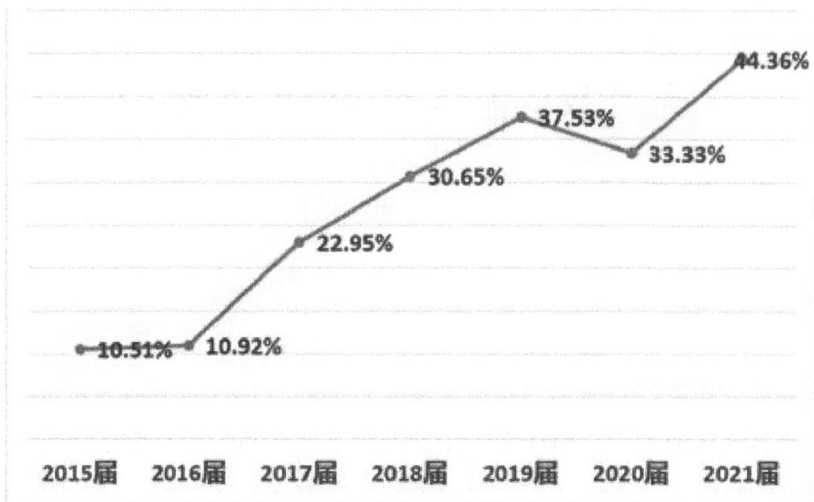

图5-1　曙光中学近几年综评上线率

附5-1《基于"红色精神培育"行为规范问卷数据结果分析及研究报告》

中小学生处于身心发展的转型时期，树立健康的日常行为习惯对促进学生身心健康发展具有重要作用。世界卫生组织（World Health Organization，WHO）指出，约2/3的过早死亡和1/3的成年人疾病总负担与青少年时期开始出现的健康危害行为有关。《健康中国2030规划纲要》指出，推行健康文明的生活方式，减少疾病发生。近年来学生体质健康调研报告和相关研究显示，学生不良早餐行为、缺乏体育运动、手机计算机成瘾等不良行为习惯日渐突出。

一、行为规范问卷调研背景

高中生已经开始形成自己的世界观、人生观和价值观，对事物的认识具有自己的看法。在这一阶段，知识量、信息量猛增，是为今后的工作与生活奠定坚实基础的大好时期。但在这个时期，由于思想还不成熟、对事物的甄别能力还比较弱，自制力较差等，容易形成一些坏习惯。我校部分学生家庭教育较不重视或不懂得良好习惯的培养。因此，从实际出发，引导学生自觉遵守《中学生日常行为规范》，就能促进学生良好行为习惯的养成。教师作为学生学习中的引路人，在指导高中生养成良好的行为习惯的过程中应掌握行之有效的方法。

《中小学生守则》及《中小学生日常行为规范》均体现了中国教育主管部门对中小学生日常行为的最基本的要求。首先，《规范》提高了中学生的道德认知，规范了中学生的行为习惯。《规范》内容涉及中学生校内和校外、学习和生活等各个方面。通过阅读和学习《规范》，一方面提高了他们辨别是非的能力，增长了见识；另一方面扩大了他们的道德认知范围，了解了更多的道德要求。不管出于什么原因，《规范》还是在一定程度上规范了他们的行为习惯。不可否认，绝大多数高中生认识到了《规范》的价值和作用，意识到《规范》对他们良好行为习惯的养成，做有道德、讲文明的好学生以及成长、成人、成才方面具有的重要作用。

其次，《规范》符合中学生的自身需求。高中生处于未成年人向成年人过渡的时期，往往在面对一件事时会有自己独特的想法与见解。抛开他们对《规范》一些内容的看法，他们认为《规范》在和谐人际关系、规范班级纪律、做一个孝顺的好子女和好学生、促进中学生健康成长方面扮演着重要角色，符合他们中学生的自身需求和成长需要。

但是这些规范也存在一些问题：第一，内容过时，新的问题没有涉及。社会是不断发展变化的，在新形势下，中学生群体中也相应地出现了一些新问题，比如早恋普遍化、手机使用普遍化、独生子女人际交往障碍、网络游戏成瘾等，这些都影响着高中生学习与成长。由于现今的《规范》根本没有与之相关的规定与要求，使得部分高中生并不认同教师和学校对他们在这些问题上的管理，这是与时代发展相适应过程中《规范》亟待解决的。第二，对一些要求与规定不认可。高中生从自身角度出发，对《规范》中的"见义勇为"、与家长沟通以及课余生活等方面体现了不认可不认同的态度。高中生大多数还未成年，自身能力也比较弱小，与不法分子做斗争的要求，高中生去做不仅危险，更可能会危及生命。由于高中生学习压力较大，家长又对高中生的学习比较重视，家长和学生往往会在一些问题上产生矛盾或持有不同的观点，在实际生活中很少有高中生可以很好地跟家长进行沟通。高中生学习负担重，又肩负着家长的期盼，试卷、课外教辅书多，学习负担重，不少学生除了吃饭、休息的时间外都将课余时间用来学习，几乎没时间进行课外活动。这是教育者以及教育主管部门必须得重视起来的问题。第三，一些要求没必要和多余，个别要求过于宽泛。《规范》中有些要求是属于常识性的，比如安全用电、节约用水、防火防盗等。在高中生看来，这跟行为规范没有任何关系，不必要存在于《规范》之中，应该删除。另外，一些要求他们在童年时期受到家庭和学校的教育就已经了解，不必要在《规范》中再次强调，这样显得多余且啰嗦。同时，关于邻里关系的要求过于理想化，没有从实际情况出发，没实际作用和价值，应该进行修改。还有一些要求"管的太宽"，超过了高中生的接受能力，应该再具体化或者细化一些。第四，语气强硬、过于绝对不灵活、没有人情味。高中生由于处于"青春期"和"叛逆期"，本身就对禁止性的条令反感甚至排斥，而《规范》中有43种行为是用"不"字规定的，约占全文的30%。禁止做什么往往是法律的思维，应该做什么提倡做什么才是道德的思维方式。当高中生的思维从"禁止"的角度出发思考问题时，就会引起他们的反感和抵制。同样，在面对着过于绝对，没有灵活性的要求与规定时，高中生也会表现出不满。在他们看来，任何事情都是相对而言的，必须跟实际情况相挂钩，一味地强调规定与要求而忽略了实际情况，是绝对不能接受的。

高中生普遍存在着一种对《规范》不明显的抵触情绪，这就决定了高中生对《规范》的认知存在偏差。首先，对《规范》的实际社会功能，高中生没能认识清楚。大多数高中生都认为是约束他们自身行为的规定要求，也是学校和教师对他们进行纪律管理的手段。由于高中生处于青春期，心理特征也处于半幼稚、半成熟的急剧变化时期，具有叛逆性的特点，因此任何一种对他们行为进行约束都是不情愿接受的，体现出一种不明显却又实际存在的抗拒和抵触情绪。其次，高中生在国家颁布《规范》的目的上没有一致的看法。他们认为国家是为了规范他们自身的行为习惯，也有部分人认为是为了培养"四有"人才，也认为是为了国家管理和建设和谐社会的需要。这就说明了高中生在这个问题上并不能达成一致，没有统一的看法，出现了片面性的认识。

根据这两个文件，我们可以认为自尊自爱、注重仪表，诚实守信、礼貌待人，遵规守纪、勤奋学习，勤劳俭朴、孝敬父母及严于律己、遵守公德等是当代中学生道德思想建设的重要着力点。尽管自该文件出台以来，各级教育行政部门和中小学校都对学生日常规范给予高度重视，但是能够从本地本校实际出发，健全制度，制定切实可行的实施计划，做到教育的经常化、制度化是进一步落实和提高学校德育工作的当务之急切实之举。因此，本研究采用自编高中生日常行为问卷，于2021年9月对上海市曙光中学进行日常行为调查，以了解学生的日常行为表现情况，为进一步做好该校的日常行为干预提供依据。

二、研究设计

（一）初始题项的筛选

根据《中小学生守则》《中小学生日常行为规范》，学生日常行为主要包括自尊自爱、注重仪表，诚实守信、礼貌待人，遵规守纪、勤奋学习，勤劳俭朴、孝敬父母及严于律己、遵守公德等。在此基础上，本研究收集了本学校3个学段的30位班主任老师以及每个学段20位任课老师对这些方面上具体表现的陈述，经过整理，形成了21个题项的初始问卷。

（二）正式施测与统计分析

1.研究对象

为了考察初始问卷结构的合理性和应用性，选取了曙光中学高一465人、高二424人和高三361人，其中男生591人、女生659人，区内其他高中共1250名学生进行施测。

2.正式问卷

问卷采用陈述方式，采用Likert5点计分。题目回答从1"从来没有"

到 5 "总是"，得分越高，说明日常行为表现越好。

3.统计分析

所有测试均采用统一的指导语，由本校心理老师进行施测。问卷的统计分析采用 SPSS24.0 进行问卷的探索性因素分析，信度分析，运用 Mplus 进行验证性因素分析。

三、研究结果

（一）探索性因素分析

教师关怀行为的因子结构，对 21 个项目进行探索性因素分析，分析结果显示 Bartlett 球型检验值为 12899.77（P<0.001），KMO 值为 0.95，说明施测样本数据适合进行探索性因素分析。

在此基础上，本研究采用主成分分析法（Principal Components）抽取因子，运用直接斜交旋转法（direct oblimin）进行旋转，以特征值大于 1 为依据确定因子数目。在各因子题项的取舍上，删除低负荷（载荷小于 0.3）和双负荷（在两个因素上的载荷之差小于 0.35）的题项，以及无法对题项与因子的关系做出合理解释的题项。研究结果显示，有两个题项（T15 和 T16）存在双负荷,无法对题项与因子的关系做出合理解释。因而，本研究删除这 2 个题项，保留余下 19 个题项并对剩下的 19 个题项进行第二次探索性因素分析，同样采用主成分分析法抽取因子，用直接斜交旋转法进行旋转。19 个题项的公因子方差值范围为 0.50—0.63，最终抽取出 2 个因子（见图 1 和表 1），累积解释总变异的 52.23%。两个因子之间成分相关矩阵的相关系数范围为 0.57，根据各个因子包含的题项内容进行命名，依次为严于律己、与人为善和遵规守纪。

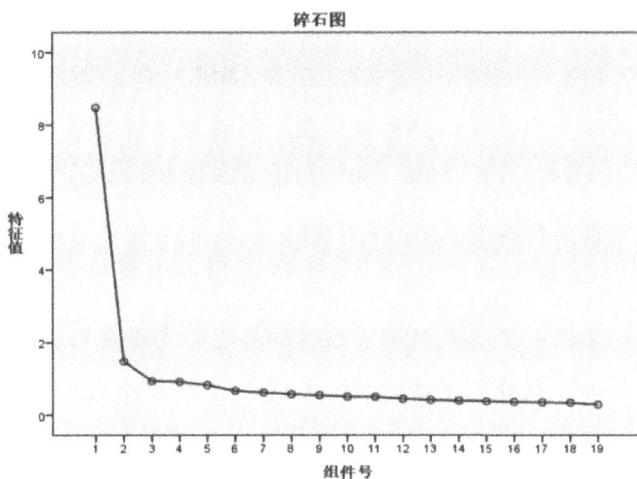

图1　碎石图

表1　学生日常行为问卷的探索性因素分析结果

	因子1		因子2	
	T3	0.57	T1	0.50
	T4	0.64	T2	0.65
	T5	0.77	T7	0.50
	T6	0.50	T12	0.68
	T8	0.81	T13	0.84
	T9	0.50	T15	0.51
	T10	0.83	T16	0.73
	T11	0.63	T17	0.50
	T14	0.71	T18	0.67
	T19	0.74		
特征值	8.47		1.47	
贡献率	44.57		7.72	
累计贡献率	44.57		52.30	

（二）验证性因素分析

为了检验各潜在变量指标的有效性，本研究运用Mplus软件对探索性因素分析的结果进行验证。评估验证性因素分析的结果良好的条件是GFI、CFI、TLI和IFI四个指标均大于0.9，并且RMSEA值小于0.5，以及X^2/df在2.0至5.0之间时，表示可以接受该模型。通过验证性因素分析发现，X^2/df的值为4.681，GFI、CFI、NFL、IFI和RMSEA指标均符合上述良好模型的标准，这表明该模型具有良好的拟合度。

（三）信度检验

问卷的信度分析主要是对问卷测量的可靠性与稳定性的考量，对测量所得结果的内部一致性程度的检验。本问卷（共19个题项）的克隆巴赫α系数为0.92。

（四）高中生日常行为分析

上述理论分析和实证研究均表明了本研究中学生日常行为问卷的有效性。因此，下文将以此为基础，考察学校学生日常行为表现整体情况及不同性别和不同学段学生日常行为的差异。

1.学生日常行为描述性分析

学生整体日常行为表现得分范围为12—105，M=98.56，SD=8.34；以平均数加减一个标准差（M±1SD）对学生日常行为表现进行分组，85.84%学生（N=1073）的日常行为得分集中在90.22—106.9区域，分布见图1。该结果表明，尽管有小部分学生日常行为表现欠佳，但是曙光中学整体学生日常行为表现较好。

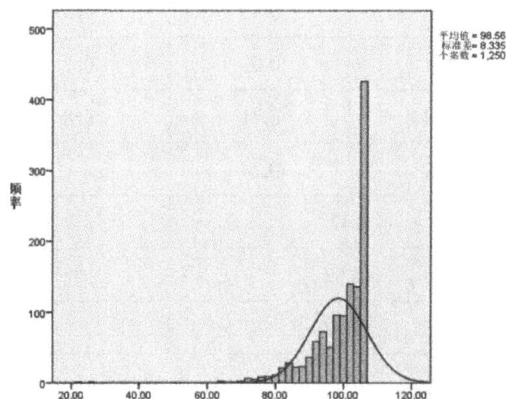

图2　日常行为得分分布图

2.不同性别学生的日常行为差异

t检验结果表明，男、女学生的日常行为表现是不存在显著差异的（t=−1.90，p>0.05）。

3.不同学段学生的日常行为差异

接下来我们对高中三个年级的日常行为表现进行了方差分析，结果表明了3个年级的日常行为表现水平存在显著差异（F（21247）=4.18，P<0.05），进一步比较表明，高三学生日常行为表现（M=99.62，SD=7.36）显著好于高一（M=98.05，SD=7.85）和高二年级（M=98.22，SD=9.50）的日常行为表现（Ps<0.05），高一和高二学生的日常行为表现不存在显著差异。

（五）曙光中学学生日常行为表现和学生职业发展及参与社会公共生活方面与区内其他学校的对比分析

根据问卷1，对我校学生和其他学校学生的日常行为表现进行了对比分析，研究发现了曙光学生日常行为表现（M=98.56，SD=8.34）显著高于其他学校学生的日常行为表现（M=94.50，SD=11.28）（t=−9.73，P<0.001）。

问卷2调查了学生未来职业发展及参与社会公共生活的意愿。针对我校与区内其他学校进行对比分析，问题1：你是否会结合国家发展的需要确定自己的目标院校或目标专业？我校学生明确选择"会"的人数约为总数的70%，显著高于区内其他学校。

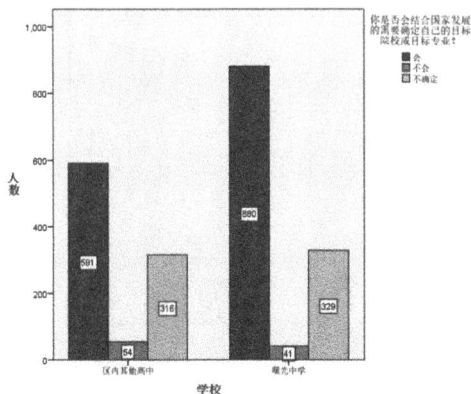

图3　学生职业选择数据统计

问题2：如果让你放下自己的事情，为集体做一件事，您的选择是？曙光中学约有82.3%的学生选择"乐意去做"，这一结果显著高于区内其他学校。

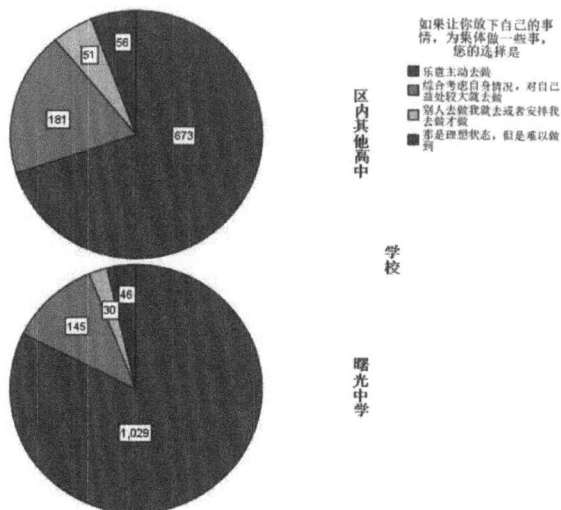

图4 学生团队意识数据统计

问题3：你是否意识到自己可以前往边疆或基层去贡献自己的力量？曙光中学的学生选择"意识到并将会这样做"这一选项显著高于区内其他学校。

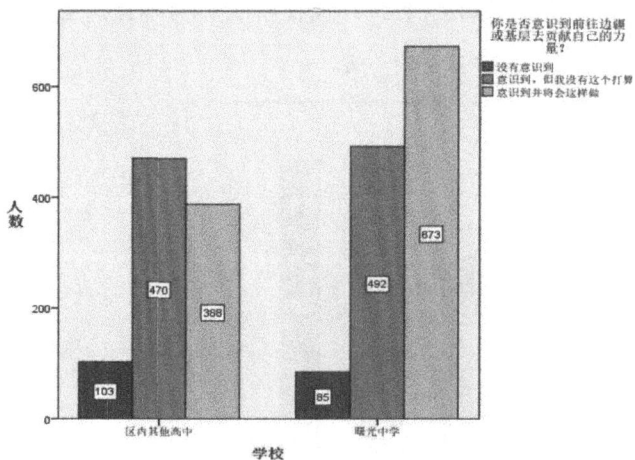

图5 学生奉献精神数据统计

（六）日常行为表现和学生职业发展及参与社会公共生活的关系

表2　日常行为表现和学生职业发展及参与社会公共生活的关系

	1	2	3	4
1.日常行为表现。	1			
2.结合国家发展的需要确定自己的目标院校或目标专业。	0.266**	1		
3.放下自己的事情，为集体做一些事。	0.300**	0.317**	1	
4.愿意前往边疆或基层去贡献自己的力量。	0.441**	0.287**	0.251**	1

通过分析学生日常行为和学生未来职业发展、参与社会工作生活及承担社会责任的相关关系，本研究发现了两两之间呈显著的正相关关系。下图为我校近四年毕业生主要升学方向。

表3　曙光中学近四年毕业生主要升学方向

	2017届（人）	2018届（人）	2019届（人）	2020届（人）
师范院校	51	72	62	69
医科院校	54	46	53	50
政法院校	13	16	25	22
公安院校	14	26	20	18

四、研究思考

学生日常行为规范建设有利于提高集体归属感，并改变自身的不良行为习惯和嗜好，提高学业成绩。并且日常行为建设还可以为有心理障碍的学生提供较好的纠正条件和机会，有利于教师更好地开展学生心理健康教育和调适工作。本研究通过自编日常行为问卷，对学校全体学生的日常行为水平进行了测量，发现曙光中学大部分学生日常行为表现较好，其中高三年级学生日常行为表现最好。结果进一步表明了我校既往教育工作和校园文化建设工作的有效性。

首先，我校鼓励学校教职工全员参与，建立完善的师生互动工作机制，加强与学生的沟通和交流，发挥言传身教的榜样作用。同时，进一步加强师德师风建设，使教师克服教育过程中产生的各种顾虑和畏难情绪，及时就学生的违纪行为和错误给予批评教育，引导学生养成积极乐观的生活态度。

其次，我校重视校园文化环境建设，发挥自然环境和人文环境在学生日常行为习惯养成方面的重要作用。这使校园文化环境潜移默化地熏陶、感染、影响学生的思想行为和道德品质，不断提高学生的综合素质，激发学生全面发展的热情和冲劲。

再次，我校为培养学生敢于担当、不怕吃苦优秀品质，开设了劳动服务课、文明礼仪课等实践训练课程，帮助学生提高生活技能，勇于承担社会责任和使命，能够独立、自主地解决问题。

最后，我校建立健全对学生日常行为规范的检查、评比、反馈、评价和考核机制，不断构建网格化量化考核指标体系。通过建立科学、合理的量化考核方案，构建检查、评比、量化考核、反馈、矫正等管理指标体系。针对学生在校学习、生活期间对校规校纪的遵守情况、文明礼仪表现、学习情况、劳动卫生情况等建立公平公正的定性和定量评分标准。

通过分析学生日常行为和学生未来职业发展、参与社会工作生活及承担社会责任的相关关系，本研究发现了两两之间呈显著的正相关关系。德育教育已经成为学校教育的核心，抓好日常生活与行为规范养成教育，是落实素质教育精神的时代要求和重中之重。青少年良好的行为习惯的培养不仅是保证其健康发展，而且更是可持续发展和终身发展的基础，是在为未来奠基。教育的最终目的不仅在于培养德智体美劳全面发展的人才，教育更是为人类未来发展打基础的，把人的创造力量诱导出来，将生命感、价值感唤醒，引导其筑牢理想信念，厚植爱国主义情怀，切实肩负起中华民族伟大复兴的时代重任，积极承担社会责任，成为为社会进步和国家富强做出贡献的栋梁之才。

（一）爱国主义教育对于当代中学生发展的重要性

爱国主义教育是新时代主旋律，是一个国家、民族精神的寄托和文化的凝聚，也是世界各国开展教育的重要内容，爱国主义教育主要通过公民教育、道德教育、历史教育等形式进行爱国行为方式的表达。新时代中学生的爱国主义教育既需要以情感为基础，也需要以规范化的网络语言行为为背景，共同促进青少年爱国行为的发展，形成以文化为载道讲清爱国之理，以文化铸魂稳根基涵养爱国之德，以文化育人引领爱国之尚，树立高度自觉的文化自信，运用艺术形式和新媒体，以理服人、以文化人、以情感人，生动传播爱国主义精神。爱国主义教育作为国家与个人、民族与民族、个体与集体间的道德规范介质，是一个由知情意行等因素构成的系统范畴，存在于人们的客观意识，并在长期的实践认识过程中不断演进。同时，中华民族作为一个自觉的民族实体，萌发于忧国忧民，发展于救亡图存，调节着个人与国家间的道德准则、法律规范，随时代的变化发展而不断丰富完善。作为新时代的教育者和管理者，要把育爱国之才、牵系育人之道和扬时代最强音为己任，抓责任分工、关键环节、长远规划，勇担当善作为，帮助青少年树立正确的价值观、理性的爱国观、科学的人生观。正如梁启超所言，少年强则国强。新时代爱国主义教育是以习近平新时代中国特色社会主义思想为指导，坚持与爱党、爱国、爱社会主义相统一，培养担当民族复兴大任的时代新人，进而为实现中华民族伟大复兴的中国梦而奋斗。

（二）我校特色"红色精神培育"对中学生行规教育的重要性

为了承继学校历史，根植红色文化为底色的上海城市文化，对接中学生核心素养，以及解答国家对于教育提出的"培育什么人、为谁培养人、怎样培养人"的根本命题，学校在历史和未来之间寻找特色办学的方向，2017年学校制定了《上海市奉贤区曙光中学创建"红色精神培育"特色高中发展规划》，引领学校新一轮特色发展。

学校对办学历史和经验进行梳理，对"红色精神"的外显和内涵进行了深入研究，明确了"红色精神"的概念界定。"红色精神"根植于中华优秀传统文化，历经中国革命时期、新中国建设初期、改革开放时期和新时期四个主要阶段，是中国共产党领导中国人民取得民族独立、人民解放、国家富强的真实写照，是革命先辈在各个时期发扬无私奉献的爱国情怀、秉承全心全意为人民服务的宗旨意识、坚持艰苦奋斗自力更生的优良作风、在实事求是的思想方法下不断为中国人民谋幸福，为中华民族谋复兴的高度概括。以"红色精神培育"校本课程为载体，把校史教育作为我校高中生入学教育的第一课，并以此延展到红色精神的广阔领域，变传统的说教为课程教学，贯穿到学校教育教学工作的方方面面，在教学活动中感悟红色精神，以红色精神的内在动力引领学生正确的人生观、世界观、价值观的形成，将行规教育融入我校校本课程中。

（三）"公共参与"系列课程对中学生行规教育的重要性

当代教育改革关注人的发展，关注学生核心素养的发展。"公共参与素养"是新时代承继红色精神的育人追求和实践归宿，即在服务和奉献社会同实现个人价值之间找到平衡点。针对当今高中生政治参与不足，公共参与缺失的现状，学校开发和实施面向全体学生的公共参与课程群，这一课程体系隶属于学校行规教育，也正是符合我校行为规范的具体表现"明责任"。

课程内容包含培育公共参与的基本知识、价值认知、较稳定的参与品格和表现出的对公共事务的影响能力。课程群分为"知识与理论"和"体验与能力提升"两大模块。其中，"知识与理论"模块以短课程组合的形式授予学生社会学、管理学、心理学等基础知识；"体验与能力提升"模块以项目化学习的方式提升学生沟通力、抗挫力、协同力等。

学生的成长不仅在学校里，更在社会中。传承"红色精神"最终是为了参与社会服务、履行社会责任。学校构建了基于项目化学习的"模拟人生"项目，以高阶学习驱使低阶学习，赋予学生真实的角色，让其在"模拟村长""模拟教师""模拟法官""模拟心理咨询师"等真实或者虚拟的场景当中履行这样的角色，最终迁移到生活世界当中的真实，从而提升社会服务和管理的意识与能力，达到促成行规教育的最终目的。

附5-2 中学生日常行为规范问卷调查

亲爱的同学，欢迎你参加高中学生日常行为规范的问卷调查，请仔细阅读下列问题，并根据你的实际情况做出选择。答案的选择对你无任何影响，调查结果仅供研究之用，请不要有任何顾虑。对于你的支持，表示衷心的感谢。

1.你目前所在的年级是？

A高一　B高二　C高三

2.你的性别？

A男　B女

第一部分

3.每周一升旗仪式时，你能自觉做到肃立、行礼、唱国歌吗？

A从来没有　B偶尔　C有时　D经常　E总是

4.根据《学生日常行为规范》的规定，学校对学生的仪表、着装有具体要求，你对这些要求是否能做到？

A从来没有　B偶尔　C有时　D经常　E总是

5.平时你见到同学和老师，能做到主动打招呼吗？

A从来没有　B偶尔　C有时　D经常　E总是

6.平时学习你能坚持做到课前预习，每天作业独立完成吗？

A从来没有　B偶尔　C有时　D经常　E总是

7.上课时，你是否做到上课专心听讲、积极思考、勇于提问？

A从来没有　B偶尔　C有时　D经常　E总是

8.你是否生活节俭，不互相攀比？

A从来没有　B偶尔　C有时　D经常　E总是

9.你能否做到诚实守信，诚信考试，平时言行一致，不说谎，不骗人，不弄虚作假？

A从来没有　B偶尔　C有时　D经常　E总是

10.平时在家里，你能孝敬父母，体贴家人，并帮助父母做一些力所能及的家务活吗？

A从来没有　B偶尔　C有时　D经常　E总是

11.课间休息时，你是否遵守公共秩序，不大声喧哗？

A从来没有　B偶尔　C有时　D经常　E总是

12.如果你在食堂排队就餐时，遇到插队现象，你能做到出言相劝吗？

A从来没有　B偶尔　C有时　D经常　E总是

13.乘坐公共交通工具时，碰到了老弱病残幼，你是否会主动让座？

A从来没有　B偶尔　C有时　D经常　E总是

14.观看电影、听讲座等集体活动时，你会把手机调成静音或震动吗？

A从来没有　B偶尔　C有时　D经常　E总是

15.你是否会遵守交通规则，不闯红灯，不违章骑车，不跨越隔离栏吗？

A从来没有　B偶尔　C有时　D经常　E总是

16.在校园内见到地上有垃圾，你会主动把垃圾捡起来，扔进垃圾桶吗？

A从来没有　B偶尔　C有时　D经常　E总是

17.会参加志愿者或义工吗？

A从来没有　B偶尔　C有时　D经常　E总是

18.你会给贫困山区的孩子捐书捐款捐衣服吗？

A从来没有　B偶尔　C有时　D经常　E总是

19.你能做到不打架，不骂人，不说脏话，不涉足未成年人不宜的活动和场所吗？

A从来没有　B偶尔　C有时　D经常　E总是

20.你能做到不看宣扬色情、凶杀、暴力、封建迷信的书刊、音像制品，不参加迷信活动吗？

A从来没有　B偶尔　C有时　D经常　E总是

21.在日常生活中，你能做到同学之间互相尊重，真诚相待，正常交往，发生矛盾多做自我批评吗？

A 从来没有 B 偶尔 C 有时 D 经常 E 总是

22.捡到财物，你会主动归还给失主，或者委托他人寻找失主吗？

A 从来没有 B 偶尔 C 有时 D 经常 E 总是

23.你经常关心国家时事政治吗？

A 从来没有 B 偶尔 C 有时 D 经常 E 总是

第二部分

24.你是否会结合国家发展的需要确定自己的目标院校或目标专业？

A 会 B 不会 C 不确定

25.如果让您放下自己的事情，为集体做一些事，您的选择是

A 乐意主动去做

B 综合考虑自身情况，对自己益处较大就去做

C 别人去做我就去或者安排我去做才做

D 那是理想状态，但是难以做到

26.你是否意识到前往边疆或基层去贡献自己的力量？

A 没有意识到 B 意识到，但我没有这个打算 C 意识到并将会这样做

（二）自主管理，自律能力持续提高

学校成立"三级自管机构"：班级学生自主管理委员会（班团干部）、年级学生自主管理委员会（自管会）、校级学生自主管理委员会（团委会、学生会）。班团干部组织全班学生集体讨论，达成共识，制定好每一条班规，并在班级管理过程中逐步完善，从而形成良好的班风。年级自管会着重对各班的教室卫生、学生仪表、晚自修纪律、两操（广播操、眼保健操）进行检查，并把结果递交政教处，作为行为规范星级班级评比的重要参考依据。校团委、学生会以协助各班做好日常行为规范教育为出发点，发现问题及时与各班班长或班主任反馈，做好服务、监督与沟通的工作。

学校积极创设有效机制，搭建舞台，为学生行为规范养成教育构筑良好的氛围，学生实现了自主管理和自我教育。在班主任指导下，学生自主

组织主题班会，在"我的生涯规划""网络文明""我理想中的班集体"等一个个主题的讨论下，促进了学生良好行为规范的养成。年级部以"培育红色精神 造就时代新人"为主题，引导学生在一系列多姿多彩的教育活动中开展行为规范教育。在2021年的红色小剧场中，学生们把《金色鱼钩》《长津湖》《江姐》《霓虹灯下的哨兵》等红色经典故事搬上了舞台，激发学生爱国主义情怀的同时，明确了曙光学子的使命和担当。在校团委的指导下，由学生构建了行规序列升旗仪式，其中每一个主题都由班级申请承办，如2023届高二（7）班承办了"遵守行为规范 争做美德少年"主题升旗仪式，2023届高二（9）班承办了"低碳环保齐步走 环保节约爱校园"主题升旗仪式。

校团委、学生会、年级自管会还加强了日常管理工作的联动，定期开展联席会议，沟通各项工作。三级自主管理平台覆盖全体学生，形成了全校学生自我管理、自我教育的良性循环。

（三）热心公益，社会参与度增强

通过行为规范教育若干举措的实施，学生在理想信念、使命担当方面有明显增强，学生积极加入志愿服务的队伍，热心公益，并以力所能及的实际行动参与社会、回报社会。

每届毕业生在参加毕业典礼后纷纷加入中华骨髓库、结对偏远山区贫困儿童、爱心帮教、关爱孤老、帮扶自闭症儿童等活动中。孝老爱亲的沈皓同学为身患白血病的父亲捐献了骨髓，《广州日报》对此做了专题报道。乐于参与公益活动，关注民族团结的蔡彦敏同学组建团队自主策划了"藏汉一家、爱心住家"活动，将远在四川省甘孜县的藏族小学生请到上海开展参观游学活动，这一活动至今一届届接力传承。

为了解老年人对智慧居家养老的评价和看法，我校模拟政协的成员以60周岁及以上的老年人及其家属为主要调查对象，实地走进社区访谈老年人，向老年人及其家属发放并收回有效问卷共计1307份。在整个社团活动过程中，学生们增强了爱国奉献精神，提升了社会服务意识。2020年9

月，在全国青少年模拟政协提案征集活动中，我校模拟政协社团《关于完善智慧居家养老的提案》脱颖而出，成了全国十件"最佳模拟政协提案作品"之一。2021年8月，在第八届全国青少年模拟政协活动中，曙光学子组成的模拟政协团队携《关于建设适老宜居型社区的建议》荣获"最佳社团""最佳展示团队""优秀组织奖"。

学校"红日"宣讲团的成员每月都会走进社区或一所区内中小学，结合时下热点人物、热点事件，宣讲红色精神与公共规范。2021年7月，该社团成员组织并参与的"红日雏声"项目，获得第12届全国中学生领导力大赛一等奖，展示出曙光学子的理想追求和责任担当。

二、教师提升

教师对学生行为规范的教育以及示范作用具有极大的影响，教师在学生的生活中和学生的关系最为密切，并且教师带给孩子的陪伴远远地超出了家人，因此教师的身体力行，以德示范能让学生很好地得到这种文化氛围的熏陶和教育，也能很好的提升自身的认知并且规范自己的行为。因此学校以传承和培育红色精神为教师队伍建设的重要载体，打造了一支师德高尚、乐于奉献、擅于进行行为规范教育的教师团队。

（一）以承继红色基因落实师德建设

将红色教育与学校师德建设相融合，将红色基因渗透到教师的思想意识形态中，引领教师找到人生的价值目标和灵魂升华的精神家园。

学校将师德师风建设和党建工作有机融合，不断完善师德师风与教育教学常规相关规章制度，制定了《曙光中学师德建设公约》《曙光中学师德建设"五不准"实施细则》《曙光中学教师日常教学工作基本要求》等，还利用政治学习时间组织专题学习或专题讲座，如学习《中小学教育惩戒规则》《奉贤区践行师德"五不准""五提倡"》等，组织全体教师签订《教师师德承诺书》，这些举措健全了师德师风管理机制，促使教师自觉遵守师德规范和学校教育教学规范，成为学生行为规范教育的示范引领者。

此外，学校积极开展"红色文化浸润，涵养高尚师德"活动，旨在以活动为载体对党员进行党性教育，明确新时代共产党员肩负的责任。每学期，学校组织党员教师进行实践考察活动，如参观中共一大会址、张闻天故居、中国志愿军纪念馆等，重温入党誓词。作为一名教育工作者，尤其需要铭记党员的责任和义务，增强党员的光荣感和使命感，发挥党员的先锋模范作用，使党员教师们时刻牢记作为一名党员的责任与义务。学校还定期邀请上海市"园丁奖"、上海市"金爱心教师"、区师德标兵等奖项获得者开设师德讲坛，让每一位曙光教师谨记为人师表，做有理想信念、有道德情操、有扎实学识、有仁爱之心的"四有"好老师，培养"有理想、有道德、有文化、有纪律"的"四有"好学生。

（二）以培育行规素养落实师能提升

学校以基于红色教育下的行为规范养成青年教师培养项目、"未来教师"名优教师培养项目、班主任育德校本培训项目，引领校内教师队伍建设，努力营造行规规范养成教育的教师群体人人参与、个个胜任的氛围。如借力"全员导师制"，结对行为偏差生，让导师成为行为偏差生的思想引领者、生活指导者、学业辅导者、生涯指导者，通过家访、个别谈心等方法，主动关心、帮助、提醒，使之感受到集体的温暖和自身的价值，促进良好生活习惯与学习习惯的养成，改善人际关系，帮助学生行为转化。我校徐梦晓老师结对学生小A同学，该生行为习惯较差，上课睡觉、作业不交、不愿意参加班级活动。通过徐老师的帮扶，小A同学的行规表现逐渐有了变化，与同学之间的关系也得到了改善，成绩逐步提升，最终被上海师范大学录取。大学期间，该生仍保持着积极向上的心态，学习勤奋，荣获奖学金，并在2021年回到母校，参加校友宣讲活动。而徐梦晓老师以小A同学为原型创作的行为转化成功案例，获得"黄浦杯"长三角城市群关键教育事件"三等奖"。

此外，通过相关专家引领、系统培训、课例研究，促进了学校教师行为规范教育理念的更新、课堂教学方式的变革以及教育能力的提升。学校先后培养了特级教师（校长）4名、奉贤区名教师9名。3人次获上海市中青年课堂教学评比一等奖。

（三）以科研引领落实专师培养

学校注重科研发展，积极引导教师开展行为规范教育的研究，将行为规范教育的思考、经验及时转化为课题、论文。如《基于"红色精神培育"下的高中生行规内化的实践研究》被列为区重点课题，《高中"红色精神"培育校本德育课程的构建与实践》被列为市级课题，《红色精神引领，风雨磨炼成长——一次清明祭扫引发的教育思考与实践》获得2019年"黄浦杯"长三角城市群关键教育事件论文评比"三等奖"。

表5-1　曙光中学近四年市区级行规教育相关课题（项目）一览

序号	立项年份	立项级别	立项编号	负责人	课题名称
1	2018	区级	YB18109	程立春	基于"红色精神培育"特色高中校本课程的开发的实践研究
2	2019	区级	ZD19022	孙贤欢	基于"红色精神培育"下的高中生行规内化的实践研究
3	2019	市级	2020-D-215	程立春	高中"红色精神"培育校本德育课程的构建与实践
5	2019	市级	DS2019JC026	胡容鹰	基于"大道课程"的区域高中校外实践育人模式的实践与探究
6	2019	区级	QN19033	诸丹萍	"桑基鱼塘式"家校共育模式研究
6	2020	市级	C20052	李龙权	基于学生问题情境的普通高中家校心理互联策略研究
7	2021	区级	YB21003	倪洁	"红色精神培育"视角下高中以劳育德的实践研究

表5-2 曙光中学近四年行规教育相关论文发表获奖一览

姓名	文章、论文	发表物、获奖
诸丹萍	《传承红色基因 推进实践育人》	《奉贤教育》科研版2017.6
程立春	《传承"红色精神",培育"时代新人"》	《上海教育》2019.5
姚思琦	《我的心晴故事》	《奉贤区心理健康活动月》优秀征文奖2019.6
程立春	《红色精神引领,风雨磨炼成长——一次清明祭扫引发的教育思考与实践》	2019年"黄浦杯"长三角城市群关键教育事件三等奖2019.9
徐梦晓	《家班共育,学生成长的隐形翅膀——一次春游引发有关家班合作的反思与实践》	2019年"黄浦杯"长三角城市群关键教育事件三等奖2019.9
程立春	《红色精神引领,风雨磨炼成长》	《奉贤教育科研》2020.2
程立春	基于"红色精神培育"构建校本德育课程的实践探索	《上海教育情报》2020.5
徐梦晓	《突然的自我》	奉贤区中小学"研训融合促进班主任专业成长"案例评选三等奖2020.9
诸丹萍	德育案例《情系大山,携手逐梦——高中生扶贫公益活动》	第二届长三角中小学德育创新论坛"优秀案例"2020.11
程立春	学校德育突破口:构建"红色"校本德育课程	《教育家》2020.12
倪洁	《赓续红色血脉 培育时代新人》	入选教育部一校一案"落实《中小学德育工作指南》典型案例2021.11

三.学校发展

近三年来,学校多次在市区级平台分享红色教育视角下行为规范教育的成果,交流经验,如2019年6月,在上海市教委主办的"上海市两纲教育现场会"上,校长程立春做了题为"传承'红色精神',提升高中生思政素养的探索与实践"的主旨发言;2019年11月,在第一届全国家校社协作与教师发展论坛上，区班主任工作坊主持人万涛做了题为"家长面对孩子升学压力焦虑怎么办？"的经验分享。

表5-3　行为规范教育展示交流、主题研讨

序号	主题	发言人	时间	会议或活动
1	"特色高中"创建凸显学校文化育人的实践与思考	孙贤欢	2019.4	奉贤区"贤文化"德育一体化工作交流展示活动
2	传承红色精神　培育时代新人	程立春	2019.5	上海市"两纲"教育推进会
3	父母强势导致亲子矛盾爆发怎么办？	万　涛	2019.5	奉贤区高中"三校联动"暨奉城片区中小幼家庭教育交流展示活动
4	高扬劳动教育旗帜　培养五育并举新人	孙贤欢	2019.7	奉贤区校长暑期培训
5	实践育新人　志愿蕴新风	孙贤欢	2019.10	吉林省普通高中学生综合素质评价试点工作师资培训项目
6	让红色资源行走在中小学思政课堂内外	胡容鹰	2019.10	奉贤区2019年大中小思政课一体化建设的区域实践与思考专题论坛主题研讨
7	家长面对孩子升学压力焦虑怎么办？	万　涛	2019.11	第一届全国家校社协作与教师发展论坛
8	培育红色精神　造就时代新人	李龙权	2020.5	传承爱国情　坚定报国志红色教育下的责任和担当第二届华师大马克思主义学院红色精神联盟校主旨论坛
9	行为规范教育促成长　携手合作谋共赢	沈　琼 李　红 徐梦晓	2021.11	奉贤区高中教育东部联盟行为规范教育展示交流活动

此外，学校通过教育集团、区班主任工作坊、贵州"金种子"校长培养计划基地等，在联盟校、结队学校内广泛宣传，影响力进一步提升。

如2020年9月28日，邀请东部联盟校班主任来曙光中学观摩行规系列主题教育课；2020年10月29日，奉贤区高中教育联盟体"劳动教育的课程构建与实施路径"专题论坛在曙光中学举行。奉贤区班主任带头人工作坊主持人万涛老师，带领我校班主任和工作坊学员一起聚焦学生行为规范教育问题，提升班主任的专业素养，力求培养一支具有新时期育德理念、创新意识和实践精神并且能够在所在区域发挥辐射引领作用的优秀班主任队伍。

第六章　红色教育视角下行规养成的思考和展望

　　红色文化承载了中国革命时期、新中国建设初期、改革开放时期以及新时代等几个主要阶段的光辉历史，是中国共产党的宝贵文化。红色文化资源具有感染性强、教育作用显著的特点，用红色文化加强中学生的德育教育，有助于学生养成良好的行为规范。在未来的发展道路上，希望进一步形成以课题为引领，在实践与研究中深化红色教育的深度和广度，并将其融入理想信念教育、社会主义核心价值观教育、中华优秀传统文化教育、生态文明教育、心理健康教育这五大德育内容中，提升德育工作实效，帮助学生树立崇高的理想和坚定的信念，培养和提升学生的家国情怀、利他品格和社会管理基础能力。

一、构建多维立体互动红色教育模式

　　现代的红色教育与传统红色教育相比，内涵更加丰富，更符合时代发展。就现代红色教育发展的总体而言，虽然开展的唱红歌、重走红色之路等实践活动取得了一定的成绩，但红色教育的整体工作仍处于缺乏统一指导的状态。

　　为提高红色教育的有效性，学校将进一步探索构建多维立体互动红色教育模式。针对现阶段中学红色教育模式传统、教育手段单一、教育系统运行机制不完善等一系列问题，可以从中学生认知规律出发，从红色思想、文化、实践和保障四个维度出发，形成一个多维立体互动的红色教育模式。多维立体互动红色教育模式的构建，实现了思想、文化、实践、保障机制等方面的相互协调。首先，满足了教育系统开放的需求；其次，红色教育手段符合时代发展需求；最后，红色教育内容得以拓展和提升，更加符合学生的认知需求。

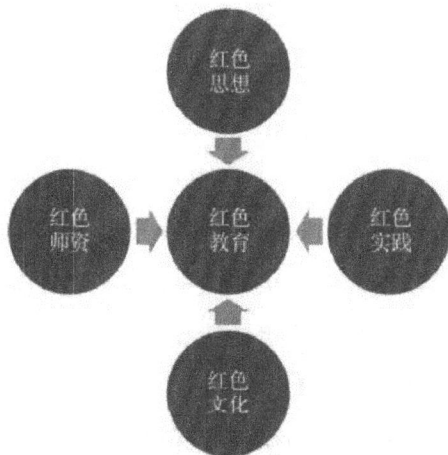

图6-1 多维立体互动的红色教育模式

二、打造校际红色教育联盟体

促进红色文化资源在中学生思想品德教育中的有效运用，并将其教学经验进行推广，是区域红色文化资源研究的目的和价值所在。因此，学校要打破各自的学校壁垒，定期举行运用红色文化资源进行教育教学的理论研讨会，对各自运用红色文化资源开展中学生思想品德教育的教学和实践经验展开交流探讨，尤其是"探索红色教育的实施路径""如何激发中学生行规养成自我教育""如何提高红色教育的有效性"等问题形成初步的解决方案，研讨会之后以论文集等形式公开研究成果，逐步完善红色文化资源在中学生思想品德教育中运用的机制，形成统一认识。推动校间合作，打造校际红色文化圈，通过营造红色文化资源研究氛围来完善红色文化资源的理论研究和教学运用研究，有助于形成红色文化资源运用研究的经验，提升红色文化资源在中学生思想品德教育中的品牌影响力。

三、创新学校行规特色品牌

为提升行为规范教育质效，学校探索行为规范教育新途径，把红色资源融入行为规范教育中，促进学生全面而有个性地发展。

1.红色教育，指引行为规范教育方向

中国共产党在新民主主义革命时期、社会主义革命和建设时期、改革开放和社会主义现代化建设时期与中国特色社会主义新时代的过程中，带领人民走向民族独立、人民解放、国家富强，形成了延安精神、长征精神、雷锋精神、焦裕禄精神、"两弹一星"精神、抗洪精神、航天精神、抗疫精神等，这体现了共产党人在各个时期为中国人民谋幸福的使命担当与无私奉献。十九大报告中指出"推进诚信建设和志愿服务制度化，强化社会责任意识、规则意识、奉献意识"，将责任与奉献提升到了新高度。而生活在新时代的中学生个性鲜明、自我意识比较强，同时他们的责任意识较薄弱、奉献精神较欠缺。因此，加强对中学生责任意识与奉献精神的培养是紧迫且有必要的。

红色教育，把红色作为时代的象征，能更好地宣传党的历史和革命优良传统，在新的历史时期，能促使青年学生看到自身面临着"天降将大任于斯人"的时代使命与责任，主动担负起中华民族伟大复兴的历史责任，发扬无私奉献的爱国情怀，这指引了学校行为规范教育的方向。因此，学校将行为规范教育与红色教育相融合，并基于新时代特征与学校红色历史，聚焦行为规范教育目标中的"明责任"与"乐奉献"。与此同时，以行为规范教育为基点，推动了学校红色教育的内涵发展，开创了红色教育的新思路，也打造了红色教育特色项目。

2.红色教育，丰富行为规范教育载体

依托红色教育资源，丰富学生行规养成教育的载体，有助于提升学生的责任意识和奉献精神。以"红色精神培育"校本课程为载体，把校史教育作为我校高中生入学教育的第一课，并以此延展到红色精神的广阔领

域，变传统的说教为课程教学，贯穿到学校教育教学工作的方方面面，在教学活动中感悟红色精神，以红色精神的内在动力引领学生正确的人生观、世界观、价值观的形成。一是把行规教育纳入红色基因课程群，如《东方曙光》校史课程、《时代强国》《英雄史诗——长征精神》《光荣之路——中国革命史》《红色中国》。二是把行规教育纳入学科教学，基于语文、英语、政治、历史学科，编写《红色丰碑》《民族脊梁》《时代旋律政治使命》《THE RISE OF CHINA》等校本课程。三是把行规教育纳入主题教育课程。

围绕红色文化，构建"洪炉"五大节庆活动，即"洪炉"德育节、"洪炉"智育节、"洪炉"体育节、"洪炉"美育节、"洪炉"劳动教育节。其中包含"社会主义核心价值观"主题书法比赛、"我心中的英雄"征文比赛、"曙光杯"上海市中小学红色故事演讲大赛、红色经典剧场、红歌比赛、爱心拍卖、爱心义卖、篝火晚会采火仪式、清明祭扫仪式、"农耕基地"爱心集市等。丰富多彩的校园活动是对学生进行行规养成教育的重要契机，在节庆活动中融入红色教育，让每一位学生乐于为班集体服务，乐于为他人奉献爱心，在收获友谊的同时实现个人价值的升华。

我校广泛开展有益于学生身心发展的实践活动，不断增强学生的社会责任感和奉献精神。一是志愿者服务。学生通过志愿者服务踏上社会，开展各类文明修身活动，用实际行动去感悟志愿者的奉献和责任。如，爱心暑托班、图书管理员、环保宣传、禁毒宣传、关爱自闭症儿童等。二是红色研学之旅。学生们走进偏远山区的贫困家庭，进行支教送温暖实践，将文明修身落实落细于实践中，提高个人涵养，塑造个人良好的品行。三是模拟人生项目。设定真实的角色体验，让他们在体验过程中，了解社会各种角色真实的生活状态，增强理解他人的意识。通过模拟人生项目，培养学生的责任意识，并逐步养成自发的责任行为。

表6-1　红色资源融入行为规范教育的课程、活动、实践一览

		课程	活动	实践	
明责任	红色基因课程群	《东方曙光》校史课程	劳动值周	模拟人生	模拟馆长
		《英雄史诗——长征精神》	爱国卫生运动		模拟法官
		《光荣之路——中国革命史》	烈士纪念日		模拟政协
	学科融合课程群	《民族脊梁》	清明祭扫		模拟校长
		《时代旋律　政治使命》	红色剧场	红色研学	支教小老师
	主题教育课程序列	我和我的班集体	红色故事演讲		为贫困生送温暖
		绿色环保从我做起	时政竞赛		体验红色足迹
		使命在肩责任有我	采火仪式		红色课题研究
乐奉献	红色基因课程群	《时代强国》	爱心义卖	志愿者服务	爱心暑托班
		《红色上海》	爱心拍卖		红日宣讲团
		《红色中国》	爱心集市		星星之家
	学科融合课程群	《红色丰碑》	劳模讲座		图书管理员
		《THE RISE OF CHINA》	红色征文		禁毒、环保宣传
	主题教育课程序列	雷锋精神代代传	红歌比赛	青马工程	参观红色场馆
		爱心奉献社会青春编制梦想	毕业季造血干细胞捐献		采访革命战斗英雄
		我爱你中国	我是"洪炉"讲解员		红色讲师

3.红色教育，为教师立身垂范赋能

学校将"红色教育"作为教师队伍建设的重要载体，以"红色文化"的认同者、践行者和传播者为导向，打造了一支"乐业、爱生、奉献"的教师队伍，成为行为规范的示范引领者。

曙光教师明责任、有担当。平时积极参与红色教育实践活动，从厚重的红色文化积淀中获取前进的动力。为追求专业发展与育德能力的精进，教师积极参与各级各类教师培训项目，拓展自身专业知识，提高专业能力。教师们的乐业敬业，无形中促使学生具备高度的个体责任意识，明确自身在国家发展与民族复兴中的责任。

曙光教师乐奉献、爱助人。在繁忙的工作之余，教师们热心公益，投身志愿服务，参与公共服务项目。党团员教师积极参与奉贤区"圆梦"公益活动，连续多年为白衣聚村、海湾旅游区的困难老人送温暖；疫情防控期间，有50多名教师成为社区志愿者；学生居家线上学习期间，党员教师募集资金为3位困难学子送去平板电脑用于网课学习。学校有半数以上的青年教师向大爱致敬，加入了中华骨髓库；每年都有多名教师积极响应号召，参与"无偿献血"；2021年，我校正高级教师顾秋凤积极响应"强校工程"，前往农村学校进行为期三年的支教，为当地带去先进的教学理念。教师们用实际行动诠释了奉献精神，引导学生学会主动关爱他人，成为富有爱心的曙光学子。

近三年，学校依托红色教育资源，开展各类行为规范养成教育活动，学生的行规表现有了进一步提升。在未来，曙光中学将继续用好红色资源，讲好红色故事，宣传党的历史和革命优良传统，把学生培养成德智体美劳全面发展的社会主义建设者和接班人，让红色基因代代相传。

主要参考文献

1.王永强.中学生文明行为习惯养成教育的研究与探索[J].成都教育学院学报,2006(12).

2.王楚奇.高中生养成教育的实践与思考[J].当代教育论坛,2011(8).

3.黎瑾.初中生行为习惯现状的调查研究——以贵阳市S中学为例[D].贵州师范大学,2016.

4.陈超.立德树人视域下管理育人的内涵厘定与实践路径[J].思想政治教育研究,2016(3).

5.白雪.当代红色文化教育研究[D].吉林大学,2016.

6.许旺君.加强红色文化教育视阈下高中生文化自信研究[D].湖南大学,2017.

7.周思勇、徐俊杰、裘广宇.论高职学生思想品德评价体系建设——基于养成教育的视角[J].宁波职业技术学院学报,2017(8).

8.宗钰.红色文化在中学德育创新中的着力点[J.]教学与管理,2017(34).

9.李燕飞、蔡兴宗.红色文化培育社会责任感的思考[J].昭通学院学报,2018(1).

10.席长华.仪式课程的旨归、设计与实施[J].中国德育,2018(8).

11.雷文静.红色资源融入高校思政课程育人研究[D].湖南师范大学,2019.

12.杨小旭.日常行为规范教育对高职生养成教育的意义[J].贵州广播

电视大学学报,2019(2).

13.马维林.普通高中美育的学理转型、价值指向与范式建构[J].课程教材教法,2019(3).

14.吴少文.探析中学生日常行为规范主题班会的开展策略[J].求学,2021(4).

15.程立春、诸丹萍.红色精神培育特色课程建设与探索[M].安徽师范大学出版社,2021.

16.张馨予、杨兆山.劳动教育的育人价值、内涵与实施方略[J].教育评论,2021(8).

17.贾永春.中小学德育一体化视域下学校德育活设计指导研究[J].现代教学,2021(17).

18.高树仁、郑佳、曹茂甲.课程育人的历史逻辑、本质属性与教育进路[J].中国大学教学,2022(1).